核心素养·名师视野

教育：非常痛，非常爱

王开东／著

漓江出版社
·桂林·

图书在版编目（CIP）数据

教育：非常痛，非常爱 / 王开东著 .--2 版 .-- 桂林：漓江出版社，2015.5（2022.2 重印）
ISBN 978-7-5407-7504-9

Ⅰ.①教… Ⅱ.①王… Ⅲ.①教育研究—中国 Ⅳ.① G52

中国版本图书馆 CIP 数据核字（2015）第 091045 号

教育：非常痛，非常爱

作　　者　王开东
策划组稿　文龙玉
责任编辑　章勤璐
封面设计　石绍康
责任监印　黄非菲

出 版 人　刘迪才
出版发行　漓江出版社有限公司
社　　址　广西桂林市南环路 22 号
邮　　编　541002
发行电话　010-65699511　0773-2583322
传　　真　010-85891290　0773-2582200
邮购热线　0773-2582200
网　　址　www.lijiangbooks.com
微信公众号　lijiangpress

印　　制　三河市嵩川印刷有限公司
开　　本　710 mm × 960 mm　1/16
印　　张　18.5
字　　数　280 千字
版　　次　2015 年 5 月第 2 版
印　　次　2022 年 2 月第 3 次印刷
书　　号　ISBN 978-7-5407-7504-9
定　　价　59.80 元

目录 CONTENTS

杂谈——不做教书匠

人物——生命是一袭华美的睡袍

叙事——没有一片树叶，独自变黄

视界——没有一艘船能像一本书

序 / PREFACE

睿智与纯真

□ 李镇西

几年前，我曾这样评价我的朋友魏智渊（网名“铁皮鼓”）：“他是少有的没有被这个社会污染的人之一。”后来魏智渊去江苏结识了王开东，给我来电话说：“和王开东相比，我们都是坏人。”再后来我两次见到王开东，因为来去匆匆，没留下什么故事，但他给我留下了极为纯正的印象：性格温和而举止文雅，待人诚恳而言谈得体，彬彬有礼而胸无城府；特别是他那双眼睛，总是透出婴儿般清澈的光泽，这光泽，很容易使人想到久违的教养、修养和涵养。回头想魏智渊那句话，虽然有明显的夸张，但和王开东一比，我们很容易感到自己的世故。

很久以前我就在网上发表申明不再给人写序，可这篇序是我主动提出给开东写的——似乎也没有什么特别的原因，就想为开东做点什么。有朋友听说我给开东写序，提醒我：“书中有写你的文字，你给他写序，别人会不会产生误解或反感?”我说：“管他呢！我只做我愿意做的事!”

我用了两天时间浏览了这部书稿。说是“浏览”，其实里面好些篇章我是看得比较细的，有几次还因共鸣而陷入沉思。以苛求的眼光看，这本书算不上字字珠玑，但我确实被打动了。我读到了开东的博学，读到了他的思考，读到了他的成长，读到了他的教育实践……而这一切，对正在成长中的青年教师无疑会有启迪和帮助。

但我感受最深的，是开东那一颗纯正的童心。

这个世界上有学问的人多了，可有人有了一点才气或者读了几本别人没读过的书（比如不但读鲁迅胡适李泽厚刘小枫张志扬徐友渔葛兆光，还读尼采马尔库塞福柯杰姆逊塞伊德……哇！光听这些名字就让你晕了，由不得你不自卑），就以“启蒙者”“孤独者”傲慢的眼光视同行为“白痴”。而开东不然。开东也是有学问的——相信凡是读过这本书的人都会同意我这个看法，但是他没有表现出半点浮躁炫耀的气息，而总是那么谦逊，待人接物总是那么恭敬。我不认为这种谦逊和恭敬是故作姿态，不，这是他永不自满的表现，更是一种发自内心的对人的尊重，是他善良天性的自然流露。

我曾说过这样的话，有些人富有才华可失去了纯真，才华使他心灵生锈，使他过于自恋自负自私而精于算计，最后聪明反被聪明误；有人纯真但缺乏智慧，于是这个“纯真”往往最后成为“愚昧”的代名词。如果一个人既睿智又纯真，那他就了不起。罗曼·罗兰认为，真正的英雄主义只有一种——看透了这个世界，并仍然热爱它！因为睿智所以“看透”，因为纯真所以依然“热爱”。有人评价托尔斯泰一直保持着一颗童心，因为直到晚年，他依然用婴儿般明澈的眼睛打量这个世界。巴金去世时，我写过这样的文字：“著作等身的巴金多次否认过自己是作家，他说他不过是面对令人窒息的中国，写出了‘我控诉’！他没有想过所谓‘纯艺术上的技巧’，只是凭着知识分子的善良与正直写出了自己的见闻和心声，因此他便成了中国的良知，并因此而获得了绝大多数中国人的敬意！巴金不是深刻的，但是善良的；巴金不是煽情的，但是真诚的；巴金不是尖锐的，但是敏锐的；巴金不是英勇的，但是无畏的——巴金不是文学大师、思想巨匠，而是一个普通而不平凡的人！”在这里，对巴金来说，“人”的含义，就是富有智慧却一直保持着孩童般的纯真。

写到这里，我担心有人认为我对开东评价太高甚至“吹捧过分”了。不，我当然知道年轻的开东远没达到托尔斯泰和巴金的境界，无论是做学问还是做人，他都还有很长的路要走。只是，在这个物欲横流的时代，当许多人迷失了自己（过于自负，自我恶性膨胀，唯我独尊）的时候，开东的真诚、善良、谦逊、沉静、安详、内敛、淡泊……成了许多人的一面镜子。看到开东，我们或许会有一些自省，甚至会有一丝惭愧。

身为教师，这个职业赋予许多我们本来没有的“高尚”——“为人师表”啊、

“人类灵魂的工程师”啊，等等；可是面对学生，我们敢说我们就一定比他们高尚吗？我不止一次在我校全体教师大会上对老师们说：“如果我们把对学生的要求拿来要求自己，我们就非常优秀了！”这话其实我也经常对自己讲。我也许比我的学生多读了一些书——在他们眼里，我也算“学识渊博”了，可是作为一个人的纯洁度，我能比得上孩子们吗？我常常感到：比起学生们那一颗颗晶莹的童心，自己的一颗所谓“成熟”的心其实早已锈迹斑斑！教育，从根本上讲首先应该是人格的引领。那么人格引领者的“人格”如何呢？坦率地说，我们有的教师连“人”的资格都很难说真正具备（例子用不着我列举了吧），学问再多有什么用？也正是有感于此，我才对开东所保持的一颗纯真的赤子之心怀有深深的敬意。这是作为一名教师应该永远拥有的啊！

作为这本书的序，还得就这本书说几句。本书展示了开东的精神世界和实践空间。无论是文学评论还是社会观察，无论是教育心得还是成长感悟，开东视野开阔，思考敏锐；激扬文字，意气风发；抑扬顿挫，浅唱低吟。于细节处揭示真知，在从容中表达灼见。善良中透着正义的激情，温和中不乏批判的锋芒。

不过，如果要“鸡蛋里面挑骨头”，那么我个人感到开东的文字远不如他本人朴实，虽说“文如其人”，但那是从整体上说的，如果落实到一些枝节处，“文”未必处处“如人”。也许是我个人的偏爱（甚至是“偏见”）吧，我感觉开东的文字有着明显的雕琢痕迹，比如“答案在风中飘”“教育，打着否定的手势坠落”这些表述，总让我感到开东的某种刻意追求。再比如，开东写林徽因文字的开头一段：

> 林徽因，一个怦然心动的名字，一场无与伦比的美丽，一段惊世骇俗的传奇，一颗划过整个二十世纪都璀璨耀眼的明星，一个从黑夜的大海中滑过，但永不熄灭、永不沉没的神话。她是古典和现代天造地设的最后一个美人，浪漫和时尚和谐统一的最后一曲挽歌，中西合璧水乳交融最美的一则童话，举手投足集万千宠爱于一身才女淑女的最后一轮绝唱。

我估计这是开东煞费苦心的文字，也明白开东想表达的意思，但我读起来很不自然，感觉这段话“油彩”太重——林徽因人家本来明明“清水出芙蓉”，你却硬要给她披上“一袭华美的睡袍”。

其实，我写文章也有这个毛病，我说开东，也是在说自己。“最高的技巧是无技巧”，无论做人还是作文都是如此。

——开东，我俩共勉吧！

2009年1月24日

时评——答案在风中飘

这是富于信仰的时期，这是怀疑一切的时期；这是光明的季节，这是黑暗的季节；这是充满希望的春天，这是令人绝望的冬日；我们面前无所不能，我们面前一无所有；我们大家都在上天堂，我们大家都在下地狱。

——查尔斯·狄更斯

没有人是一座岛屿
自成一体
每个人都是小小的泥土
连续成整个大陆

每个人的死亡都是我的损伤
因为我是人类的一角
所以
不要问丧钟为谁而敲
它为你在鸣……

——约翰·多恩

范美忠：把生命的一切都击溃

都江堰市光亚学校语文老师范美忠近日贴出博文，称地震发生之后他是第一个冲出教室的人。事后有学生问他怎么不把大家带出来才走，他回答说，自己“不是先人后己勇于牺牲自我的人”，并称“这或许是我的自我开脱，但我没有丝毫的道德负疚感”。事后他又回应网友质疑称，如果别人冒险救助别人，是“自愿选择，无所谓高尚”。（5月25日《新快报》）

范美忠还认为：“在这种生死抉择的瞬间，只有为了我的女儿我才可能考虑牺牲自我，其他的人，哪怕是我的母亲，在这种情况下我也不会管的。学生就更不用说了，因为成年人我抱不动，间不容发之际逃出一个是一个。如果过于危险，我跟你们一起死亡没有意义；如果没有危险，我不管你们，你们也没有危险，何况你们是十七八岁的人了!”

读了这些报道，我不仅对范美忠大失所望，也对范美忠所代表的精英群体感到索然寡味。这个群体素来所标榜的民主自由等巍巍大厦，一下子轰然垮塌。

我只想提几个简单的问题。

一、范美忠有没有错

我想这个问题地球人都知道，范美忠错了。

范老师，尽管你面对的是十七八岁的学生，但中国式教育教出来的他们，实际上还是孩子。从这些孩子没有一个人跟着你跑出来，可见一斑。更何况当孩子们嚷嚷地震的时候，你还镇定自若地制止他们，说：“不要慌！地震，没事！……”就算弥补你自己这个错误，你也不该一句话不说，就抢先逃命啊。要知道孩子们可是最听老师话的啊。假如光亚的房子抗震不过关，范美忠，我不信你事后还能说出这样的话。

《中华人民共和国教师法》规定，教师有“制止有害于学生的行为或者其他侵犯学生合法权益的行为”的义务。更何况这个时候的范老师，你还正在上课啊。不说师德操守了，临危逃命，至少是渎职、失职。地震当然是无法制止的行为，作为老师最应该做的就是站出来指导学生逃生。而你范老师不但没有指导学生逃生，还误导学生没事，最后又在自己清醒的判断中呼啸而逃。就算是因为人类逃生的本能，你落荒而逃也就算了，毕竟你也是灾民，可你为什么又跳出来兜售你的那一套歪理呢？

范老师，就算在你极其信奉的美国，也不允许一个教师丢下学生自顾自逃命。

以加州Claremont校区为例，其“紧急状况职责”的文件明确规定：在紧急情况发生时，“每一个教师都有责任直接监管学生，一直与学生在一起，直至被指示其他的做法”。这个文件还明确规定教师有责任在火灾、爆炸、地震等紧急状况下，组织学生从建筑物里撤离。

如果教师在危难之际做出范美忠式行为，肯定会被校方辞退，而且会因为失去信用，再也无法在社区继续混下去；如果学生当中有伤亡，还有可能被公诉人刑事起诉或家长民事起诉。别以为美国就是天堂，事实告诉我们，自由有多大，责任就有多重。

大家想必都知道，几乎每一架民航客机都安置有驾驶员逃生系统。但是历史上任何一次空难，无论死亡人数多少，几乎每一次机组成员都随同阵亡。原因何在？就因为所有的民航法都规定，在旅客安全脱身之前，弃机就等同于谋杀！据说，船长也有类似规定，泰坦尼克号的船长就是一例。范美忠在《把非生命的一切都击溃》中，十分推崇基廷老师，而基廷老师恰好是把自己比成学生的船长。船长当然有和船上孩子生死与共的责任。

我有一次坐飞机，正好坐在飞机的门口，空姐告诉我如何开启机门，如何组织并掩护旅客从舷梯逃走。我很惊讶，说：“凭什么让我承担这个责任呢？”空姐说：“不凭什么，就凭你坐的这个位置。”

美忠错了，错处正在于他所在的这个位子。如果你是一个学生，你率先快跑，没有谁责难你。但你是一个老师，你站在三尺讲坛之上，你正在上课，你正在行使一个监护人的责任。

二、范美忠，有没有灵魂的罪感和忏悔意识

答案是范美忠哪里有忏悔意识，他根本不在乎外界的这些言辞，我们这些批评他的人，在他眼里都很可怜，就像真理在握的先知先觉一样，范美忠打心眼里也在可怜我们。

“看了很多教师的评论之后，我的优越感又膨胀了，因为这些批评者实在太浅薄，实在不值得我反驳。”范美忠还说，“没有读过一万本书的老师，都是白痴，都不配当老师。”

那么，谁配当老师呢？是那个读了几万本书的范老师吗？

我的天，如果读一万本书读出这个德行，我们都要拒绝读书了。因为书籍没有把人引向崇高和美好，反而让人变得自私和冷血。

以美忠最崇敬的鲁迅先生的话来说：“一条小溪，明澈见底，即使浅吧，但是却浅得澄清，倘是烂泥塘，谁知道它到底是深是浅呢？也许还是浅点好。”

云山苍苍，江水泱泱，先生之风，山高水长。真正能给学生终生影响的，真正能够山高水长的，还是先生之风啊。

美忠，请看看你的学生署名对你的评价：

> 很偶然地上网看到了关于地震的一篇报道《中学老师发帖称地震时率先跑出教室遭网友指责》，看着看着越发不对劲，照片上的人很熟悉，我认出了他，我们的男主角——范美忠。
>
> 他曾经是我的高中历史老师，高一和高二，此后再无音讯。
>
> 在以前偶尔会想象他是否还活着，很快就完全忘记，但若干年后猛一现身，让我彻底无地自容。
>
> 关于他的记忆不多，但绝对印象深刻。
>
> （1）上课不开书，扯得很远，至今记得很清楚的是范生（个人认为不配称为老师）最爱提到关于中国的潜艇和苏联的潜艇区别，关于中国潜艇，是“发动机用的冰箱制造技术，还在几公里外就听到声音了，根本不用雷达，而苏联……”要么就是苏27多么拉风，能做什么动作，

然后第四代战斗机如何牛，中国的飞到500公里就必须返航，因为燃油不够……范生发音苏联总是发成“shu lian”，下面或许会有例行的笑声，这时候，范生会很满足地嘴角露出笑容并抬起他的保温杯喝上一口，旋着瓶盖砰地放下继续开讲……

（2）应该是在1999年财富论坛在上海召开的日子（陈晓楠主持，印象很深，CCTV-2），那时候很多年轻人都一样（真的很年轻啊），处于愤青状态，言必谈世界500强，动辄展望世界经济走势，或者大谈环保、中西方文化的差异……可以想象，那是多么有激情的年代啊，很多人受不了，也包括我这个愤青，遂公然挑衅地逃课示威，在操场后的乒乓球台上让菜头（韩杨，懂武术，很厉害）教我劈砖，下课之后愤愤不平冲回去以示抗议。

（3）爱踢球，但很菜，理论体系有，身体支撑不下。

（4）突然，就从人间蒸发了。

（5）补充一点，北大高才生是别人介绍他的常用套路。

此刻，我不为当时的逃课而后悔，我后悔曾经成为你范生的学生，你太让人失望了。范生，你可以有你的价值取向，但是你绝对不应该在这个时候出来耀武扬威，还和你以前一样把全世界的人都当成傻子。你深深伤害了大家的感情，你玷污了太多东西，我感到羞愧，无地自容。

看了你的BLOG，得知目前你有一女，并逐渐成为你的精神所在，我只想说，孩子还小，她是无辜的，在你为她的未来教育担心的时候，其实现在我也会为她的未来担忧！有如此父亲，她能成为正常人吗？孩子是无辜的，真的是无辜的。有时候你应该想象，为了你60秒的快感，让孩子承担60年的耻辱，你为她真正考虑过么？

我一向自视理性，但此刻我感到深深羞耻，因为你丢了蜀光的脸，你丢了作为一名父亲的脸，你丢了你母亲、你女儿的脸，你更丢了人民教师的脸!!

接下来很长一段时间，我想起这种种时，我相信自己会感到无比羞耻，我不想参与到社会、网络对你一窝蜂的批判，但我曾经是你的学生，此刻我感到深深的羞耻!!

这篇文章，我一定会写下来，因为从现在起我会永远提醒我自己，在我接下来的人生中，我要警惕，我不想某一天自己做出那种伤害我身边的人，关心我的人，我的亲人，我的祖国，让他们共同为我感到羞耻的事情。

这不是哀其不幸，这不是怒其不争，这是怒其不绝。

猥琐不要紧，但你这次真的亵渎了太多的东西，我为自己感到羞愧，为母校、父亲、教师感到羞辱。

希望你能思考，看在你女儿的面上，因为我已经不知道什么才能影响你。

杨易

面对你的学生有理有据有节的质疑，美忠，你还能不反省吗？周总理说："与有肝胆人共事，从无字句处读书。"有字之书，读得再多，又有什么用呢？

三、范美忠写这篇文章的目的何在

范老师的朋友解释说，因为李老大（《新教育读写月报》主编李玉龙）在地震时刻，没有帮助小狐编辑逃生，只大喊一声，就自顾自逃命。事后，李老大内心痛苦，无法解脱。为了帮李老大解脱，范美忠开始写自己的逃生经历，他是用自己的举动来解除李老大的道德困境。我很奇怪，范美忠不是李老大手下的兼职编辑吗？为什么不当面帮李老大进行心理援助？为什么要写文章作践自己，来告诉李老大不必愧疚呢？这不是脱裤子放屁吗？

实际上，狂妄自大的范美忠是在启蒙，是对所有的民众进行一次自以为是的启蒙。否则，他何以会在第一时间把文章贴到好几个网站？按照他自己的话来说，他写《那一刻，地动山摇》，是对道德绑架的反感；是对某些道德家的讽刺，是让他们借机暴露自己的真面目；并且还要继续启蒙学生："救人，是那些人的自愿选择，无所谓高尚！……先人后己和牺牲是一种选择，但不是美德！"

范美忠，你不仅是逃跑的实践者，你还在公众空间发布逃跑论，并指称自己逃跑的正当性和合理性，对你的学生实行所谓的启蒙，尤其是在倾全国之力抗震救灾的关键时期。

钱理群先生早就说过："启蒙主义是一个陷阱，启蒙的本质是好的，但是，达成启蒙的路径是什么？是启发对象的自主性，还是把对象作为你的一个强制灌输的对象？你是把他内在的美好的东西启发出来，让他独立走自己的路，还是让他服从你的思想和思路？启蒙主义和专制主义，只有一步之隔。"

钱先生对真正的启蒙尚且如此小心警惕，如临深渊，如履薄冰，而"舍生取义"（舍弃学生，追求民主正义）的范老师，在兜售自己庸俗的逃命主义时，却是何其慷慨而激昂。范美忠，难道这就是你的《追求有意义的教育》的意义之所在？

四、范美忠到底想要启蒙什么

我以为，他是在写人的本能，他在鼓吹人性为本，他在强调自由，逃生的自由，活命的自由，他丝毫不以自己的行为为耻辱，他以为这样才是一种社会进步。

我们当然不能要求每一个人都能成为谭千秋，也不能保证自己在特定的情况下，就一定能成为谭千秋那样的人，但我们有足够的理由对这些英雄保持敬畏之心。因为英雄人物稀少，所以他们弥足珍贵，更应该成为我们学习的榜样，如此，社会才能进步，人类才能走向更高的文明。

你范美忠可以选择不羞愧死，但你可以选择羞愧；你可以选择逃跑，但你事后可以选择补救；就算你事后不愿选择补救，你还可以选择忏悔；就算你不选择忏悔，你还可以选择沉默。但你偏偏冒天下之大不韪，信口开河，铸成大错。

总之，一句话，范美忠，你可以不够高尚，但你不可以蔑视崇高。

五、我们有没有资格指责范美忠

范美忠的很多朋友认为，范美忠的行为是真实的，因为能直面自己的真实，所以是社会难得的天真。范美忠的行为确实是真的，但真的不等于是善的，更不等于是美的。周朴园怀念鲁侍萍也是真的，抗战中一个日本人杀死了他的中国女友，保留了她的一只绣花鞋，怀念了一辈子，那也是真的，但却是最大的恶与丑陋。

还有一些人认为没有谁有资格指责范美忠，因为难保我们在地震到来的时候，不会像范美忠那样做。我认为这种观点很荒谬。范美忠触犯了道德的底线，自然受到舆论的谴责，难道我们所有的人，非得先鉴定自己的道德行为才能指责他吗？

打个比方吧，一个法官要宣判一个贪官。贪官会说，你没有资格来宣判我，因为你没有证明，你在我的情况下不会贪污。这不是很荒唐吗？

还有人说，范美忠让很多人在批评他的过程中，获得了道德优越感和英雄主义。批评一个声称连亲娘都不救的人，能获得道德优越感吗？退一万步说，就算是让他们获得了道德信心、道德优越感，不也能促使他们避免以后的道德失态、道德失节吗？这又有什么妨害呢？

还有人说，什么甲啊，你不批判，什么乙啊，你不批判，什么丙啊，你不批判……怎么到范美忠，你就批判了？

如果这个推理有道理的话，那么，一切的一切我们都不可能批判。因为下次，你照样可以说，什么甲啊，你不批判，什么乙啊，你不批判，什么丙啊，你不批判，什么范美忠啊，你不批判……怎么到范丑忠，你就批判啦？

当然在批判范美忠的同时，我们也要反思：

在那种情况下，我们会做何选择。因为那一刻没有到来，谁也不能预知。但假如那一刻到来，我们的天性会让我们做出怎样的选择？

当然最沉重的反思是，我们的教育，再也不能培养有心无肝的人了。德育是第一生产力，否则，就算是培养出北大清华等天之骄子，于社会于国家又有何益？

最后，就是认清了一些精英的真面目。

他们所追求的只是绝对的自由和民主，是有关自己臭皮囊的绝对自由和民主。一旦涉及自身的利益，就会丢自由之盔，弃民主之甲，一跑了之，并且还要说：我跑之后，哪管地动山摇。呜呼！

从开平事件看杨不管的心灵挣扎

范跑跑尘埃未定，杨不管又粉墨登场。2008年，中国教育真是多事之秋。但媒体似乎有意冷淡了另一个重要事件——广东开平女生被辱事件。

一、开平事件的背后

开平忠源实验中学的17岁女生平平，因为泄露了七个小太妹的丑事，2007年7月，这七个小太妹把平平挟持到宾馆，羞辱、殴打，后来又叫来四个男人，对平平轮番强暴。并用手机拍下来，传上网络，整个拍摄持续了7分钟……

开平事件震惊全国，善良的人们瞠目结舌，中国教育到底怎么了？中国孩子究竟怎么了？

其实，答案很简单，开平事件只是冰山一角，南方校园黑帮风生水起、横行霸道，早已不是一天两天了，而且逐渐坐大。各个省市治安最混乱的学校都是初中。这些青春期的孩子，天不怕地不怕，出手狠毒。因为他们都是未成年人，受到法律严格保护，所以他们更加有恃无恐。

在这起事件中，我们不禁要问，去年7月份的事件，何以到今天才暴露？假如不是犯罪分子自己欣赏战果，把罪恶的视频传到网上，引起社会的广泛关注，这样的事件被发现和处理的几率又有多大？另外，还有多少被污辱自认倒霉没有报案的？还有多少被污辱没有拍视频的？还有多少拍了视频没有上传的？这些都是未知数。

据《南方日报》报道，广州市青少年犯罪呈现出团伙性、紧密性、智力性、反复性等新特点。而初中生结帮违法犯罪、外来未成年人犯罪、农村未成年人犯罪等问题已经成为社会关注的焦点。

未成年人为什么容易犯罪？

首先是学校管理无力。《未成年人保护法》是悬在学校上方的达摩克利斯之剑，教育部门三令五申，任何学校、任何老师都不得体罚或者变相体罚学生，而对于什么是“变相体罚”又语焉不详。实际上，潜规则是，校园里所有针对学生的惩罚都是违规的，不被允许的，这就间接禁止了学校的惩罚措施。另一方面，法律对老师在校园中的权利却没有顾及，在这种不对等的权利之下，老师已经成了高危人群。广东几个地方，老师上下班都自备铁棍防身，可见“一些教师，已经到了最危险的时候了”。

一方面是教育政策一边倒地保护学生，学生、家长可以侮辱侵犯老师，另一方面老师却不敢惩戒学生，甚至连正常的批评教育都无法开展，老师的教育行为举步维艰。可以说，在权利保护上，学生有铜墙铁壁的保护，老师却是一无所有。一些学生根本不把学校、老师放在眼里，对老师想打就打，想骂就骂。学校对学生最有作用的就是考分和学籍。然而，这些人哪里在乎考分，初中生的学籍又受到九年制义务教育的保护，谁也开除不了。尽管这些黑社会分子，在校园里拉帮结派，打架斗殴，劣迹斑斑，屡教不改，但却仍然在校园里幽灵一样地游荡，学校惩罚不了，躲避不了，最后，只有当大爷供着。直至毕业了，才如释重负地送走瘟神，然而新的瘟神又来了。薪不尽，火不灭。

其次是社会的巨大影响。

社会上残渣泛起、世风日下、礼崩乐坏的事常常出现，这些人生观、世界观尚未形成的孩子，难免受到影响和污染。所以，当我们在谴责这些孩子的时候，千万还要想想我们自己给了他们一个什么样的环境。

开平事件的发生不是偶然，而是有其深刻的根源。如果不从制度上、机制上加以改变，单纯靠对个体的谴责，是很难从根本上解决问题的。比如我们为什么不借鉴国际经验，建立教育惩戒法规，实施师生公平保护措施。要知道，没有惩罚的教育不是完整的教育，没有惩罚的教育必将会导致教育环境的极端恶化，反过来又会影响每一个孩子受教育的权利。我们在教育的过程中常常矫枉过正，从一个极端走向另一个极端。如果世道、法律、权威话语系统不够尊严，则师道也无从尊严。

在这样的背景之下，让我们回到杨不管身上来。

二、杨不管的心灵挣扎

2008年6月12日，安徽长丰吴店中学初一（2）班，杨经贵老师在上地理课，当课上到大概一半的时候，坐在第三排的陈某和杨某不知为什么突然发生了争执，随后两个人在课堂上当着正在上课的老师的面打了起来，而且越打越凶。杨老师说："你们有劲的话，下课后到操场上打。"

坐在旁边的四五个男同学赶紧过去拉架，将两人分开。可是不一会儿，杨某突然头部向后仰起，搭在后排同学的课桌上，同时全身颤抖、口吐白沫、脸部发白。离杨某座位不远的一位学生说，他和几名同学以及陈某觉得杨某越来越不对劲，立即起身准备将杨某送到医院。但此时杨某全身发软，已经背不起来了。于是，他们几名同学将杨某抬起来，送到学校附近的长丰县第四人民医院吴店分院……但是晚了，年仅14岁的杨某永远离开了人世。

事件发生之后，网友们马上给杨老师取名"杨不管"，称之为中国最大的看客。目前，这件事的处理结果是：杨经贵老师被停职检查，并赔偿10万元；吴店中学校长万其虎被记大过处分，同时被免除校长职务；死者家属获赔20.5万元。

那么，杨不管想不想管？有没有管？如果杨不管真的没有管，他不管的真正原因是什么？管了之后的结果又会如何？

首先，杨不管一定想管。

毕竟这么大年纪的老师，他一定经历了过去师道尊严的时代，学生当堂打架，是对老师的极大污辱和蔑视，他怎么能容忍？杨不管之所以容忍了，咽下来了，事实上一定有过惨痛的教训。是极大的无奈和无能为力，是伤了自尊的委曲求全，是长歌当哭之后的视若无睹。

其次，杨不管有没有管。

我认为杨不管"管"了。只是按照惯例"管而无效"而已。杨不管对记者说："我制止了，并不是像媒体上说的我没有去管。当时我很生气，觉得两个人太不像话了，就说一句气话：要有劲下课到操场上打去。"这句话的潜台词很清楚，下课到操场上打去，那就是上课不要打架，不要影响课堂秩序。有人认为这句话是鼓励学生打架，他们丝毫没有看到一个老教师的悲哀和惨淡。对于一个人民教师，一个老教育工作者，何以说出这样的话？其背后的失望、绝望和暴露教育制度的脆弱，已经到了何等地步？

在事件的处理中，杨不管老人被调离教学岗位和罚款10万元，学校里30多位老师每人借给老人1000多元，老人凑足了10万元，马上就交给了受难者。要知道这几乎是老人不吃不喝5年的纯收入啊。但老人毫不犹豫地交了。老人这样回答记者："这是我内心自责，也是对我自己的惩罚。"多么善良的老人！

再次，杨不管为什么不敢管。

假如说杨不管管得不到位，或者说那不叫管的话，那么，我们还必须深思，杨不管为什么不敢管？

当然这里有杨不管自身的性格原因。杨不管在回答记者时说："其实以平时性格来讲，我不愿意与别人争执，我和家人都属于软弱性格，不会说假话，掩盖事实，更不做违背人性的事。"

但我以为更重要的还是教育制度的原因，社会取向的原因。

"杨不管"这种社会现象的出现，说明我们缺乏对老师的保护措施和办法，让老师普遍没有安全感。我国的《教师法》明确规定，教师要"制止有害于学生的行为和其他侵犯学生合法权益的行为"。但当教师因为制止了学生，或者说"管"了学生，给自身带来某种危险时，谁来保护教师？要知道教师不是佐罗和超人，他们也需要保护。

最后，杨不管如果管了会怎么样。

假如杨不管严厉地管了，结果会怎么样？我大胆作了一些猜测。可能学生幡然悔悟，停止打架，课后向老师道歉。这只是一种可能，但也仅仅是可能而已。事实上一个胆敢在课堂上打架的人，根本就没有把老师放在眼里，又怎么会听从老师的教导？

以下是我猜想杨不管"管"了学生之后的几种结果。

（1）杨不管说了学生几句，遭到两个学生同仇敌忾的辱骂，辱骂非常恶毒。杨不管气愤难当，在结束地理课后，突发心肌梗死猝死在学校。（新华网重庆6月11日电，记者11日从重庆市涪陵区教委获悉，6月9日重庆市涪陵区职业教育中心39岁的女语文教师何小容，在课堂上制止几名男生打牌时，遭一名男生恶毒辱骂。何气愤难当，在结束两节任课后，疑突发心肌梗死猝死在学校。教育部门表示何老师属工伤死亡。）

（2）杨不管管了学生之后，学生家长——一对警察夫妇纠集亲属闻讯赶来，将杨不管狠狠地修理了一番，致使杨不管受伤出血，大便失禁。（《警察夫妇冲课堂殴打女教师》，人民网2008年6月13日报道。）

（3）杨不管管了学生之后，被侮辱，被捉弄，被当成小丑，被丢矿泉水瓶子，被骂SB，帽子被扯下又被戴上，还被拍摄后上传网络，被学生作为战果来嘲笑。（《海淀辱师事件》，《京华时报》5月29日报道。）

……

写到这里，忍不住百度一下——“教师被打”。结果是，用时0.078秒，找到相关网页约2030000篇。

中美顶尖高中生对话：我们输掉了什么

暑假中，中央电视台《对话》栏目邀请中美两国顶尖高中生参与对话。这些孩子都即将跨入大学门槛，但还没有接受大学教育，因而这个对话很能够反映中美两国的高中教育。来自美国的12名学生都是总统奖的获得者，来自国内的12名高中生也都是考入清华、北大的天之骄子。我即刻来了兴趣，我当然不敢奢望他们之间能够火星撞地球，我知道我们的孩子肯定会输，我只是希望我们的孩子不要输得太难看。

但是随着节目的进展，我的呼吸越来越艰难，场面岂止是难看。孩子们的表现简直让我们扼腕长叹、汗流浃背。我们最优秀的人才，除了会考试，会得分，会表演，会做戏，还会什么？其中给我最强烈刺激的是对话中的两个环节，中美学生的选择截然不同，让人目瞪口呆。毫不夸张地说，我们的教育已经造成了严重的恶果，撒旦的魔瓶已经打开。

一、关于价值取向的选择

主持人分别给出了智慧、权力、真理、金钱和美，让学生选择，并说出理由。

美国孩子都惊人地选择了真理和智慧。他们没有思考，理所当然地做出了选择，这种选择对他们也许是常识。他们解释说，拥有智慧的目的，是为了追求真理。真理永远是第一位的，当然拥有了智慧，随之就可以获得财富和其他。他们的选择让人感动，他们的取舍和逻辑的清晰，又让人钦佩不已。

反观我们的孩子，除了一个女孩子选择了“美”之外，其他的孩子，要不选择金钱，要不选择权力。没有一个人选择“智慧”，更没有一个人选择“真理”。由此可见，智慧和真理在中国贬值到了什么程度。

也难怪中国的孩子，在中国，黑小子奥巴马能够成为总统吗？美国人具有英雄情结，尤其喜欢平民英雄。好莱坞的造星运动和奥巴马的入主白宫，都彰显了美国的民族风格。在美国，你出生在什么地方并不重要，你要往哪里去才重要，你要到那里去的智慧和才能保障才重要。没有一个英雄是愚笨的，首先他必须拥有智慧，而拥有智慧的首要目的就是追求真理。这是美国基础教育的常识。在美国，你拥有智慧吗？这是一个最重大的问题。在中国，你有“人”吗？这是一个更重大的问题。

想到这里，我们还有什么理由嘲笑这些孩子，我甚至为我们孩子的坦诚感到一丝欣慰。

我们的孩子是在酱缸里学习和生活啊，可想而知，耳濡目染的都是一些什么教育。社会上，官本位，官大一级压死人，有官就有权，有权就有一切。“说你行你就行，不行也行；说不行就不行，行也不行。”想想看，权钱交易，金钱至上，甚嚣尘上的拜金主义思潮会给学生带来多大的影响？更可怕的是这种极端不正常的社会现象，不断挑战我们的底线和神经，使得我们逐渐麻木，并且抬高了我们的容忍度，最终不正常的行为逐渐正常化了，成为一种社会习惯。

很多父母就用这样庸俗化的方式教育孩子，甚至有些所谓的名校，在校门口挂出皮鞋和草鞋，告诉学生两种人生，让学生趋利避害。有人说，校园里每天都在造假，论文造假，考试造假，课表造假，有时候学校和老师还帮助学生造假，想想看，每年录取的大学新生中，有多少档案是学生原先的真实档案？学生都是受教育的人，或者是社会的人质，社会给他什么，他自然就变成什么。

难怪我们的孩子直奔主题，眼睛功利化地盯着结果，却忘记了“一分耕耘，一分收获”的古训。这些孩子，他们只知道拥有金钱和权力这个结果是好的，却完全丢弃了价值实现的过程，自然也不去思考价值实现的途径。这不仅是我们社会的弊病，也与我们应试教育中“重结果，轻过程”的手段和评价方式息息相关。我们共同患上了短视症。

一系列的浮躁之风，让我们的孩子还没有跨出校门，还没有走上社会，就已经完全被沾染、被风化、被社会化了。柏杨先生所说的丑陋，已经如影随形。

二、关于非洲援助计划的制订

主持人提出一个问题，让两国的高中生，制订出一项对非洲儿童的援助计划。

率先阐释的是我们的孩子。他们从中国悠久文化谈起，谈起了丝绸之路，谈起了郑和下西洋，谈起了我们赖以自豪的一系列。但我们的这些辉煌和非洲有什么关系？难道让他们望梅止渴，望洋兴叹？然后，孩子们开始了才艺表演，有人吹箫，有人鼓筝，有人弹琴。接着是三个女生小合唱，一会儿又变成一个人深情朗诵，再以后是集体大合唱。他们唱得不能说不好，但唱得好不如做得好。要知道非洲儿童需要的是实在的援助。有人说，在奥斯维辛之后，写诗是野蛮的。那么，对缺衣少食的非洲孩子朗诵诗歌，至少在我眼里是不人道的。

好像在结尾的时候，孩子们终于提到了援助计划，那就是尽量去旅游，促进非洲经济发展，为孩子们组织募捐，去非洲建希望小学。可以说，没有一句话不是空话、废话、套话，没有一项计划能够真正得以实施。

当孩子们夸夸其谈地说完，一个美国华裔作家立刻发问：“你们募捐，要我掏钱出来，这没有问题。但首先你们的援助计划要能打动我，我还要知道我的钱都花在什么地方，我捐出去的每分钱是不是都真正发挥作用了，你们谁能告诉我？”结果，我们的孩子对于这样的问题，面面相觑，没有一个人回答上来。也许他们根本不在乎解决问题，他们心里想的是，我终于上了一回电视了……

美国高中生的方案，则是从非洲实际情况出发，从最微小的事情入手，食物、卫生巾、饮用水、避孕套等等。尤其是避孕套，让我震惊，随即我就领悟了，这不仅是保护这些孩子，还有那些即将出生的孩子。因为非洲是艾滋病高发区，很多孩子一生下来，就是艾滋病病毒携带者。还有一个女生，提出一个卫生巾计划，更是让现场观众感动。这些非洲女孩子可以贫穷，可以受难，但有了这些卫生巾，就有了做女孩子的尊严。所有这些微小问题，每一项，做什么，怎么做，步骤和计划，一清二楚，具体到每一项的预算，而那些预算竟然精确到几元几分。所有的人分工明确，又互相融合，构成一个帮扶整体。整个计划拿来就可以进入实施阶段。我想，我们也有精确的时候，甚至比这些孩子更精确，但那只有出现在阅卷的时候，我们对分数，常常是精确到小数点之后三位数的。

从节目中我们还不难看出，美国学生更注重实际，更注重应用，但又不乏精神的高贵和真理追求。反观中国学生，则是知识陈旧，眼光狭隘，视野狭窄，而且与现实严重脱节。这些所谓的精英，走上社会之后，我不知道他们究竟对社会能有多大作用。

但无疑，他们是聪明的，只是这种聪明让人不寒而栗。当需要他们精神的崇高和真理的高迈时，他们坠落在土地上，真诚地袒露他们对金钱和权力的迷恋。更可怕的不仅是这些高中生，还有更多的大学生，他们的选择也不容乐观。不久前，温总理在同济大学吟诗，鼓励学子，不能紧紧盯住地下，还要学会仰望星空。总理吟唱这首诗的意图，意味深长。

我仰望星空，它是那样寥廓而深邃；
那无穷的真理，让我苦苦地求索、追随。

我仰望星空，它是那样庄严而圣洁；
那凛然的正义，让我充满热爱、感到敬畏。

我仰望星空，它是那样自由而宁静；
那博大的胸怀，让我的心灵栖息、依偎。

我仰望星空，它是那样壮丽而光辉；

那永恒的炽热，让我心中燃起希望的烈焰、响起春雷。

在与浩瀚星空的对话中，我们会顿感自身苦难的渺小，我们会对真理充满崇敬和向往。康德说："世界上唯有两样东西能够长久地震撼我们的心灵，一个是我们头顶上灿烂的星空，一个是我们内心中崇高的道德法则。"而我们的学生恰恰把这两样抛弃了。

不能仰望星空也就罢了，当我们迫切需要他们立足现实，脚踏实地解决非洲孩子的实际问题时，他们却又吟诗弄赋，飘浮在半空中，临空蹈虚，打起了太极。

对于学生的这些欠缺，普通高中语文课程早就明确规定："高中语文课程应进一步提高学生的语文素养，使学生具有较强的语文应用能力和一定的审美能力、探究能力，形成良好的思想道德素质和科学文化素质，为终身学习和有个性的发展奠定基础。"所谓应用能力，当然就是指实践能力。所谓的审美能力，当然就是指学生自觉的审美意识，高尚的审美情趣，独特的审美创造。而所谓的探究能力，自然就是培养学生的探索精神和创新能力。但实际上一方面是评价标准跟不上，另一方面还是应试的摧残，导致课程标准并没有很好地落实。而来自社会的影响，尤其恶劣。

由这些不争气的孩子，我突然又想起来很多年前，中日少年夏令营中的较量，那次较量，中国孩子输得很惨。当年的这个事情，经过媒体的热炒，最后甚至惊动了总书记，从而发起了雏鹰行动。如今我们的雏鹰，已经长大了，可结果仍然让我们气断声吞。

救救孩子，首先要救救教育！

说谎基因和色狼元素

近日，《广东省青少年保护条例（修订草案）》提交省人大常委会审议，其中有一条：女生例假可不参加激烈的体育运动。

一石激起千层浪，很多学校忧心忡忡，女生会不会谎称例假拒上体育课呢？

一、女学生必须建立月经表

为了杜绝女生谎称例假拒上体育课，很多学校绞尽脑汁，广东华师附中更是别出心裁地规定：每班都制作一个女生例假时间的表格，防止非例假的学生“胡报乱报”。这样一来，班主任把学生的月经知情权牢牢控制在手里，“防火、防盗、防谎报”。其他学校也闻风而动，一时间，女生人人自危。很多男生更是窥探女生隐私，有时候男生之间互相恶作剧，“今天你来了吗？”成为校园里的口头禅。我们的学校到底怎么了？应试的挤压难道还不够吗？

如果是学校的医务部门为学生建立月经表格，关注女学生的身体健康，同时严格保密制度，这未尝不是一件好事，甚至还可能因充满了人文关怀而温暖社会，感动中国。但仅仅为了防止女生逃避体育课，就去建立这样的表格，那简直就是滑天下之大稽了。

教育的本意是向善的，美好的。是阳光的轻轻照耀，是溪水的潺潺流淌；是心灵之间的沟通和交融，是灵魂之间的一种互动；是绿色的，生态的，温暖的，和谐的，感性的，充满着草莓的淡淡馨香和浓郁的人文情调。

而用怀疑一切的眼光来看待学生，恰恰是对学生的一种制约，一种歧视，一种侮辱，完全偏离了教育的初衷，更严重破坏了师生之间诚信的契约关系。

古人云："欲致鱼者先通水，欲致鸟者先树木。"教育首先就要建立起和谐关系，师生之间互相信任，互相友爱，互相支撑，互相温暖。学生首先是孩子，一个明亮的孩子，向着光明的孩子；教师首先是良好的导师，还是耐心的听众，谈得拢的朋友。一旦师生之间失去了人际交往最起码的信任，教育还如何实施？

怪不得每当新问题到来的时候，我们常常慌不择路，还没有搞清楚事情的源头，就头痛医头，脚痛医脚。所有解决问题的措施，都是治标不治本。

没有人关注，女生不喜欢上体育课，甚至不惜用"例假"来撒谎逃避，这是为什么？

究竟是什么让花季女孩对阳光体育失去了兴趣？

老师的教学方法是否得当？学生课业负担是否过重？更重要的是，这种畸形的教育，是不是已经把我们孩子的运动功能磨损掉了？题海有没有把我们的孩子彻底格式化，以至于连体育课都不想上了？

还不要忘了，这些孩子，这些花季的女孩子同样享有法律赋予的隐私权，享有独立的人格尊严。无论是谁，老师、班主任，也包括她们自己的父母都无权侵犯！月经周期属于女生的绝对隐私，岂可随意公开？建立女生月经表格，无疑让学生的"秘密"大白于天下，至少在孩子的心理上是这样。危害何其大也！著名教育家周弘曾经说过，教育首先要给孩子一种生命的安全感，否则，一切教育都是瞎子点灯——白费蜡。

苏霍姆林斯基说："青年具有隐晦与生理相关一切事情的一种特性。稍有不慎，就会触动孩子敏感的年轻心灵……就会对他们的精神尊严造成伤害。而对纯属个人生活隐秘领域的侵犯和触动所显示的敏感性，是人心灵美的一种品质。我们要千方百计地发展这种自尊感，女学生越能保持自尊，男学生对她的爱慕之情就越高尚，越纯洁，因而女学生对男学生精神面貌的教育影响也越大。"而我们恰恰以制度的形式剥夺了女孩子的自尊，让她们斯文扫地，失去做人的尊严感和归宿感。

退一万步来说，就算制作例假的方式是正当的，毫无疑义的，但这种方式仍然是不科学的，难实行的，因而也是荒唐的，滑稽的，可笑的。

因为体质、环境、营养等诸多因素影响，女孩的初潮会有早有晚，早的可提前到十一二岁，晚的可能会推迟到十七八岁；月经周期也因人而异，这些误差如何控制？一旦表格上造成了一种偶然的不正常现象，最后的结果要怎样检查？

《北京晚报》6月9日报道：海淀某中学初一（7）班女学生在上周四上游泳课时，9名女生因来月经同时向班主任老师请假，导致班主任产生怀疑，竟将这9名女生带出游泳馆，一一脱裤子检查。事后证明，9名女生均未撒谎。老师检查后也未对学生们说一句道歉话。

这就是我们的首都，有游泳馆的学校，想来硬件无疑是一流的。然而硬件设施的健全却没能改变人的素质，尤其是那种对学生人格和尊严的漠视。

二、教师不得和异性单独谈话

如果说，怀疑学生有说谎基因是老师对学生的臆测，那么，某市教育局的一项规定则可看成是教育部门对男老师的意淫。

报载，××市教育局明确规定："任何教职员工不得将学生特别是异性学生留在教室、宿舍或其他僻静场所进行单独谈话、辅导或帮助料理其他事务。"（《东方早报》3月22日）

为什么要出台如此荒唐的通知？教育局有关官员解释说：尽管男教师奸污、猥亵女学生的事件在该市还没有出现，但在国内不少地区都有发生。这么做是出于爱护学生，将潜在的安全隐患消灭在萌芽状态。原来，禁止教师与异性学生单独相处的目的，主要是预防男教师对女学生进行性侵犯。

中国历来就是一个尊师重教的国家，孔子兴办私学，努力致教，成为历代皇帝都要朝拜的圣人。天地君亲师，更是把"师"和"天地君亲"相提并论。民间也有"两个半好人"的说法，父母是好人，老师是好人，丈人丈母（或公公、婆婆）是半个好人。可以说，再糟糕的父母也巴望自己孩子好，再恶劣的老师也期望自己学生成才。而丈人丈母（或公公、婆婆）的好，只是因为你的另一半才对你好，所以，只能算半个好人。

然而随着时代的发展，老师的地位却轰然坠地，变得如此的猥琐和不堪。

毋庸讳言，老师中确实有一些害群之马，被社会冠以禽兽教师之恶名。但相对于庞大的教师队伍来说，那只是极少数，简直是沧海一粟、九牛一毛。这些人之所以被社会不断贬斥，恰恰说明了我们教师队伍的纯洁，社会绝不容许这个队伍中有败类，如此而已。

在我看来，该市的这项规定有四大错。

首先，从法律的角度来看。

韩愈说："师者，所以传道授业解惑也。"就是说，老师不仅要帮助学生教授学业、解答疑惑，更重要的还是要传授道理。如何传授道理，当然是言传身教，循循善诱，因人而教。更何况，很多学生的学习思想问题，都愿意单独和老师交流，在老师的剖析和引导下，穿越人生的迷雾，获得心灵的愉悦。禁止教师与异性学生单独谈话，不仅侵犯了教师教育的权利，也侵犯了学生受教育的权利。这是典型的以小法触犯大法的违法行为。

其次，从教育学的角度来看。

什么是教育？如何教育？《礼记·学记》中说："教也者，长善而救其失者也。"也就是说，教育是一种向善的倡导，还是一种对缺失的补救。蒙台梭利说："教育就是激发生命，充实生命，协助孩子们用自己的力量生存下去，并帮助他们发展这种精神。"教育还是教育者对受教育者的一种激发，一种协助，一种赞助，一种融入精神生命的支撑，这是两个生命和谐的共振和成长。

教育学中最重要的就是师生关系，"亲其师，才能信其教。""知其心，然后能救其失也。"我们的成语中有"耳濡目染""言传身教""耳提面命"，都在展示一种美好的教育手段和高超的教育艺术。但假如连师生独处都成了教育事故，教育雷池，教育高压线，那么老师的尊严何在？教育立人的本真何在？教育又如何能在耳濡目染中"知其心"，又如何能在耳提面命中"长其善而救其失"？

"禁止师生异性独处"，只能是对教育本身的极大嘲弄，是教育异化成非教育的典型性标志。从教育学角度出发，异性相处符合教育发展规律，能促进学生的健康发展。异性不但不该减少来往，相反还要增加交流，这种两性相处所带来的和谐效应，更有利于孩子形成健康的个性、健全的人格。很多倔强的男孩子反而听柔弱的女教师的话，而一些女孩子也特别尊重男教师的意见，原因就在此。

再次，从心理学的角度看。

该规定是对教师人格尊严和品质的严重嘲弄，是对人民教师的巨大侮辱，严重地弱化了老师教书育人的功能，丑化了人民教师的整体形象。太阳底下最光辉的事业并不光辉，灵魂工程师的灵魂一片狼藉，辛勤的园丁原来是潜在的采花大盗！教师都成了潜在的奸污、猥亵嫌疑人，还如何"园丁"？如何"工程师"？如何“光辉”？如何传道？如何教书？如何育人？如何师表？最搞笑的是，世上有不得与“鲜花”“灵魂”独处的园丁或者工程师吗？

禁止教师与异性学生单独相处，客观上还人为强化了本该淡化的某种意识。恰恰是因为有了这样的规定，才使一些异性师生意识到了本来不该意识到的问题。而意识到这一点，显然让师生非常尴尬。而且，这个规定，在师生间设置了天然的鸿沟、厚障壁和隔膜，本来教师孜孜不倦的就是要走进学生的心灵，打开教育的窗口。现在，这种努力因这项规定而蒙尘、而折翅。岂止是走进学生的心灵，老师现在是走近学生身边而不得！那些关心学生、热爱学生的老师，某种程度上都有了因色起意、有色可图的阴谋。他们从此退避三舍，畏首畏尾，对正常的教育造成了巨大的损失，而那些懒惰的教师从此有了借口，冠冕堂皇。而真正的禽兽教师，又怎么会遵守你教育局的一纸空文？

而且这种有罪推定的心理暗示，已经产生了严重后果。

记者与一些学生交谈发现，孩子们对于这样的规定多少有些不理解。“为什么要出台这项规定呢？”“有时候跟老师单独在一起，我会觉得很放松，会跟老师讲很多心里话，这样不好吗？”

记者告诉他们出台这样的规定是为了防止老师对学生的性骚扰或其他身体伤害，目的在于保护学生的身心健康。对于这样的目的，学生更加疑惑了：“老师有这么可怕吗？”“我觉得老师挺好的呀，不至于这样吧？”

采访中，大多数女生面对这样的规定有点害羞。其中一名初二女生说：“其实之前我根本就没想那么多，老师就是老师，怎么可能那么坏嘛。”她羞红脸说：“我们班主任刘老师就是一名男老师，他对每个学生都很好，班里所有的同学都愿意跟他交流，非常自然。现在这样的规定一出，我反倒觉得有些别扭了，我们到底该不该和老师保持距离呢？”

最后，从哲学的角度看。

为防范教师奸污、猥亵学生而禁止教师与异性学生单独相处，这是颠倒了矛盾的特殊性和普遍性的关系。男教师奸污、猥亵女学生的事情是极不正常的，只能是极少数的，个别的，是矛盾的特殊性。在异性师生关系当中，正常的、绝大多数的都是类似长辈和晚辈的关系。显然，禁止教师与异性学生单独相处，是把个别当成了一般，把矛盾的特殊性当成了普遍性。

个别教师的道德败坏，让所有的教师来承担苦果，这是一种道德绑架和人格歧视，是管理无能者的一种因噎废食。

尤其可怕的是，一旦这种教育深深植入了孩子们的心灵，孩子们连老师都不能信任了，将来，他们还可以信任谁？

写到这里，我突然想起了鲁迅先生的一个故事。

1934年，国民党北平市市长袁良下令禁止男女同学，男女同泳。鲁迅先生听到这件事，对几个青年朋友说：“男女不准同学、同泳，那男女一同呼吸空气，淆乱乾坤，岂非比同学同泳更严重！袁良市长不如索性再下一道命令，今后男女出门，各戴一个防毒面具，既避免空气流通，又不抛头露面。”还用手模拟着防毒面具的管子，逗得其他人哈哈大笑。

那个时代，也还只是针对学生而已，现在针对师生了，总算显得有点进步了，但如果××市教育局的领导给师生们配上防毒面具，我倒觉得这个做法更加切实可靠。因为现在的那个规定，主动和被动不好界定，究竟什么地方属于偏僻地带又没有附加说明，真正施行起来，难度多多。譬如，女学生到我办公室里来了，恰好我一个人，我岂非要夺门而逃？再譬如我在某个僻静的地方，见到了女学生，为了避免瓜田李下，我拼死也只能做范美忠，跑，跑，跑……

而我们的异性学生，不管犯了什么错误，只要他们独来独往，那些异性教育者，又岂奈他何？

汶川短信：真实的谎言

“抢救人员发现她的时候，她已经死了，是被垮塌下来的房子压死的。透过那一堆废墟的间隙可以看到她死亡的姿势，双膝跪着，整个上身向前匍匐着，双手扶着地支撑着身体，只是身体被压得变形了，看上去有些诡异。

“救援人员经过一番努力，小心地把挡着她的废墟清理开，在她的身体下面躺着她的孩子，包在一个红色带黄花的小被子里，大概有三四个月大，因为母亲身体庇护着，他毫发未伤。

“随行的医生过来解开被子准备作些检查，发现有一部手机塞在被子里，医生下意识地看了下手机屏幕，发现屏幕上是一条已经写好的短信：‘亲爱的宝贝，如果你能活着，一定要记住妈妈爱你。’看惯了生离死别的医生却在这一刻落泪了。手机传递着，每个看到短信的人都落泪了。”

“亲爱的宝贝，如果你能活着，一定要记住妈妈爱你。”

这是史上最感人的一条短信，人性的光辉，母爱的无私博大，在死神的笼罩下，散发着光芒。它让人们干枯的眼睛流下泉涌的热泪，也让更多的人擦干眼泪，投入到灾后重建中去。

地震，不仅是民族的一个伤口，也是人类永恒的悲剧。它让我们看到，人在自然灾难面前，如此脆弱、无助、不得要领。荀子说的人定胜天，简直就是屁话。好在我们还有这种永不熄灭的精神，温暖和照亮我们破碎的心灵。

然而现在，这条短信，已经被证实是一条编造的谎言。有网友说：“编造这个谎言的人或者机构是无耻的。”有网友抨击：“蹩脚的谎言，拙劣的媒体。”而干国祥老师则说：“只是透过重重烟雾，我们总得嗅到一些真实的气息。人性，母爱的无私，不会因为这条谎言而黯淡失色。藏羚羊跪拜是谎言，斑羚飞渡是谎言，谎言的国度里，爱与真理，也会随着谎言的破灭而一齐烟散？”

我的回答是不会。而且，这些谎言的存在，只能让我们更加坚信爱与真理不会消亡。

灾难来临的时候，那个柔弱的母亲，像老母鸡护住小鸡一样，悲壮地张开双臂，为孩子支撑，这是一个母亲的姿势。她可能，不，她当然来不及说任何话，但她变形了的身体语言，却告诉我们每个人，“宝贝，妈妈永远爱你”这是一条真实的谎言，丝毫不因为它是谎言，就失去震撼人心的力量。

假作真时真亦假，生活中，我们被无数的谎言轰炸怕了。那些凭空捏造的谎言，污浊不堪，每一个谎言捏造的背后，常常都有不可告人的秘密。但这一条不一样，它不是为私利呐喊，它是对那个母亲肢体语言的解读和表达。我敢断言，这个谎言诞生的时候，一定没有阴暗，创作者的内心中，一定有一种美好在冲动，非此而不能表达。不要小看这条短信，它微弱暗淡的光芒，甚至穿透了我们单薄的灵魂，使我们孱弱的精神和身体，不至于在承受灾难时颓然跌倒。

中国慈善首富陈光标，第一时间听到汶川地震消息，立即把正在开的董事会，转变成抗震救灾研讨会。他说服股东，向正在江苏、安徽等地的60台准备分别前往山西、北京、天津进行拆迁工作的工程机械下达命令："原地掉头，开赴灾区，将三分之一原有的机械操作人员换下，把能吃苦、技术过硬的优秀员工调上去。"为了保证队伍在路上畅通无阻，陈光标要求所有人穿上迷彩服，戴上自制的红十字会胸卡，并在每辆车上都挂上自己在广告公司赶印的"中国红十字会抗震救灾专用车"的条幅。

也有人质疑陈光标，没有得到红十字会的授权就擅自挂上红十字会的牌子，这不是欺骗吗？陈光标回答说："特殊时刻，谁还顾得了那么多？我们要不这么弄，谁让我们进去啊？我又不是去诈骗，人命关天啊！"

真的，自然不等于善的、美的。否则网络也不会众口一词地谴责范美忠了。反过来，假的，也不一定就是丑的、恶的。谎言和虚假是否可恶，得看这个谎言"文本"编写的真正动机，以及"文本"被写的背后真正的意义。孩子不肯吃药，母亲骗他说："吃吧，孩子，这个药不苦。"孩子吃了，病就好了。将军打仗，危急关头，欺骗士兵说："坚持两小时，援兵就会来。"终于赢得了战争的胜利。这些就都是美丽的谎言。

连司马迁写历史都有虚构，《史记》不仅是史家之绝唱，还是无韵之《离骚》，艺术真实有时候要大于生活真实。过于理性较真有时候反而是刻板的、可怕的。

托马斯·海登说："什么是骗局？骗局就是一个非常精彩的故事，精彩得让你误认为这是事实；骗局诞生之时，理智终止而迷信占据上风。"而现在则已进入一个骗局和谎言的时代，只不过有的谎言非常世俗，非常无聊；有的则让人心动，让人震惊。而最高的谎言和骗局，则是让你明明知道它是谎言，是骗局，但你在感情上，却无论如何不忍心揭穿它，并且心甘情愿相信它。

最震撼人心的就是美国所谓的"9·11绝照"。

在那张绝照上，一名参观者正在世贸中心顶层的观景台上拍照留念，就在相机快门摁下的一刹那，一架飞机正撞向世贸大厦！游客安静祥和的微笑，和裹着死神冲向世贸大楼的飞机正好形成强烈的对比，触目惊心，撼人心魄。

风行一时的“9·11绝照”，漏洞百出，很快就被证明是一个骗局。首先，飞机撞向大楼的方向根本不对；其次，这张照片是在世贸大厦顶层的观景台上拍摄的，而在飞机撞向大楼时观景台是关闭的；此外，这张照片上的游客当时身穿的是厚厚的冬装，而在9月11日的美国，夏季的炎热还没有散去。更何况，这张照片何以能在瓦砾中保存下来？

但几乎所有的美国人都相信它，都不忍心戳穿它。因为这个骗局，牢牢抓住了灾难中美国人极度悲痛的心理，加深了美国人的悲剧情结，并且牢牢凝聚起美国人的民族力量。

在巨大灾难来临的时候，人，总需要一种精神，让我们彼此取暖，互相照亮，然后，屹立不倒。

绝照和短信，就这样应运而生。它既不是帮雷锋写日记，也不是把屠夫的凶残化为一笑来粉饰太平。所以，虽然我一开始就怀疑它的真实性，但我仍然感动不已。

在《我与地坛》中，史铁生这样问自己：“至于那个孩子，当然那不是我。但是，那不是我吗？”我们或许也可以问自己：“至于那个短信，当然，那不是真的。但是，那不是真的吗？”

校长不识字，博士乱翻“书”

最近，《解放日报》和华东理工大学社会与公共管理学院博士段凡被推上风口浪尖。究其原因，乃是博士对一个典故的解释出现了大问题。

查2月23日《解放日报》10版，段博士在接受报纸提问时，对“卧槽泥马”这个“成语典故”进行了解答。他说：“卧槽与跳槽并非完全对立，否则就可能变成一匹‘卧槽泥马’。卧槽泥马出自《战国策》，形容虚有其表、窃居名位者，即使有相应的地位，其能力也不足以胜任，等同于烂泥扶不上墙。所以说，卧槽者不应成为‘卧槽泥马’，卧槽也并非‘卧以待毙’。职场人士大可不必草木皆兵，而要变被动为主动，视卧槽为蓄势待发、开创工作新局面的机会。”

此语一出，网络上眼镜跌碎无数，大牙笑掉一片。

“卧槽泥马”本是网友对国骂的恶搞，没想到段博士还当真了！竟以此引申开去，在报上开讲答疑。鲁迅先生曾经说过：“你不说我还明白，你一说我反倒糊涂了。”段博士以其昏昏，岂能使人昭昭？终至于“博士一开口，上帝就发笑”。

于是，赶紧上网搜“卧槽泥马”，果然找到了罪魁祸首。

撰者不详，其辞曰：“《战国策·楚策四》——伯乐多良马，其有邻亚犁，曾与人言：‘我亦善识马，有一骏马，伯乐不及。’人皆疑，欲观之。亚犁恐，乃以草泥置一卧马于槽中。众人视之笑其蠢，皆曰：‘此何良驹，卧槽泥马尔。’”

观察此段用语呆板，文气拙劣，远非《战国策》之古朴、浑厚，而《战国策·楚策四》一节，根本没有任何与“卧槽泥马”相关的语句。但段博士网上一搜，就直接作为学问了，哇，做学问好简单啊。

《解放日报》乃中国有名的大报，华东理工大学也是一流大学，段凡博士既然能够在报章接受访谈，想来也不会是平庸的博士，但笑话就这样产生了。偶然的一件小事，一旦发生了就是历史的必然。纵观这件事，段博士俨然也是在恶搞，他以身作则，告诉我们，博士也就这个水平，博士之博，乃不学无术耳。

难怪中国的大学，在世界排名中可怜兮兮，难怪我们的文凭，人家打死也不承认，原来并非民族歧视，乃自我作践耳！

由博士乱用典，不由得又想起了台湾三大党领袖来访问时，我们著名校长们的著名表现。

去年，台湾亲民党主席宋楚瑜应邀在清华大学发表激情演讲，回答清华学子的提问，两次提到人文，其情殷殷，其辞切切。反观清华大学校长顾秉林却畏畏缩缩，没有中国第一学府掌门人的学术气质。在互赠礼品环节，顾秉林向宋楚瑜赠送的是一幅小篆书法，内容是黄遵宪的诗《赠梁任父同年》：

寸寸河山寸寸金，
侉离分裂力谁任？
杜鹃再拜忧天泪，
精卫无穷填海心！

第二句首字读做“kua”，上声，分离、割裂之意。诗的前两句描述了中国前所未有的民族危机，后两句表示要像精卫填海一样，担负起救国的大任。

在念这首诗时，清华校长一字一顿，磕磕巴巴，念到“侉离分裂力谁任”时，就被“侉”字卡住了，后经人提醒才得以圆场，引得学生们哄堂大笑，场面相当尴尬。

不仅如此，在主持过程中，顾秉林还结结巴巴，几次中断修正，到了最后更是洋相出尽，把向宋楚瑜赠送礼物说成“捐赠”礼物，现场一片嘘声。此情此景，让看直播的亿万电视观众感到震惊和失望。要知道台湾也有“清华大学”，都在那里看着呢。

然而，清华的表演还没有结束。当晚清华大学国际问题研究所副所长刘江永教授，在中央电视台国际频道《宋楚瑜大陆行》节目中侃侃而谈，大出风头，又让我们大吃一惊。当介绍到《寸寸河山寸寸金》书法礼品的时候，他胸有成竹地说：“这是某某人所书写的‘小隶’。”

哇，一种新的书体诞生了，中国从来只有小篆，何曾有过小隶？紧接着，刘教授又即兴朗诵了《寸》全诗，遗憾的是刘教授没有看过直播，当读到“侉离分裂”的时候，他再次壮烈“牺牲”，又把它们读成“瓜离分裂”。

清华历来文人荟萃，国学大师、文坛巨匠不乏其人。不知王国维、陈寅恪等大师，九泉之下做何感想？

然而，台湾新民党主席郁慕明来了。他发表演讲的大学是中国人民大学。人民大学的校长出来了。我们提心吊胆，胆战心惊。鲁迅曾经说过：“我常常但愿不如所料，也以为未必竟如所料，却往往恰如所料的起来。”果不其然，人大校长纪宝成在欢迎郁慕明的致辞中说：“七月流火，但充满热情的岂止是天气。”又一个大学校长，在台湾同胞面前倒下来了，纪校长显然犯了常识性的错误。“七月流火”出自《诗经》:“七月流火，九月授衣。”七月流火的确切含义是“天气转凉了”，不是形容“天真热”，更不能形容热情。这是高考中最常考的一个成语。

似乎是挑动我们脆弱的神经，国民党荣誉主席连战又来了。这次是厦门大学，有感于被授予厦门大学名誉法学博士学位，兴高采烈的连战发表即席演讲。才华横溢的连先生，慷慨激昂，激情洋溢，古今中外，信手拈来，显示了深厚的国学功力。演讲过后，厦门大学朱崇实校长请连战先生题字，连战先生挥笔题写了“泱泱大学止至善，巍巍黉宫立东南”。

结果朱崇实校长当场念了白字。把“黉宫立东南”错念成了“皇宫立东南”，台下还一片掌声、赞叹声。呜呼哀哉，呜呼哀哉。

“黉门”是学校的古称，“黉”古音与“宏”同，普通话读音与“红”同。古有“身入黉门，天子门生”的说法。堂堂大学校长竟然对学校的古称一无所知，实在是令人汗颜，惭愧，无语。

如果我们的教育现状还不能得到改变，如果我们的文化素养不能真正地提高，那么，校长们露怯的事情还会发生，我们将如何面对纷繁复杂且充满挑战的环境？还有就是我们的博士们，要好好学习，天天向上，否则就不是“泥马”，而是死马了。

大刀向老师头上砍去

《大刀向鬼子头上砍去》是抗战时期一首著名的战歌。

九一八事变后，日军长驱直入，占领沈阳，震惊中国。在日寇的狂轰滥炸下，宋哲元率领29军，改变战术，持大刀夜袭敌营，一阵砍杀，大获全胜，斩首日炮兵大佐，夺回战略要地喜峰口。29军初显神威！这是九一八以来日军首次遭到重创，日本朝野惊叹为明治建军以来的奇耻大辱。

消息传开，举国振奋。著名作曲家麦新被29军的事迹深深鼓舞，创作出不朽的战歌《大刀进行曲》，大刀向鬼子头上砍去，鼓舞了中华儿女前仆后继，浴血奋战。

可是，现在，我们的大刀还在挥舞，但却是向老师头上砍去。

一、山西朔县弑师

新闻一：10月4日，是朔州二中高一年级开学的日期，晚上7时的晚自习是学生们到校后上的第一节课。高一（16）班的班主任郝旭东来到了教室，晚7时30分左右，他走到班长跟前，询问班费的收缴情况。了解到有两名同学还没有缴，其中包括李明（化名）时，他抬起目光望向李明。

李明正在座位上悠闲地抽着烟，烟盒放在桌子上。对这名学生，郝旭东很是无奈。但身为班主任，不好管也得管。他轻轻地走到李明面前，从他的手中拿走了烟蒂，把烟盒交给班长保管，然后继续走动着巡视。

7时44分，郝旭东走到了李明的座位旁，李明突然站了起来，手中拿着一把弹簧刀，猛地刺向郝旭东的腹部。郝旭东忍着剧痛，捂着流血的肚子向讲台方向退去，但李明并没有就此罢手，他追上前去，一把搂住正向前门挣扎的郝旭东的脖子，右手持刀再次向郝旭东老师刺去，直到郝旭东倒在血泊中。

其他老师、学生和校领导闻讯赶来，约10分钟后，救护车赶到，但因失血过多，在送往医院的途中，郝旭东23岁的年轻生命凄然逝去。郝旭东老师家境贫寒，才华横溢，曾考中两所学校的研究生，创作发表了20余部小说和剧本。

事后警方在李明的书包里找到了两把弹簧刀和一把砍刀，还在他的宿舍里找到了一页三百余字的“死亡笔记”。

这是写在一张活页纸上的寥寥300余字的日记，日期是2008年9月18日，最上面写着“死亡笔记”4个字。日记中这个16岁的学生称：“我已经对生活失去了信心，我活着像一个死人，世界是黑暗的，我只是一个毫不起眼的‘细胞’。”在日记中，李明发泄着对初中时教他的两位老师的不满，声称“做鬼”也要杀他，称“我就是个坏学生，还坏到家了……我恨老师，更恨学校、社会……我要发泄，我要复仇，我要杀老师”。李明还写道：“不光是老师，父母也不尊重我，同学也是，他们歧视我……我也不会去尊重他们，我的心灵渐渐扭曲。我采用了这种最极（端）的方法。我不会去后悔，从我这个想法一出，我就知道我选择了一条不归路，一条通向死亡的道路。我希望用这种方式可以唤醒人们对学生的态度，认识到老师的混蛋，让教育业可以改变。”

二、浙江丽水弑师

新闻二：日前，浙江丽水市缙云县盘溪中学31岁女教师潘伟仙的遗体在县城附近的一座山上被找到，而杀害她的竟然是她的学生丁某。

10月21日中午，因为学生丁某前一天逃课，潘老师找他谈话，丁回答说是上网去了。潘老师本想给丁某的家长打电话，但没联系上，只好中午带着他去做家访。下午2点25分，丁某从校外回到教室，有老师问他，潘老师怎么没一起回来？丁某回答说，他俩在校门口就分开了。直到晚自习时间，潘老师一直没有出现。当晚10点左右，警方在一座山上找到潘老师的尸体。而犯罪嫌疑人就是她的学生丁某。据丁某交代，他借口父母不在家，而爷爷奶奶在山上干活，将潘老师骗到山上后掐死。

潘老师是今年8月才调到盘溪中学的，此前她在缙云一所偏远的山区学校任教。她去年带的班是县里的优秀班级，而她本人也曾连续5年被评为县优秀教育工作者及校级优秀教师。

目前，丁某已经因涉嫌故意杀人罪被警方刑拘，有关调查仍在进行中。

三、中国政法大学弑师

新闻三：10月28日晚，中国政法大学程春明教授在课堂上被学生砍成重伤，经抢救无效死亡。

报道称：事发时间为当晚6点40分左右，死者名叫程春明，系该校教师。当时他正在该校端升楼201教室内准备上课。

有目击同学称，嫌疑人所用凶器为一把菜刀。事发时，教室内尚未上课，程春明正在做课前准备。嫌疑人突然手持菜刀冲入教室，向程春明右颈部砍去，共砍两刀。目击学生称，嫌疑人砍伤程春明时，神情镇定。随后，该嫌疑人走出教室，掏出手机并报警。

程春明被砍后，被送到了昌平中医院急救中心。急诊护士介绍，约晚上6点55分程春明被送到急诊室，当时被确认死亡。医生及护士称，程春明所中的两刀在颈部右侧偏上处，刀口约1尺长，2寸深。伤口确认为刀伤。程春明的颈动脉、颈椎被砍断，由于失血过多死亡。

事发后，校内众多学生来到现场。一些学生表示，程春明教授学问很好，很有风度，上课时比较有特色。但也有一些同学表示，程春明个性过于突出，并不好接触，因此选修程春明课程的学生比较少。一些听过课的学生称，留法归来的程春明上课时，有“地中海的自由、宽容”。曾经的一篇新闻报道描述，程春明从没把传统式样的行为看得很重，而是将自由、宽容的气氛带进了法大的课堂，不过更多的是严格要求自己。“在我们聪明的法大学生面前，任何一位不思进取的老师随时随地都可能感到自己的知识不足，我也有此感悟。所以呀，我现在正在拼命充电，以不辜负我法大学生的聪明和睿智。”

如果要列举，还有长沙学生奸杀高校女教师案、陕西省渭南市高三学生伤害教师案、广东化州初三学生杀女教师案、湖北安陆市中学生杀老师案，等等。

远的不说了，现在，无论如何，在一个月之内，连续发生三起弑师事件，杀人者从初中到高中，从高中到大学，从农村到城市，从地方到首都，无一例外，都举起了大刀，向老师砍去，刀光闪过，血肉横飞……最具有讽刺意味的是，最后一个惨案竟然发生在中国法律的最高学府——中国政法大学，法律系的大四学生，也选择用屠刀来解决问题。

我们的学生怎么了？我们的老师怎么了？我们的教育怎么了？为什么原本启人心智、丰富灵魂的教育，却培养出一个个杀人魔王？为什么善行结不出善果，还要结出恶果？为什么老师非但得不到尊重，甚至于要以鲜血来偿还，以生命为代价？校园暴力何以产生？如何预防？教育究竟应该走向何方？

这些问题不弄明白，不作解决，悲剧就一定会重新上演，程春明就肯定不是最后一个。

在《论语》里，那种“浴乎沂，风乎舞雩，咏而归”的浪漫的师生关系，何等的脱俗？何等的精神愉悦？何等的心灵充盈？中国历史上是最尊师重教的国家，所谓“天地君亲师”。就算到了民国时期，这种风习还是很好的，现在丢到哪里去了？

不久前，教育科学出版社出版了《过去的老师》，我没有读，但只看书名，就被温暖所笼罩。那是一个朱自清、鲁迅、夏丏尊、李叔同、陶行知、叶圣陶等人做教师的时代。作为中国现代文学史上最著名的作家，中国最著名的教育家、散文家、哲学家，他们都曾经站在中学、小学的讲台上，给我们的孩子输送最新鲜、最人文、最壮骨骼的营养。那个时候教师待遇达到每个月7块大洋，而旧时代的公务员警察却只有两块大洋。而我们现在，尊师重教又体现在哪里？不能只在教师节那一天尊师重教啊！

现在的优秀人才都不愿意当教师了。这当然和待遇有关，但更多的是教师不好当了。广州、东莞的不少学校老师，上班都戴着钢盔和铁棍防身，把自己武装得像防暴警察。教师已经变成了一个高危职业，他们长年得不到休息，抓考试、抓分数、抓质量，抓得自己浑身是病，还有社会、家长、教育部门的各种考核给教师带来沉重的精神压迫，现在又加上肉体上的虐杀。这是新时期的三座大山，压得太阳底下最光辉的人灰头土脸。

现在早已是一流、二流、三流的人才都不会来弄教育了，韩寒的话是不中听，但难道不是事实吗？

在郝旭东老师的博客后，有一个家长的留言，基本上代表了整个社会的价值取向。

> 呜呼，心痛至极!！决不让我的儿子做教师！愿旭东天国走好！下辈子不要选择做教师！中国的中小学教师根本不是人做的工作。国人只看到教育费用高额不下，不去追究其根源！只看到教育的负面，不看竞争的激烈残忍程度！只知道向教师索取教学成绩，不去考虑自己的孩子是否为可造之材！如此扭曲的基础教育，城乡教师巨大的收入反差……谁来解决？怎么解决？
>
> 如果这件事反过来，是教师杀了学生而不是学生杀了教师，我想，各种新闻媒体又会要大做文章了。有时候真想问一句：这是怎么啦？怎么感觉整个社会都在仇视教师一样？社会发展到今天，一方面有人喊：要发展教育，要尊重教师；另一方面，教师上无力赡养父母，下顾及不了妻儿，穷困潦倒，两袖清风，即使如此，还是有人巴不得把教师往死

里整才好。国家富强，要靠教育，教育要依靠教师，难道把教师整死了，中国的教育就上去了?!现在教师的生命连草芥都不如，我真替中国的教育事业感到担忧啊！

好（郝）老师，一路走好吧！

这就是国民心里我们教育的现状，也是我们教师的生存现状。那么导致这一切的原因究竟是什么?

从教育制度本身来说，陈旧的教育体制，落后的教育方式，非人的教育评价，嗜血的教育竞争等等，都让我们的教育异化。

首先，我们忘记了教育首先是人的教育。

这是教育的原点，教育的对象是人，教育当然是教育人的，是人的教育。可是，更多的时候，我们眼里还有人吗？我们是非人的教育，是分数教育，是升学率教育。马加爵惨案之后，云南某地的一个校长说，在当前的教育评估下，我们只管提高高考升学率，我们哪管自己培养出的是马加爵，还是刘海洋?

现在，纷纷扬扬的各种教育改革，都是教学内容改革，或者是课程改革，简称课改，从来不会也不屑关注教育对象，关注人的教育问题。教育主管部门热衷于各种物化的评比，自满于硬件设施的达标，宣扬教育手段的现代化，恰恰忽视了对人的关怀。即便有一些思想品德课程，往往又涂抹太多的意识形态色彩，以一种高蹈的道德宣言取代了基本的“人的教育”。

还记得爱因斯坦对教育的定义吗？当把学校教给你的所有的一切都忘掉之后，剩下来的才是教育。

那么，哪些东西会忘记？那些通过机械训练强化巩固，反复抓反复练的知识点，海量的试题，解题方法和秘诀宝典，这些东西学生一出校门，就会遗忘到九霄云外，不会遗忘的是善良，是好奇心，是健康的心态，是宽容、不偏激的心理，是悲悯的情怀，是远大的志向，是胜不骄、败不馁的风度，是眼光，是气度，是同情心，是一种道德人格……只有有了这些，才是一个有灵魂的学生。然而，我们的学校教育恰恰把这些丢弃了。我们的学生如此苍白，形销骨立，除了可怜的分数，他们一无所有。

其次，师生关系严重恶化。

从根本上来说，师生目标一致，应该是很好的合作者，老师爱护学生，学生尊敬老师，师生团结一心，咬定青山不放松。如陶行知先生所说："师生彼此崇拜，培养出值得彼此崇拜之活人。"

然而，现实中的师生关系日渐冷淡，渐行渐远，这种不正常的现象，因为唯分数论导致的师生关系的恶化，还没有引起人们足够的关注。恶化的原因有多种：

沟通渠道的堵塞。

老师忙着评职称、评称号，忙着考计算机、考英语，还有继续教育、课程培训等，特别是面临沉重的考试压力，要精确到小数点后第几位，心态很难有平衡的；而学生害怕分数，害怕升学，害怕考试的排名，害怕按照分数来排座位，同样不堪重负。这样一来，师生都处于紧张焦虑之中，都处于一种亚健康状态，自然很难静下心来，好好沟通。

教育手法的落后。

时代的发展，造就了一代人个性的张扬和突显。毋庸讳言，学生普遍厌学，很大的问题是出在施教方式上。学生为什么不愿意学？这个问题很值得深思。而且，学生越来越有主见，越来越拒绝不适合自己的一套。当我们单纯地把学生看成是受教育的人，不顾及他们对现行教育的看法，不顾及我们的教育方式他们是否愿意接受，火山就已经在酝酿了。

因此，处于夹缝里的老师，要不就是管出来一堆麻烦，要不就像杨不管一样，放任自流。面对如此复杂的情形，教育思想显然没有充分准备，进退失据，动辄得咎，没有研究如何在尊重学生个体的情况下，完成教书育人的历史使命。

惩罚教育的缺失。

曾几何时，我们颁布了一个个法律，保护未成年人的权利，保护未成年人的安全。与此同时，一个个紧箍咒戴上了老师的头，老师的任何一个动作，任何一句话，任何一句批评，都可能构成对学生的人身伤害，都可能成为呈堂上对我们不利的证词。这就是教育部门提出的绝对禁止老师体罚和变相体罚学生。否则，在任何时候都是一票否决。至于何为变相体罚，至今还是语焉不详。逼得老师只能一味地退缩，一旦说服不起作用，学生就会爬到老师头顶做窝，学生打老师左脸，老师还要把右脸给他打。师道尊严早已被丢到爪哇国去了。

教师对学生固然是爱的奉献，但有时候，为了这爱能够尽可能地播撒，难免需要辅以一些小小的惩戒。惩戒，并不意味着没有平等；惩戒，也不意味着不尊重学生。必要的惩罚也是爱，甚至是大爱。然而老师对学生的惩罚缺少社会支持。要知道，自由、平等、尊重也是需要学习，甚至通过一定的惩罚才能够领会的。学生时期的放纵到了社会上，可能就是放大了的暴戾，学校不能给社会培养出一批批不知道惩戒为何物的无法无天者。

最后，社会环境的恶化。

今天，全社会大喊要尊重孩子的个性发展，于是家长、社会都给了孩子一种错觉：我就是我，我行我素，没什么好改变的。现在的孩子，大多是独生子女，家长对孩子的溺爱，让孩子觉得自己就是世界的中心、唯一的中心，老子天下第一。

更糟糕的是，今天的社会，一些不良思想和信息沉渣泛起，对学生造成重大影响。

人是社会的人质，个人更是社会整体的一部“作品”。

在信仰缺失、道德沦丧的环境里，学生怎么可能建立起自己的一座道德伦理的大厦？学校就算心有余也会力不足，岂不知道一傅众咻的道理？所有这些，必然导致孩子们的道德教育的苍白和失血。

更可怕的是，拜金主义思想的污损，尤其是教师群体在整个社会中地位的低下，特别是经济地位低下，无形中增添了学生对教师的鄙视。他们可能会想，看你那个穷酸样，也配管我？看你那个寒酸样，我好好读书，结果不就和你一个样，上帝，饶了我吧！想想看，教师本身就是社会的弱势群体，又怎么可能在学生面前建立起自己的师道尊严？

而且由于成长环境的特殊性，这些孩子心理承受力又特别薄弱，缺乏理智解决问题的方法。校园暴力存在的很大因素是他们找不到良好的沟通渠道，找不到消解不良情绪的出口，对生命价值和法制尊崇不够，以致铤而走险，酿成大错。

鲁迅在90年前大声疾呼：救救孩子。我们今天则要高声呼喊：救救老师。

隆平一落选，上帝就发笑

前几年偶然在一份杂志上看到，中国目前最值钱的人就是袁隆平，单他个人的品牌价值就达到数十个亿，超过了中国对美国最大的一宗出口——小巨人姚明的品牌价值。

袁隆平用占世界7%的耕地面积，养活了世界上22%的人口，被尊称为“世界杂交水稻之父”。他不仅是中国的国宝，也是世界的骄傲。但就是这样一位多次荣获国家最高科技奖的杂交水稻之父，竟然多次落选中国科学院院士。更有甚者，袁隆平的此番遭遇还并非偶然，此前，历经湖南省四次推荐，袁隆平才艰难当选为中国工程院院士，此番科学院院士评选，袁隆平又折戟沉沙。袁隆平的职称评审路，简直比两万五千里长征还要艰难。

所以然者何？

不久前，全国人大常委会副委员长、中国科学院院长路甬祥做客人民网强国论坛，回答网友提问时指出：他个人认为，袁隆平完全有资格当选中国科学院院士，未能当选，这只不过是一个历史的误会。

用一个历史的误会轻描淡写地带过，是不够慎重的。我以为袁隆平落选科学院院士，不是历史的误会，而是历史的耻辱。

一、是院士评选机制的欠缺

先后获得“国家特等发明奖”“首届国家最高科技奖”等多项国内奖项和联合国“科学奖”“沃尔夫奖”“世界粮食奖”等11项国际大奖的袁隆平，说他是中国最顶尖的科学家，甚至是世界顶尖科学家，恐怕没有人会有异议吧。但就是这样一位给中国带来世界声誉的科学家，却不能当选为本国的科学院院士，这简直是滑天下之大稽！

中国的学术制度是行政化制度，资源分配，利益均分，都由行政决定，导致知识分子无心学习，汲汲于仕途。伴随着这种不正常的现象，院士这个学术荣誉，也越来越“异化”为一种有利可图的“贵族标识”。因为这些影响与诱惑，使得很多单位都斥巨资打造院士工程，进行公关、疏通和联络。红尘滚滚，纷纷扰扰，你方唱罢我登场，各路大仙各显神通。中国科学院、工程院每一次的院士评选，几乎都是一场内耗严重、成本极大的造星运动。

各个部门都要进行角力，都要分一杯羹。院士评选，已经从表面的争名，走向了实质化的谋利。一些当选院士的丑剧闹剧不断地上演，而那些真正沉下心来搞科学研究的人，常常是不暇或者也不屑去做这样的勾当，如此看来，他们成为牺牲品，几乎是理所当然的了。

学界认为，只有当院士真正回归于学术，才能彻底解决中国院士选举的内耗与负效应，全社会尊重科学、尊重科学家的风气才会形成。否则连袁隆平这样的人都不能当选，只能是我们院士评选机制的耻辱。

二、是评审委员的无识

就在中国评审委员们用自己手中的选票，在昏暗的油灯下，在暗箱之中，在蝇营狗苟里，否决了袁隆平之后，没想到世界最权威的学术机构，拥有200个诺贝尔奖获得者的美国国家科学院，却高票延聘袁隆平为外籍院士。

世界著名科学家、诺贝尔化学奖获得者、美国科学院院长西瑟罗纳先生，隆重宣布袁隆平院士的当选理由时说：“袁隆平先生发明的杂交水稻技术，为世界粮食安全做出了杰出贡献，增产的粮食每年为世界解决了7000万人的吃饭问题。”

无独有偶，当选为美国科学院院士的李爱珍女士，也不是中国的两院院士。她曾先后参加1999年、2001年、2005年的科学院增选和2003年的工程院增选，居然边也没有摸到，惨得一塌糊涂。那么，是否是中国科学院、中国工程院的水平高于美国科学院呢？不说也知道，这两者不能同日而语。

一方面，中国的许多院士名不副实，和美国一二流大学助理教授的水平不相上下，有的甚至靠抄袭剽窃来支撑，学术品质不端；另一方面，真正做出重大贡献、被国际学术界认可的学者们却屡遭排挤，得不到应有的荣誉和尊重。“十七大”期间，不少代表大声疾呼，严惩学术腐败，还学术发展的晴朗天空。

那些为不正之风推波助澜的评委们，一定要扪心自问，良心是否有愧？当自己的黑手伸向“袁隆平”们时，他们的学术良知和道德良心究竟丢在何处？

三、是当选院士的遗憾

两院院士作为中国最顶尖的科学家，理应受到国家和人民的爱戴，这在世界各国是不可置疑，也是毋庸置疑的。然而，当袁隆平落选科学院院士，当李爱珍落选两院院士，却又从侧面证明，中国科学院院士和中国工程院院士，已经不再是或者不完全是学术泰斗的集中地，那些当选的院士也并不能说明他们有多大成就。说不定他们的当选和袁隆平没有当选一样，都是历史的误会。

院士评选的这种负面影响、恶劣的社会评价，已经构成了对现有院士的伤害，构成了他们的集体耻辱。当伟大的袁隆平不能和他们相提并论，这不是袁隆平的伤感，而是两院的失魂落魄。中国古代曾有“二桃杀三士”的典故。一介草莽，尚且知道不能贪天之功，位居贤者之上，袁隆平的落选，让中国科学院的院士如何自处？而当选不当选，对于真正的学者来说，却并不影响他们的学术声誉。

无数的网友众口一词，我不认什么鸟院士，我只认袁隆平！

在强国论坛上，路甬祥详细地介绍了袁隆平落选的原因。袁隆平之所以没有当选，是因为科技界，包括院士群体当中，对于一个人成就的评价，有一定的局限和偏颇，主要强调生命科学。当时比较强调的是在生命科学的前沿领域是否创造了新方法、新手段或者新思想，那就要求从分子生物学的角度来考察，因为袁隆平先生还是用比较传统的杂交办法进行科学实验，所以没有能够选上。

这种评价理念，无异于直接说明了当选院士的成色，也从另外一个侧面暴露出了我们对科学的狭隘认识。作为世界上最大的农业国，我们对农业、农业科学和民生问题极端轻视，以为只有卫星导弹宇宙飞船，才是科学。根本没有料想到农业良种研发，是关乎基因与遗传的生命科学，是中国推进新农村建设、发展现代农业的关键因素，是富民强国、和平崛起的基础工程，甚至关系到国家的生死存亡。

四、是社会的耻辱

中国科学院和工程院，目前更像是一个名利场。两院评选之怪现象更是层出不穷。而作为国家顶尖科学家的评选耻辱，不仅是对科教兴国的巨大漠视，也是社会的耻辱。

邹承鲁院士透露：在他有选举权的时候，送钱送物的都有。还有更隐晦的，候选人所在单位以召开学术讨论会为由，邀请相关评审委员会的院士参加，好吃好喝，再送一笔不菲的会议费。大家心知肚明。清华大学的一个老院士更是一针见血："评选院士，得有人抬举，但关键的还是自己要识抬举。二者缺一不可。"

一旦当选之后，这些付出沉重代价的院士，当然要进行成本回收。

前些年，闹得沸沸扬扬的"核算风波"，一些院士推波助澜，无耻至极。更有甚者，打着各种旗号，骗取国家科研经费，有的甚至高达几十亿元。最后出现了"五同"现象。"论证之初，同心同德；制订计划，同舟共济；经费到手，同床异梦；遇到分歧，同室操戈；瓜分殆尽，同归于尽。"一些院士的剽窃、造假、学术腐败，让人触目惊心。

科学界元老周光召就曾建议取消院士制度。今年"两会"期间，全国政协委员、重庆大学校长李晓红也曾提出"解散中国科学院和工程院"的设想，有识之士釜底抽薪，足够说明中国两院目前的尴尬地位。

"上士忘名，中士立名，下士窃名"，倘若不经必要的体制改革，不正之风就会蔓延，袁隆平式的遭遇就不会绝迹，而事关国家的这些丑闻也会愈演愈烈。

"我做过一个梦，梦见杂交水稻的茎秆像高粱一样高，穗子像扫帚一样大，稻谷像葡萄一样结得一串串。我和我的助手们一块在稻田里散步，在水稻下面乘凉。"我在想，做这个梦的袁隆平一定还做过一个梦，那就是："中国社会科学院，什么时候不再有门户之见，能够给我一个公正！"

而我担心，等袁隆平第一个梦想成真的时候，第二个梦的实现也许还是遥遥无期……

马英九和陈云林礼物之文本细读

文本不仅仅是文章，也可以是人，甚至人际交往中的礼物，也可以是我们解读的对象。

2008年11月6日，陈云林与马英九短暂的5分钟会面，注定要引起人们长久的回味。其中很重要的一个切入点，就是他们互赠的礼物。小礼物背后，有大文章。

马英九送给陈云林一个台湾的瓷器。这个礼物别具一格，意味深长。

首先，瓷器是中国的国粹。

丝绸之路中，中国输往外国的主要就是丝绸和瓷器，还有茶叶。瓷器中的唐三彩等，更是中国的国宝。马英九用台湾的瓷器赠送给陈云林，含蓄地透露出两岸同祖同宗的血缘关系。台湾和大陆有共同的瓷器，有共同的传统，有共同的文化，某种程度上，两岸唱的是“同一首歌”。

其次，瓷器的英文名称。

当年是蒋经国英文秘书的马英九，不可能不知道瓷器的英文拼写就是“China”。马英九用瓷器的英文拼写来向大陆示好，不可谓不妙。这个可以含蓄地解读成马英九也赞成一个中国，只是“一中各表”。

再次，瓷还代表着“辞”。

谐音双关是中国古典文化的一大特色，譬如“柳”谐音之“留”，成为折柳送别的象征，古诗云：“杨柳青青着地垂，杨花漫漫搅天飞。柳条折尽花飞尽，借问行人归不归。”再譬如“春蚕到死丝方尽，蜡炬成灰泪始干”，“丝”谐音“思”，含蓄地表达相思之情。还有“东边日出西边雨，道是无晴胜有晴”，这里的“晴”

明显谐音于“情”。

马英九借用“瓷器”，还能委婉地向鞍马劳顿的陈云林，表达依依不舍的“辞别”之意。小马哥在这里打的是亲情牌。当年国民党主席连战来大陆，大陆赠送给连战母亲在北大读书的成绩册，也让白发飞顶的连战潸然泪下。

最后，从瓷器的特点上来看。瓷器经过了熊熊烈火的煅烧，经过了血雨腥风的高温炙烤，这是不是也象征着国共两党所走过的路？“度尽劫波兄弟在，相逢一笑泯恩仇。”更为重要的是，瓷器虽然坚硬，但又是脆弱的，需要关心，需要呵护，需要小心轻放，一旦摔碎，就很难弥补和缝合。这个可以看成是善意的提醒，但也是委婉的忠告。

陈云林送马英九的礼品，乃是一幅画，是大陆著名画家韩美林的一幅水墨画《骏马图》。这个礼品独具匠心，韵味悠长。

首先，水墨《骏马图》很中国。

《骏马图》历来是中国的传统题材画。百骏图、八骏图等画作精品迭出，我们耳熟能详；水墨画则是中国画最有特色的种类，用中国特制的烟墨画成。“墨

在张家港市外国语学校执教苏州市高中教研组长公开课《蝶恋花》

分五彩”，色彩缤纷可以用多层次的水墨色度代替之；“墨即是色”，墨的浓淡变化就是色的层次变化。水墨画属于中国写意画中的一种，有别于西画的油画、版画、水彩、雕塑等。韩美林这个水墨的《骏马图》，极具中国特色。

其次，马的文化色彩。

中华民族历来认为马是吉祥、完美的象征。“一马当先”“马到成功”“马不停蹄”都是马的精神写照。马亦被视为“龙种”，象征着超越、奋进、鸿运和豪迈，所以又有“龙马精神”。这是对马英九的美好祝愿，也是对台湾人民的祝愿。

再次，马英九其人。

马英九本来就姓“马”，竞选过程中，打出的旗号就是“马上就好”，一语双关。马英九外形俊朗，风度翩翩，酷好运动。做台北市长期间，每天清晨绕城跑步，倡导市民健康生活，成为台北的一大风景。马英九有骏马情怀和骏马气质。当年周润发主演《英雄本色》，其中的小马哥义薄云天，风姿飘逸，快意恩仇，成为众多人的最爱，台湾人也亲切地称马英九为小马哥。

“马”确实是马英九的不二象征，《骏马图》寄托着陈云林以及大陆人民对他“马到成功”的祝愿。

最后，也有一种鞭策。

为了配合“飞马”形象，韩美林专门选取了唐代诗人卢征的《天骥呈材》：“异产应尧年，龙媒顺制牵。权奇初得地，躞蹀欲行天。”大意是说：天下升平之世，有神骏不凡的良马应时而出。虽初临其境，却已怀天马行空之志，扬鬃奋蹄，意欲大展其才。

因为是骏马、千里马，所以志向远大，万里可横行。就是期待马英九能像马一样自在、自信、永无畏惧、不待扬鞭自奋蹄。

现在台湾确实处在困难时期，马英九刚刚执政，也是施政艰难，举步维艰。此次，明知台湾民进党及其“台独”势力阻挠破坏，张铭清更是人身遭受攻击，台湾的政治生态环境之恶劣可想而知。但陈云林毅然慷慨赴台，这就表明了政府支持马英九执政团队的决心。《骏马图》无语，但故园之情，殷殷其中，马英九何等聪明之人，焉能不察？也许正是读懂了马英九和大陆之间的互动，读懂了这种投桃报李、眉目传情，民进党才那样妒火中烧、歇斯底里、上蹿下跳吧？

盐城跳楼和重庆弃考

看过一则新闻：江苏省盐城市第一中学高一学生宋锬，因不堪学校重压，在晚10点从自家三楼悲壮地跳下。他选择了头朝下跳下，结果鲜血迸射，当场身亡。

据说，宋锬生前留下遗书，指责学校将他逼死。在放学的当晚，宋锬曾向全班同学一一道别，这个意味深长的举动，并没有引起同学们的太多关注，大家都在准备着期中考。没有人知道，这一次的挥手就是永别。

宋锬之所以选择10点自杀，是因为他是在晚上10点出生的，这个细心的孩子连这一点都考虑到了。在学校里，宋锬一直是班级前三名。据说，宋锬跳下去时，嘴里大喊三声“爸爸”。司马迁说：“人穷则反本，故劳苦倦极，未尝不呼天也；疾痛惨怛，未尝不呼父母也。”

可是，他的爸爸救不了他，谁也救不了他，能够拯救他的只有自己。然而，我们的教育不缺分数，最缺少的就是学生自救的能力，还有面对挫折的勇气。

生有何欢，死有何惧？这就是我们教育的现状。

去年有关部门到苏北调研，高度评价苏北的县中模式，称赞其为素质教育开辟了一条新路。但却没有想到，这个新路的背后，是多少师生的血汗泪。盐城高一的学生，早晨6点20到校，晚上10点回家，每周放风半天。风萧萧兮易水寒，学校一去兮不复还！学生们的暗无天日，可想而知；老师们的老牛拉破车，可想而知。

全国高考看江苏，江苏高考看苏北。这不是苏北的光荣，恰恰是苏北的耻辱！

另据《重庆晚报》报道：当年重庆市应届高中毕业生中，有上万名学生没有报名高考，放弃高考的学生多数是农村考生。

这两个案例，放在一起来看，不由得我们不深思。我们的教育究竟怎么了？花季少年为何跳楼自杀？农村孩子为何放弃高考？这些都是极其反常的现象，但却接二连三地发生。不外乎以下几个原因。

一、应试教育的挤压

教育现在成了政绩工程，各级部门层层挤压，形成恶性竞争。不可否认挤占学生时间，仍然是目前提高成绩的有效路径。于是，各种精细化的管理层出不穷，连学生上厕所的时间都安排好了。广东省一些中学甚至在高考前夕，以人为本，人性化地模拟考试时间，训练学生长时间憋尿，禁止学生晚自习上厕所，导致很多学生膀胱出现了问题，引起社会一片哗然。但如果仅仅把矛头指向学校，指向老师，却是极其不恰当的。

现在的状况是，市长抓局长，局长抓校长，校长抓老师，老师逼学生。大鱼吃小鱼，小鱼吃虾米，虾米吃泥巴。谁的日子也不好混，如若把矛头指向市长，恐怕也是不妥当的。市长为什么要把高考成绩当作政绩？就是因为高考成绩已经成为衡量政绩的重要指标，成为执政为民的重要举措，高考成绩代表了人民群众最切身的利益，谁还敢怠慢？

山西榆社就有前车之鉴。

有消息称，2005年高考结束后，山西榆社县高考成绩一塌糊涂，引发了社会矛盾。针对高考“严重倒退”事件，7月1日晚上，榆社县县委常委会在县电视台发出公告，向全县人民公开致歉，并对榆社中学领导班子实行全员停职待岗。当天召开的县委常委会议一致认为，县委、县政府、教育主管部门和榆社中学领导班子对此负有不可推卸的责任。

榆社县政府挥刀自宫的悲壮，震撼人心。前事不忘，后事之师，长江后浪推前浪，一浪更比一浪强。

二、升学率的暗箱操作

教育是一项长远的事业，因而很难在短期内核定效益，但教育又需要核定效益，这是全世界共同的难题。从目前来看，升学率还是不可取代的衡量指标。每年高考过后，这个指标的竞争，那真是硝烟滚滚，刺刀见血，暗战不断。不少学校违规操作，导致竞争不公，使得高考升学率的竞争更加白热化。

不少农村学校的潜规则是，召集部分高考无望的学生，做他们的思想工作，绝大多数以扣押毕业证相要挟，逼迫学生放弃高考。有些学校甚至以预选考试的方式，筛掉一部分学生，人为地阻止学生参加考试，这已经是公开的秘密。另外一个方面，这些学生因为升学无望，又因为学校强大的思想工作，一些学校甚至免除学生后几个学期的学费。结果，大家一拍两散，你走你的阳关道，我走我的独木桥。

学生的终极目标是高考，但结局却是没有参加高考。这就是升学率带来的怪现状。在美国，评价教育的标准，不是平均分，也不是升学率，而是能不能为美国经济的可持续发展提供涌动的人才。我们的《面向二十一世纪教育行动纲领》决定：培训一百万名教师，一万名国家级教师；在财力上加大投入等，力争实现教育现代化。目标不可谓不宏大，而美国教育只提出三句话：第一句话是让所有美国的孩子都学会阅读；作为对策，让百万大学生到小学去帮助弟弟妹妹们提高阅读能力。第二句话是让所有12岁的美国孩子上互联网；作为对策，让互联网连接美国每一所中小学。第三句话是让所有18岁的美国青年都能接受社区大学以上的高等教育，也就是说，在全美普及高等教育。

这就是差距，我们的教育特别像一个暴发户，或者更形象地说，像一个目光短浅的土财主。

三、教育产业化的后果

我们总是在说要科教兴国，这句话没有错，但科教既然能够兴国，那也就能够衰国。教育是一把双刃剑，能够产生正效应，也就能够产生零效应，不恰当的教育还有可能产生负效应。

如何促进教育的发展，所有国家都开足了马力，但全世界只有我们极少的国家实现教育产业化。教育产业化产生的就是负效应。

教育是保存知识、整理知识、传授知识、创造知识、发展知识的特殊行业，在传承文明、发展文明方面具有无可替代的作用，如何能用金钱来衡量？

正如人民大学校长纪宝成所说："如果教育成了商品，学校泛起铜臭味儿，还会有圣洁的学术殿堂吗？还会有严谨的科学精神吗？还会有真正的学术创新、学术繁荣吗?”

教育产业化已经造成了严重后果，对教育形象和教育的公信力产生了极大的损伤，对正常的师生关系造成了扭曲和致命的伤害。那种师生和谐融洽，耳提面命，如坐春风的教育时代已经一去不返了。

最为严重的是，教育产业化，使得高校以创收为目的，盲目扩大专业设置，专业趋同现象增多；还有高校不断扩招，导致生源素质急剧下降，进而产生了严重的就业压力和社会危机。

所有这些都对读书无用论推波助澜，使之更加甚嚣尘上。

四、读书无用论的影响

盲目谴责读书无用论，仍然是危险的。学生放弃高考，还有更深层的原因。读书真的无用吗?

培根告诉我们：知识就是力量。在中国，农民们历年来更加信奉的是知识改变命运。卢志文校长甚至认为：“高考，是农村孩子的第二次出生。我们不能选择自己的父母，但我们完全可以通过努力，选择自己的大学。”

但是，现在这一切都烟消云散。天之骄子，不再是骄子，甚至是多余人。网友戏称，社会希望他们从学士读到硕士、博士、博士后，一直读到圣斗士，读到烈士为止。太多的大学生找不到工作，毕业即失业，已经司空见惯。很多女大学生为了工作，甚至牺牲色相。这些究竟是因为什么?

除了教育产业化带来的过量的毕业生，导致社会需求的供需失衡，还有更重要的原因。

谁都知道没有知识是行不通的，但关键是什么样的知识。是大学里学的知识吗?绝对不是。社会需要的是实用的、鲜活的、恰切的知识。多年来教育已经钝化为服务国家的工具，而不是发展人的平台。专业设置不合理，课程老化，教师素质低下，很多高校教师把教学当成了副业。在这样的教育模式下，读这样的书，无用是正常的，有用反倒不正常了。

德国的教育专家斯密特博士曾说过这样的话：“你们的教科书比我们的教科书厚，你们的题目比我们的题目难，但是，你们得买我们的货!”

这句话一针见血，我们的教育理念滞后，我们的教育实践裹足不前，我们的学习不能学以致用，我们的创新更是无从谈起。而一个民族教育的落后，很可能会引起一个国家的衰落。

五、社会功利化的伤害

社会对成功标准评价的异化，直接催化了读书无用的蔓延。丁俊晖在斯诺克上的成功，是读书无用论最形象的说明，他也大声高呼，读书无用。那个中文名字叫小沈阳，英文名字叫“小损样儿”的人，初中学历，如今一举成名，日进斗金。还有那个傻根王宝强，出镜之后，大红大紫，立马被评为政协委员，得来全不费功夫。我们的社会评价一个人是否成功，不是以一个人的学术成就、专业能力或者其他特长，而是唯金钱化、唯名人化，这彻底扭曲了中国社会的成才观。

可以说，经济的杠杆，金钱的魔力，已经腐蚀了我们整个社会，进而又颠覆了民众平和的心态。“有钱不是万能的，没钱是万万不能的”，过去是“有钱能使鬼推磨”，现在是“有钱能使磨推鬼”。金钱的作用，不断被放大、被夸张、被神化，以致它像一道烙印，深深地烙在孩子们贫困的心灵上。

当一个社会不再以知识来衡量一个人的水平，不再以品质鉴定一个人的素质，怎么可能不引起剧烈的社会反弹。

这不由得让我又想起了马加爵，究竟是什么使得这个高才生产生了变化，是什么使得他的心灵倾斜了，性格扭曲了，思想变异了？马加爵曾经忏悔：“我最大的过错是没有把小学时就知道的‘人穷志不穷’作为自己的人生格言。可惜，现在一切都晚了。”在马加爵的屠刀之下，我们不仅要唾骂这一朵恶之花，更要反思这朵恶之花滋生的土壤和环境。

否则，我们的教育，不是制造出杀人者，就是制造出自杀者，或者是毫无意义的示众和看客，而真正的人才，只能说是我们现行教育的残存者，是绝对的漏网之鱼。

SUIBI

随笔——不服从江湖

人性不是一架机器，不能按照一个模型铸造出来，又开动它毫厘不爽地完成替它规定好了的工作。它毋宁像一棵树，需要生长并且从各方面发展起来，需要按照那使它成为活东西的内在力量的趋向生长和发展起来。

——约翰·密尔

鸟儿死去的时候，
它身上疲倦的子弹也在哭泣，
那子弹和鸟儿一样，
它唯一的希望也是飞翔。

——日丹诺夫

郭靖身上的教育元素

郭靖是我喜欢的一个武侠形象，这个笨笨男人的成才之路，充满着教育学的元素。

大漠生长的郭靖，因为没有父亲，幼儿教育中阳刚之气先天不足，好在郭妈妈的家庭教育还不错，郭靖的德育比较好，这为他后天的学习奠定了基础。智商不够，就努力用情商弥补，散发在郭靖身上的刻苦、毅力、坚忍不拔就是证明。我越来越认为，德育是人成长的第一生产力。

郭靖的小学老师是江南七怪。这几个老师脾气怪异，因为要和丘处机比赛，这种考试压力，使得他们焦躁不安，七怪明知“既学众家，不如专精一艺”的道理，但因不肯空有一身武功，却眼睁睁地袖手旁观，不传给这傻徒儿，于是完全不顾教育的生成规律，也不根据郭靖自身的特点，锅碗瓢盆一起上，完全是应试教育的拔苗助长。

这天清晨，韩小莹教了他越女剑法中的两招，那招“枝击白猿”要跃身半空连挽两个剑花，然后回剑下击。郭靖多扎了下盘功夫，纵跃不够轻灵，在半空只挽到一个半剑花，便已落下地来，连试了七八次，始终差了半个剑花。韩小莹心头火起，勉强克制脾气，教他如何足尖使力，如何腰腿用劲，哪知待得他纵跃够高了，却忘了挽剑花，一连几次都是如此。……这日下午韩宝驹教金龙鞭法，这软兵器非比别样，巧劲不到，不但伤不到别人，反而损了自己。蓦然间郭靖劲力一个用错，软鞭反过来刷的一声，在自己脑袋上砸起了老大一个疙瘩……练这金龙鞭法时苦头可就大了，只练了数趟，额头、手臂、大腿上已到处都是乌青。

这样一来，郭靖常常是学了十招，连一招也掌握不了，于是，七怪们当着郭靖的面，摇头叹气，责骂怒吼一起上，还用即将到来的比赛刺激郭靖，这些教育手段严重挫伤了郭靖的自信心。郭靖咬紧牙关，埋头苦练，拼命地练，却越来越差。“我为什么这么笨？为什么这么让师父生气？”严重的挫败感使得郭靖的自我评价越来越低。

郭靖的小学教育对应着农业文明，农业文明的教育方式是灌输，着眼点在于知识，采用题海战术的目的，在于强化知识的熟练性，这种教育唯一的指向性是应试。特别是这种考试，还仅仅是为了证明老师的本领。这就注定了这种教育的失败。

郭靖的初中老师是马钰，马道长比江南七怪的教育方法高明多了。他能够因材施教，对笨拙的郭靖坚决不讲解复杂的内功原理，而是把全真教的内功心法，都化解到如何呼吸、如何睡觉、如何走路的日常生活之中。郭靖对这种寓教于乐的方式，兴味盎然，而且马道长说，习武是为了强身健体，因而全无月考、期中考、期末考等考试负担，郭靖全身心投入之后，内功竟然突飞猛进。这种成功体验，又加强了郭靖的自我肯定，这就是教育上的正效应，从而使郭靖练武的兴趣越来越浓厚。

马钰的教育，相当于工业革命时期的教育，这个时期的教育以启发式为主，注重能力的培养。启发式教育有效地解决了高分低能的问题，也拯救了很多像郭靖一样的笨学生。

郭靖高中阶段的老师是全国特级教师洪七公，他是当时教育领域的四大天王，郭靖因为走女友黄蓉的后门，有幸做了洪七公的学生，这是他的造化。想想看，特级教师欧阳峰不收外徒，一门心思搞家教，而且只教导自己的侄儿欧阳克（实际上是他的私生子）；那黄药师闲散惯了，对现行的教育体制极其不满，早就辞职隐居到桃花盛开的地方；而一灯大师因为老婆搞婚外恋，自己被折磨得憔悴不堪，就去做了和尚。四大天王去其三，能够执教郭靖的也只有洪七公。洪老先生是平民化教育的典型，缺点是喜欢吃吃喝喝，黄蓉正是利用他的这个弱点，挟住了他。洪七公深知“巧娘必有拙女”的道理，一开始对郭靖因材施教，当然也考虑到自己的懒惰，他为郭靖单独开课，教学内容是降龙十八掌。降龙十八掌简单易记、易学难精，正好适合下笨功夫的傻小子郭靖，而且对洪七公自己来说，也不需要三天两头地布置作业，搞血汗教育。降龙十八掌好像是专为郭靖量身打造。

洪七公教一招：亢龙有悔。郭靖拉开架式，挑了一棵特别细小的松树，学着洪七公的姿势，对准树干，呼的就是一掌。那松树晃了几晃，竟是不断。洪七公骂道：傻小子，你摇松树干什么？捉松鼠么？捡松果么？郭靖被他说得满脸通红，讪讪地笑着。练了半天，有点领会，欢然道：那要着劲奇快，使对方来不及抵挡。洪七公白眼道：可不是么？那还用说？你满头大汗地练了这么久，原来连这点粗浅的道理还刚想通，可真笨到了姥姥家……郭靖茫然不解，只是将他的话牢牢记在心里，以备日后慢慢思索。他学武的法门，向来便是“人家练一朝，我就练十天”。当下专心致志地只是练习掌法，练到手掌边缘已红肿得十分厉害，他却毫不松懈。

好个郭靖，招招重复，步步为营，千锤百炼，稳扎稳打，终于脱胎换骨，练成绝世神功。最后，在华山论剑的高考中，一战成名。

高中阶段的郭靖，因为老师的民主教育的宽容，特别是公然容许郭靖早恋了，男女搭配，干活不累，更何况冰雪聪明的黄蓉还常常给郭靖吃小灶！郭靖的天性得到了充分的尊重，终于开窍了，走上了武林盟主的道路。高中期间的教育，相当于电子时代，这个时候的教育以探究式的自主学习为主，郭靖正是在一次次的自我琢磨中，悟得了降龙十八掌的真谛。

到了大学阶段，郭靖更是杂学旁搜，周伯通大哥教了九阴真经，一灯大师讲解了一阳指，三次华山论剑的观摩练习等。傻小子郭靖终于一飞冲天，成为江湖上冉冉升起的新星，并最终成为一代宗师。

每每想起郭靖的求学之道，我都激动不已，倘若我们能够因材施教，倘若我们对待每一个愚笨的学生都能用尽这一番苦心，倘若我们的学生都能像郭靖一样永不言弃，那么，还有什么教育不能成功呢？

道德教育，何时春暖花开

德育作为现代教育的灵魂，始终关注个体生命的塑造和健全人格的培养，以提高个体的公共规则和道德意识为己任，进而提高整个社会的良知指数和义勇指数，并最终完成民族品格的净化和提升。康德说："世界上唯有两样东西能够长久地震撼我们的心灵，一个是我们头顶上灿烂的星空，一个是我们内心中崇高的道德法则。"如今，头顶的星空早已经不再灿烂，崇高的道德准则也已经不再崇高！又岂止是不再崇高，甚至还显得恶俗、卑下。社会上每个人都在呼喊道德重建，可是道德生成究竟在哪里？

一、学校德育——真与伪同在

一个人的道德品行主要是在学校形成并定型的，道德品行具有内省、外行的特点，一旦学生道德意识形成了，道德生成就是一个可持续发展的过程。由此可见学校德育的重要作用。可是学校德育现状究竟如何呢？学校德育本应是一个积极、健康、愉悦的生命关怀过程，本应是滋润、鲜活、幸福的生长过程。然而令人遗憾的是，现实中学校德育却充斥着很多的非道德行为和反道德行为，并且，对这些行为中相当大的部分我们处于集体无意识状态，甚至被我们默许和认同。

其一，我们常常把道德教育当成了道德知识的传授。

道德为何物？道德是生命赐予内心的一种美好寄存，既是先天的本能，也是后天的信仰。儿童时期，道德主要是一种本能，一种由乳汁滋哺出的自然品质；而成年后，道德将更多地发育成一种信仰，显示出一个人对生命的承受和热爱，对自我和群体间关系的珍视和认知。鉴于此，道德教育应该是由内而外的自然流淌，而不是由外而内的灌输。道德教育首先是一种保护，其次是一种引发和激励。道德形成更多的是萌生，更多的是爱的熏陶和迸发。道德教育如果没有走入心灵，如果没有找到情感的共鸣点，就是瞎子点灯——白费蜡。一个很简单的例子，儿子把肾捐给母亲，一个全世界知道只有母亲不知道的故事感动了中国，也感动了每一个普通人。原因很简单，因为我们都有母亲，都感受过圣洁的母爱，都经历过那样的付出和回报。所以，它能够轻易击中我们内心中柔软的部分。而那些把器官捐给陌生人的好心人，却很难受到这么高的礼遇和关注。照理说我们应该把更多的掌声和赞美送给他们，可是，因为我们没有这样的感受和体验，所以，他们进入不了我们的心灵！道德教育也是如此。

苏霍姆林斯基曾记下这样一个真实的故事。校园的花房里开出了一朵硕大的玫瑰花，全校师生每天都来看。这天早晨，苏霍姆林斯基在校园里散步，看到幼儿园的一个四岁的女孩在花房里摘下了那朵玫瑰花，抓在手里，从容地往外走。苏霍姆林斯基很想知道这个小孩为什么摘花，他弯下腰，亲切地问："孩子，你摘这朵花是给谁的？能告诉我吗？"小女孩害羞地说："奶奶病得很重，我告诉她学校里有这样一朵大玫瑰花，奶奶有点不相信，我现在摘下来送给她看，看过后，我就把花送回来。"听了孩子天真的回答，苏霍姆林斯基的心颤动了，他搀着小女孩，在花房里又摘下了两朵大玫瑰花，对孩子说："这一朵是奖给你的，你是一个懂得爱的孩子；这一朵是送给妈妈的，感谢她养育了你这样的好孩子。"苏氏此举常使我泪流满面，德育，应该像春风一样，唤醒一颗颗善和美的种子！如果换成我们，极有可能采取的是道德责罚、道德训斥，至少是道德说教。可是，试想一下，将来那个天真的孩子，看见玫瑰花还有鲜艳的美感吗？还有，那个可爱孩子对祖母的孝敬，可能会因此蒙上阴影。是让可爱的孩子蒙受道德愧疚，还是让天真的孩子因爱心而自豪？我们常常会因人性美、人情美的缺失而做错选择。

伟大的教育家陶行知"四块糖果"的故事，也让我们参悟了道德教育的真谛。陶行知在校园巡视时，发现王友用泥块砸另一个学生，于是叫他放学后到自己的办公室来。放学后，陶行知来到校长室，王友已经等在门口准备挨训了。可一见面，陶行知却掏出一块糖果送给他，并说："这是奖给你的，因为你按时来到这里，而我却迟到了。"王友惊疑地接过糖果。随之，陶行知又掏出一块糖果放到他手里，说："这块糖也是奖给你的，因为当我不让你再打人时，你立即就住手了，这说明你很尊重我，我应该奖你。"王友更惊疑了，他眼睛睁得大大的。陶行知又掏出第三块糖果塞到王友手里，说："我调查过了，你用泥块砸那些男生，是因为他们不守游戏规则，欺负女生；你砸他们，说明你很正直善良，有跟坏人做斗争的勇气，应该奖励你啊！"王友感动极了，他流着眼泪后悔地说道："陶……陶校长，你……你打我两下吧！我错了，我砸的不是坏人，而是自己的同学呀！……"陶行知满意地笑了，他随即掏出第四块糖果递过去，说："为你正确地认识错误，我再奖给你一块糖果，可惜我只有这一块糖了，我的糖完了，我看我们的谈话也该完了吧！"

审视这个案例，陶校长没有一句训斥，有的只是挖掘学生的美好，给学生的是一种美好推定，而把学生的道德过失，还给学生内省，因为只有来自自身的深刻反思，才有可能内化为道德自觉和道德意识，并进而建立起自己的道德规范。一切依赖外在强制手段建立起来的道德规则，都是脆弱的、可变的、经不起考验的。家校教育中的"5+2=0"就是典型的范例。

其二，校园反道德行为的流毒。

现代教育的基本观念是让个体生命在学会学习、学会生存和学会创造的同时，必须保有健康、健全的道德品格，因此对个体生命的尊重和对健全人格的塑造，应是我们学校德育最基本的动机和出发点。然而很长时间以来，由于应试教育的冲击和对德育的错误认知，我们的学校德育蜻蜓点水，缺乏真正的道德人文关怀，我们总在号召着我们的学生去奉献自己的善良和爱心，而不是从最现实最本质的生活中去拨动他们心灵深处那根柔软的善良之弦，让他们的同情之心正直之举化为生活中一种再正常不过的生命行为，让他们对自己，对他人，对一切生命学会尊重、关怀和友爱。甚至我们自己的某些做法，本身就让学生感到了教育的虚假和丑恶，让学生的心灵有了不能承受之重。

先来说说公开课。虚假、做作、恶心的公开课，已经引起了学生极大的反感。试想想，如果我们老师都失去了道德基础的"真"，道德本色的"美"，那么，我们还有什么资格指手画脚地对学生进行道德教育呢？连李镇西的学生也在信中公开指责老师作假："李老师，我觉得你上得最好的课是平时的课。平时的课自然，公开课做作；平时的课真实，公开课虚假。公开课我没按你的要求举手，其实并不是紧张，而是反感你弄虚作假……”

然而，更多的时候，教师为了自己一些可怜的私利，为了所谓的教学“完美”，无视学生的精神自由，甚至进而把学生沦为表演的工具，要知道，这样的虚假教育对学生的道德诚信是多么大的伤害！

还有，平常学校里纸屑飞舞，灰尘满天。当上级即将检查的时候，大广播响起来，各部门动起来，大扫除搞起来——分派到班，包干到户，热火朝天。检查的时候，学校里一尘不染，窗明几净，于是卫生学校的金字招牌挂起来了。最可怕的是我们都觉得没什么不对，然而就是在这种无意识中，我们教会了学生弄虚作假，我们丢弃了金子一样的诚信，学校是干净起来了，可是学生的心灵呢？

与此同时，每年我们都要举行一些强行的捐助，并且大张旗鼓地把这些捐助换算成道德成果。往往金钱越多，似乎道德成果也就越大。我常常怀有疑问，难道道德可以用金钱来兑换吗？对于被捐助的人，常常还要他们写一些感谢信，以彰显我们的道德风尚，殊不知这对被捐助者可能是一种更大的伤害。朱小蔓教授在《关于学校道德教育的思考》一文中曾说：如果道德教育的结果是使受教育者感到恐惧，那么这恰恰就违背了德育的初衷而沦为反道德的教育。

更为可气的是，有些老师为了学生能够在应试中获取高分，竟然鼓励学生大胆作弊，甚至为学生设置了作弊的暗语：摸左耳朵选A，摸右耳朵选B，摸脸选C，摸头选D。当他介绍自己的经验之谈时，我只觉得不寒而栗，如此教育出来的学生，还有什么诚信可言呢？甚至竟然有老师公然声称：“考大学就是为了挣大钱、娶美女！”试想一下，在这样的道德淤泥里，如何能够生长出道德之花？

二、社会道德——你还能骗我多久

西方有一句名言：“人是历史的人质。”在历史的颠簸中，任何人都在劫难逃。那么我们是不是也可以说“学生是社会的人质”？作为社会人的学生，自然离不开社会环境的濡染和浸泡，所以，一个成熟社会的道德风尚，常常在不自觉中塑造起学生的道德品格。然而，我们社会恰恰在最基本的道德伦理上丧失了教育者的尊严。

其实，我们的社会并不缺少英雄，河南的李学生，江苏的殷雪梅，贵州的徐本禹……遗憾的是，他们能够感动中国，却不能感动某些实权人物！这常常使我想到高尚品质在当下的稀缺，想到人性的共鸣，想到生命的震撼，想到英雄的不能承受之轻！我们常常美化英雄、神话英雄，拉开英雄和普通人的距离，这对英雄精神传承其实是一种多么大的伤害！我们会不会在膜拜英雄的同时，逃避了自己作为普通人的道德责任？有时我还在想，我们对英雄的感动是否仅仅来自我们的道德歉疚？

郁达夫说："没有伟大的人物出现的民族，是世界上最可怜的生物之群；有了伟大的人物，而不知拥护、爱戴、崇仰的国家，是没有希望的奴隶之邦。"确实如此，我们的社会需要的不是几个英雄的点缀，而是一种平衡，是无数个能让我们感动的平凡英雄，是每个人都要拥有的英雄情怀。可是，当我们在叹息英雄一个个都老去的时候，是不是也忘记了自己最应该负起的道德责任？

然而，我们社会中多的是"看客"，偶尔出现一些见义勇为的英雄，却又"流血又流泪"。这些负面因素对学生的道德行为的生成具有极大的戕害。甚至有人说，只有当中国人不再围观的时候，中国道德教育才有希望！只有把常态的见义勇"围"兑换成见义勇为时，我们的道德教育才有希望！

其一，看客的心态。

不管哪个地方，也不论悲剧还是喜剧，"看客"们总是"勇往直前""义无反顾"。这是一个极其混沌的群体，具有极强的遗传性——主要通过行为遗传，然后复制到人的精神领域，再打印在人的记忆深处，并最终演变成下意识麻木不仁的举动。

鲁迅的弃医从文，就是受到"看客"的启发。先生说：凡是愚弱的国民，不论体格多么强壮，多么茁壮，也只能做毫无意义的示众的材料和"看客"，病死多少是不足以为不幸的，首要的是要改变他们的精神。先生又曾给"看客"画像：一个个像鹅，伸着长颈，有如被一只无形的手从后面捏住，而又不时发出酒醉似的喝彩。然而时至今日，先生笔下的"看客"非但没有绝种，反而行情看涨，就在"看客"们的谈笑之间，同类的悲剧往往沦为戏谑的素材！

也有人说，对"看客"的心理也要一分为二来看，人都有一种自我保护意识，有些人可能认为歹徒穷凶极恶，还常常怀有武器，自己根本惹不起，所以选择了明哲保身；还有的人担心自己挺身而出之后，缺乏后援，最终使自己也沦为受害者；更多的人则奉行利己主义，事不关己，高高挂起，不做出头鸟，不做无谓的牺牲；再有就是为我们强烈谴责的看热闹的病态“看客”，他们从别人的痛苦中，挖掘出美来，供自己饭后谈资，填补自己灵魂的苍白，满足自己龌龊心灵的阴暗需求。

然而，无论哪一种“看客”行为，都与中华民族扶危济困的精神格格不入，都不利于见义勇为思想精神的薪火传承，都会造成社会整体道德水平的滑坡，甚至会使我国的公民道德建设功亏一篑。而一旦低下的公民道德污染了学生的道德观念，那么，我们还能有什么希望？“看客”行为在客观上，还助长了犯罪分子的嚣张气焰，使犯罪分子为所欲为，有恃无恐。“看客”有时还给受害者带来巨大的精神伤害，甚至使他们永远失去对人的信任，当受害者眼巴巴期待着别人挺身而出时，自己却成了别人鉴赏的对象，像古罗马角斗场上的野兽，把流血的伤口交给别人欢呼！

特别值得注意的是，这种漠视他人的“看客”心理，已经严重腐蚀了人们的道德信仰，恶化了人们的道德处境。那么，究竟是什么样的温床滋生了这些社会毒瘤？显然，任何反常的社会现象都不是孤立存在的，而总有其深刻的社会心理基础。当冷漠、麻木日益充斥某些人的灵魂，当利己主义被奉为处世哲学，当漠视他人的生命成为一种流行的社会心理，我们的身体健康能不受到肆意侵害吗？我们的生命安全能不受到严重威胁吗？我们的道德灵魂能不日益委琐吗？

请记住西方的一句名言：别打听丧钟为何敲响，它为你而鸣！

其二，见义勇为者的悲哀。

路见不平，拔刀相助，自古就是中华民族的传统美德，见义勇为者理当受到社会的赞颂和褒扬。但表扬之后呢？我以为更应该深入他们的内心，把握见义勇为的心态，也许更有助于提高见义勇为者的积极性。

从见义勇为者方面来说，他自己当然自以为是“见义”而“勇为”的，而不是“见利”“见名”或“见色”而“勇为”，这给了他们道德上的优越感，一种做好人的快乐。但是在大多数“见义勇为”者的潜意识里，未必不希望因“勇为”而得到“利”或“名”。只是他们往往不愿意承认这种愿望，更不愿诉之于口了，这就要有赖于被帮助者和社会主动奉报了。而且，这种奉报还必须小心翼翼，不能触犯他们的自尊心，不能抹杀他们道德上的优越感。而恰恰是在这点上，我们的社会和被帮助者做得还很不够，要知道见义勇为者不全是雷锋，他们也是和我们一样的普通人，他们冒着生命危险流血，还有可能伤残、牺牲，然而很多被救助者，因为怕承担见义勇为者的医药费，竟选择了逃避；政府机关在发出一通表扬学习的通知后，也常常没有了下文，致使不少见义勇为者沦落到缺钱少药、有伤难治、无人问津的地步。

近日重庆金有树之死，拷问着我们社会的良心。这位开县的农民跳进刺骨的河水，勇救19条生命，后来，英雄因此染病了，然而却无人救助他。当他给当地政府和官员写的求助信泥牛入海后，年仅45岁的金有树不得不离开医院，病死于家中。在求助信中，金有树惨痛地说："我救了19条人命，我求政府救我的命。"这悲哀绝不只是他一个人的悲哀，而是我们的悲哀，社会的悲哀！好在死神为金有树的生命留出了五个多月的时间，让金有树体味到一种人生况味，并最终用他的死，向我们揭示了一种怎样的社会道德生态！让我们如此真切地触摸到一件重大的社会丑闻！我无法设想金有树死前的真实想法，但我完全能够领悟到他深刻孤独的悲哀，并深深迷失在一个社会的道德前景之中。如果英雄救人而得了重病，连生命都失去了保障，那么，看到英雄金有树这样的悲剧结局，今后我们的道德教育还如何进行？我们还有什么样的脸面把见义勇为挂在嘴上？还有，就是本来就很稀缺的见义勇为是否会因此而绝灭？要知道任何一个重大的社会丑闻都将对社会道德构成威胁。金有树的行为已经使他成为道德典范，但因为丑闻的出现，他的死又成了一种活的道德传播读本，它警示人们：喏，这就是崇尚道德的下场！

茅于轼先生在他的《中国人的道德前景》一书中说：当一个社会道德水平低下时，少数人坚持道德操守，反倒成了"傻瓜"。由于对道德行为的逆向鼓励，这会形成一个恶性循环，整个社会的道德水平会迅速下滑，这是十分危险的。

很多媒体都专注于金有树的英雄身份，对英雄之死，抱有极大的义愤。其实，道德具有普适性，道德不会佩戴有色眼镜，在道德救助的词典里，永远没有高下之分，贵贱之别。因此，我更倾向于把金有树看成一个普通人。金有树之死，首先是一个普通人之死，英雄只是金有树面临死亡时未能捞住的最后一根稻草。那么这就产生了另一个问题，当一个穷途末路的普通人向社会和政府求助时，我们是不是就应该这样冷漠地拒绝？

三、权利教育——一个逐渐被淘空的梦

公民既是权利主体，又是义务主体。公民教育，既是公民权利教育，也是公民义务教育。如果只重前者而忽视后者，那么社会成员将流行道德的放纵，以致缺失义务感和社会责任感；如果只重后者而忽视前者，那么社会将因缺乏人道和文明而走向野蛮。这两个方面必须紧密地结合在一起进行，相辅相成、相得益彰，否则必将带来恶果。

其一，常识道德的盲目升华。

比如说，上车让座、拾金不昧、尊老爱幼，这本来是每一个正常人都会去做的事情，是基本常识，可我们的社会却常常把这些行为宣传成了一种了不起的壮举。久而久之，常识反而被人们不知不觉地遗忘了。这种将常识盲目升华，从而造成真正的常识从我们的生活中蜕化的宣传方式，正在把越来越多的人带入一种不健康的心态之中——“肉食者谋之，又何间焉？”大家都在呼唤道德英雄、精神典范，希望所有的事都由他们承担，而自己却躲避一个正常人应该尽的基本责任。由此看来，一个以单纯做好事来支撑自己的道德体系的社会，表面上是在提升民众的道德水平，实际上是使每个人都在降低自己的道德要求，并使他们丧失履行自身道德义务的热情。鉴于此，政府要大力促进常识教育，把道德责任和公民责任区别开来，特别要加强对青少年的道德教育，防止道德教育浅薄化和陌生化。

特别可怕的是，在别人履行了道德义务之后，我们为了掩盖自身的道德沦陷，还要鄙夷别人的道德动机，拒绝别人的道德高标，甚至给别人佩戴上“疯子”的标签，然后，一棍子打死。星期天我在车上，亲眼看见一个七八岁的小姑娘，很有礼貌地让座给一个老太太，结果，当孩子回到母亲的身边，盛怒不已的母亲竟然骂孩子是“疯子”，然后推开孩子，不容许她靠到自己身上。可怜那个无辜的孩子，睁着一双水灵灵的大眼睛，茫然不知所措。我于是感到了极度的悲哀，我不知道，在这样的家庭氛围中，孩子们如何能够坚守自己的道德理想？

另据《南方周末》报道：开县人徐克斌打当兵时就学习雷锋，十几年来，他学雷锋的好事不胜枚举——诸如给贫困学生捐款，冒着大雨在街头上扫垃圾，给敬老院的老人捐款、叠被子等等。然而，在这个雷锋精神已经沦丧的时代，这样

的人已经成为“稀有动物”。更令人悲哀的是，很多人因此骂他是“疯子”，语文教师戏谑他是“一个装在套子里的人”，精神病医院则诊断他有间歇性的狂躁症……徐克斌因此陷入两难选择的怪圈：如果放弃自己的道德理想，就是承认自己原先是“疯子”，现在“治”好了；而坚守自己的道德理想，又会被别人认为是不可救药的“疯子”。现实生活中，徐克斌已经成为一个走投无路的怪物，成了别人戏谑、嘲弄的对象，反面教育活的标本，“他是那么的使人快活，可是没有他，人们也便这么过！”……呜呼，当一个道德超群的人被我们社会集体视为异端，当成“疯子”时，我不知道谁真正有病，谁是真正的疯子？

其二，民族主义的高涨。

伴随着社会公德的降低、公民私德的衰落，一个反常的现象出现了，那就是群众性的民族主义如火如荼。

所谓群众性民族主义，是以大规模的群众性为基础的内外有别的畸形的民族主义。他人的人格遭到践踏，他们不生气；自己的尊严受到侵犯，他们不生气；社会风气沦丧，他们不生气；公民道德坠落，他们也不生气。但当他们臆测到“民族尊严”有损时，他们生气了。他们振臂高呼，挺身而出，随时准备捍卫“民族尊严”！

其实，我很怀疑这种民族主义，我觉得这种群众性的民族主义，与爱国主义和正义良知无关，其实，说到底这不过是一种以极度自尊表现出来的自卑心理。某种程度上，他们是把自己生活中的道德委琐换算成伪道德爆发。

“群众性民族主义”典型特征是敏感性、群众性、内外有别性。具体表现为：只要是外国人针对中国的行为，哪怕是一句玩笑，也立刻可以把它上升到“民族尊严”的高度，把它看成是对我们国家的严重侮辱和挑衅，并用排山倒海般的行为把一种私人的玩笑演变成重大的事件。

“内外有别”是群众性民族主义的另一典型特征。同样一种行为，假如是“同胞”所为，那就是正常的、司空见惯的、不值一提的；但若是外国人所为，那就是反常、大逆不道、十恶不赦。群众性民族主义因为具有广泛的群众性，所以有着数量上的优势。它总是以民意为幌子强烈地表现自己，从而迫使政府在一定程度上对其让步，使国家的既定政策在一定程度上被扭曲，结果对国家形象和民族利益都造成实际的损害。

现实生活中，这类“民族主义”者常常以爱国者自居，并且拥有了名不副实的道德支持。其实，群众性民族主义与道德无关，“天下兴亡，我的责任”才是爱国主义的真正表现！

四、道德重塑——期待麦田里的守望者

2004年，中央相继下发8号和16号文件，把青少年的道德建设摆上重要日程。在如此短暂的时间里，中央连发两个重要文件，给社会带来不小的震动。一方面它表明中央对青少年道德教育的重视，另一方面也说明我们目前的道德教育陷入了困境。

其实思想道德建设看起来是青少年问题，实际上更是成年人的问题；看起来是德育问题，其实是关系到德智体全面发展的问题，是涉及全社会，需要齐抓共管的问题。道德建设如何“突围”，如何走出困境，如何抵制“安乐死”，需要新思维、新举措、新格局。

道德教育作为一种灵魂教育，它的运行遵循体内法则。心，既是道德的策源地和栖息地，也是道德最大的见证者和受益者！道德像草木那样自由地生长，它从容、无声，甚至寂寞；道德像清泉那样欢快奔放，安之若素，而又宠辱不惊……因此，道德教育需要光明的牵引，纯净的空间，善良的守护——道德教育呼唤“麦田里的守望者”！

《麦田里的守望者》的主人公霍尔顿是个逃学的学生，他的理想是成为在麦田里做游戏的孩子们的守望者。霍尔顿说，他想象着在一大片麦田里，成千上万的小孩子在游戏，周围除了他没有一个大人。他就站在麦田边上的悬崖旁守望着，哪个孩子朝悬崖奔过来他就捉住他，不让他掉下悬崖。这个超常的想法很具有理想色彩和浪漫诗意，遗憾的是塞林格在书中没有提到麦田的颜色，在嫩绿和金黄之间我们当然无从选择，但是色彩在这里已经不再重要，重要的是有新鲜的阳光，心灵的呵护，天真的快乐；有自由在天空中飞翔，有美丽的情愫在自然中疯长，还有那个哼唱着“假如你在麦田里捉住了我”的守望者在那里静静地守望。有了纯洁的心灵和善良的种子，道德离我们还会远吗？

中国制造和中国教育

仿佛一夜之间，“中国制造”成了一种灾难。在西方的言论中，“中国制造”一下子成了“问题产品”，甚至有不少商家打出了“本店不售中国货”来标榜自己的诚信。

中国制造究竟怎么啦？

紧接着，商务部部长说“中国制造”经得起全球考验，龙永图则说：“中国制造业已经在全球站稳脚跟，没什么好怕的。中国制造不怕妖魔化。”

很多人认为这次“Made in China”风潮，对中国制造是一次沉重打击，好像以前中国制造是一种传奇，一种民族骄傲似的。其实，中国制造，历来表面风光的背后，隐藏的是不为人知的苦楚。我们现在远远不是制造强国，中国制造业总体规模仅相当于美国的1/5，劳动生产率只有美国的1/23、日本的1/25、德国的1/18。

中国制造中埋藏着无数的辛酸，一件出口衬衫平均只有两三元人民币的利润，一双鞋的加工费也不到十元。在纺织品出口的整个利益链中，中国制造商只能拿到10%的利润，而90%属于品牌拥有者、批发商、分销商等。

而且中国出口产品的所谓“低成本”，并非真正的低成本，无论在环保支出还是在劳工工资、社会保障等方面，许多出口企业能省则省，由此造成的环境和社会成本只能由整个社会来承担，而未计入成本。

《改革内参》有文章称：中国制造业已经形成相当大的规模，位居世界第4位，有100多种制造产品的产量成为“世界第一”。但是，中国制造业一个严峻的现实是缺乏核心技术，装备水平低，产业技术和先进装备主要依靠进口。全社会固定资产投资中设备投资的2/3依赖进口，光纤制造装备的100%，集成电路芯片制造设备的85%，石油石化设备的80%，轿车工业设备、数控机床、纺织机械、胶印设备的70%被进口产品占领。中国是世界上最大的彩电生产国，然而在核心技术的1000多项专利中，中国却没有1项专利。

张曙先生则概括指出中国制造业产品有三大特征：

高档产品：外国品牌，中国制造，GDP算中国的，而利润让外方分去一大半。

中档产品：中国品牌，外国核心技术，企业之间的竞争主要是价格大战，从而走进微利时代。结果仍然是中国人赚小头，外国人赚大头。

低档产品：缺乏品牌意识，忽视质量，粗制滥造，竞相出口，自相杀价，在国际市场上，面临环保要求、使用安全以及反倾销制裁的巨大压力。

综合来讲：中国制造中表现出来两大问题。第一是产品没有创新因子、科技含量，缺乏核心竞争力；第二是产品假冒伪劣，粗制滥造，缺乏道德约束力。

其实，一切缺失都可以在教育中找到依据。中国制造所折射出的教育缺失，需要引起我们足够的重视。

首先是教育中创新精神的遗失。

国外普遍认为，中国学生在十进制数量计算、面积计算、口算、解决简单的过程性问题以及比较复杂的演算方面比美国学生有优势；然而，中国学生在图形表达、理解表格和解决开放性过程问题的能力方面没有任何优势。

我们的教育过于强调知识的学习，而忽视了创新精神和动手能力的培养。比如在课堂上，教师很少启发学生主动地提出问题，积极地思考和解决问题；课后又布置大量的作业，让学生陷于题海之中，每天都做得头昏脑涨，哪里有时间去默化和体悟；各种各样的考试纷至沓来，什么旬考、月考、期中考、期末考，学生整天忙着应付考试，疲于奔命，疲惫不堪。如此被动学习，死记硬背，必然窒息了学生的创新能力的发展。

大量的重复训练、血汗教育，企图用熟练程度来提高考分，如此种种，已经彻底把学生教傻了、弄笨了，除了考试外，他们赤条条的什么也没有。那些辛辛苦苦的老师，勤勤恳恳，诲人不倦，给学生最优化的考题和方法，殊不知取代了学生探索的过程和乐趣，就是最大的一种扼杀。我们很多老师成了研究考试的专家，寻章摘句，简直成了一个经师；许多学生成了分数的奴隶、做题的工具，一旦失去了老师的牵引，就会茫然无措，大惊失色。著名的诺贝尔奖获得者朱棣文教授说："中国学生学习很刻苦，书本成绩很好，但是动手能力差，创新能力不足。美国学生虽然学习成绩不如中国学生，但他们有创新及冒险精神，有时甚至会做出一些难以想象甚至发疯般的事情，所以往往创新出一些惊人的成就。"

创新是人类的最高本性。德国人类学专家兰德曼说，如果人有某种不可改变的东西的话，那么这种东西就是人的创新本性。当代各国的竞争是人才的竞争，而人才的竞争实质就是创造力的竞争，因此，提高人的主动性，培养人的创新精神和实践能力，就成了时代对人的根本要求。创新精神和实践能力已成为个人价值的重要体现，是个体的一种重要素质，没有创新精神就意味着个体素质的平庸无奇。

经济要发展，教育要先行；教育要发展，教师要先行。可以说，没有创新的教师，就没有创新的学生。教师首先要特立独行，大胆改革教法，采用目标教学、民主讨论、问题讲座等各种形式，与学生一起实践、创造，实现教学相长。教师要掌握创新与实践能力的方法，成为学生创新精神与实践能力发展的指导者，要平等地面向全体学生，关注学生"长进"和教育"增值"程度，重视学生实际能力的培养，鼓励学生大胆尝试，标新立异，培养开拓创新的学习品质，创造性地完成学习任务。

其次是学校教育对道德的冷落。

据说欧洲人去美洲开荒移民时，每到一地就要先做两件事，一是建教堂，一是建立法院，用宗教的引领和法制的健全来维护社会的道德体系。而我们却什么也没有。

社会上，道德衰落，人心险恶。敌敌畏火腿、陈馅月饼、问题豆芽、有毒大米、毛发水酱油、石蜡火锅底料、"杀人"奶粉……不断挑战国人脆弱的神经和想象。某种程度上"假"甚至成了中国的一大特色。"买东西怕货是假的，卖东西怕钱是假的"，官员们的文凭是假的，官出的数字是假的，甚至连官自己也是假的。科研人员抄袭剽窃，论文是假的，论文中篡改伪造的数据也是假的，只有沽的名钓的誉是真的。会计师事务所出具的会计报告是假的，最后使几千万股民遭遇灭顶之灾才是真的，如此等等，不一而足。伴随着经济的发展，是社会道德的整体滑坡。而一旦道德沦丧，必然失去了民族向心力和市场竞争力。

伴随着社会的道德失血，学校的道德教育也是形销骨立，失魂落魄。

几千年前的韩愈还说："师者，所以传道授业解惑也。"可是现在我们老师根本不传道，甚至反道德教育。学校里每当什么验收、什么检查到来的时候，总要全校皆兵，老师率领学生共同造假，已经是公开的秘密了。还有什么虚假的公开课等等，老师和学生共同表演，煞有介事地欺骗听课老师……我们都深恶痛绝那些充斥市场的伪劣产品，其实，没有伪劣人品，哪来伪劣产品！学校就是人品的加工厂，从学校出来的学生，如果人品不过硬，则他们所掌握的知识，将来就成了他们作恶的工具。

在道德教育中，道理只起解除学生思想疑虑的作用，道德才能感化学生行动起来。道理可以从读书中获得，道德必须靠真修实证才能获得。所以，明理，真修，实证，是道德教育者的三个必备条件。孔子说："知之者不如好之者，好之者不如乐之者。"明理，属于"知之"的层次；真修，属于"好之"的层次；实证，属于"乐之"的层次。教师一定要牢记一两的身教大于一吨的言传，道德教育绝不是道德知识的传授，而是一种精神一种品格一种灵魂的传承和再生，是一颗种子在恶劣环境中的坚守和成长，需要我们老师给予阳光和雨露，提供相对清洁的土壤和养分。这些，于我们责无旁贷。须知学校竞争最终是德育的竞争，那些道德品质上的假冒伪劣之徒，一定走不快，走不远，走不高。但愿我们的学生不要重蹈"中国制造"的老路。但愿我们培养出的人才能够彻底改变"中国制造"的积弱，让"中国制造"具有核心竞争力和品质优势。

佛祖是个好老师

越来越感觉到，《西游记》中的佛祖是个好老师，他教学手法高明，独标一格。

小时候，看《西游记》总是看不懂，为什么要让唐僧去取经？让孙悟空一个跟头十万八千里去不就好了？就算是让唐僧去，哪用得着什么白马、猪八戒和沙僧，让孙悟空背着唐僧，驾着祥云，直接飞去不就完了，不是可以省掉很多的灾难吗？特别是看到姜子牙都能让十万百姓一夜之间西出潼关，这种感觉就更加强烈。

现在，回过头来看《西游记》，越来越感觉到其中的玄妙，比如去西天的道路恰好是十万八千里，正好等于悟空一个跟头的距离；比如真正的真经就在佛祖的手里，何以要放在西天，让唐僧师徒经历九死一生的磨难？而最为玄虚的就是“吃了唐僧肉就可以长生不老”的谣言，如果这是真实的论断，那么，它是谁发现并散布出去的？如果它是虚假的，那么，散布这种谣言的目的又是什么？

可以说，“唐僧肉”是整个《西游记》的故事源，甚至是取经磨难的逻辑起点，没有了唐僧肉的蛊惑，那些白骨精、琵琶精、牛魔王们，怎么会趋之若鹜，怎么会像“着了魔、中了邪”一样，纷至沓来，要吃唐僧肉？尽管它们也知道其中的风险系数很大，但为了长生不老的幸福指数，妖精们仍然前仆后继。除了极少数妙龄女子爱上唐僧幻想洞房花烛，更多的就是看中了唐僧肉的奇特疗效。

查阅整部《西游记》，始终找不到这条消息的源头。第一次出现是在“三打白骨精”的时候，妖怪道：“造化！造化！几年家人都讲东土的唐和尚取‘大乘’，他本是金蝉子化身，十世修行的原体。有人吃他一块肉，长寿长生。”

其中也只是谈到“家人都讲”，那白骨精的家人又是从何处得到消息的呢？根据史料记载，唐僧是如来佛祖座下的金蝉子转世，这或许是“唐僧肉为什么可以长生不老的唯一合理的解释”。但所谓“金蝉子化身，十世修行的原体”，这些佛祖的最高机密岂是这些妖精所能知道的？

唯一的解释就是“吃唐僧肉可以长生不老”是一个阴谋，是佛祖指使下散发出的阴谋。因为假如吃唐僧肉真可以长生不老的话，那么，根本就轮不到那些妖怪，第一个吃掉唐僧的人，就应该是他的御帝哥哥李世民，你看看，那唐太宗为了长生不老，吃遍仙丹，终于一命呜呼，怎么可能舍弃一个没有血缘关系的御弟和尚？想当初他李世民上台可是沾满两个哥哥的鲜血的啊！

况且就算是李世民不提出来，唐僧也应该主动割肉献身，精忠报国。这在中国的历史上可谓数见不鲜。

可是，我们伸长了脖子，这一切都没有发生，那么，我们是不是可以猜测，佛祖和唐王在这个阴谋上达成了默契，因为西天取经不仅是佛祖对学生唐僧的磨炼，也是唐王对御弟忠心的考验。有人说，西天取经至少有四重拯救：一、对拯救者的拯救：平反冤狱，挽救王朝。二、对堕落者的拯救：整肃吏治，挽救干部。三、对天下苍生的拯救：扫除妖魔，横扫贪官。四、对失落精神的拯救：取来真经，阻止堕落。

这四大拯救，不仅是佛祖所愿，更是唐王所期。

可以说，佛祖最重要的学生就是唐僧，他本来就是自己身边的金蝉子转世。如何让手无缚鸡之力的唐僧，能够越过千山万水取来真经，佛祖煞费苦心。

首先，在五百年前，就给唐僧安排好了贴身侍卫孙悟空。这套取经班子就有了一个雏形。

其次，把真经放在西天，因为唐代虽然政经发达，遣唐使络绎不绝，但西天路途遥远，十万八千里，荒凉险恶，虫兽出没，正好可以借此考验唐僧的诚信和耐力。

再次，散布“唐僧肉”的谣言，使得众多妖精摩拳擦掌，顺路的专程的都闻风而至，要分一杯羹，唐僧西去的磨难人为地增加。八十一难中至少有七十难是因为唐僧肉而引起的。所有这些既增添了取经的风险和灾难，又把所有的妖魔鬼怪吸引来，借助悟空一网打尽，造福于人间，以彰显佛门恩德。

甚至佛祖自己还有意无意地放出身边的坐骑或者童子，偷着下凡，兴风作浪，给唐僧取经制造麻烦。借此，不仅让唐僧增添苦难，是不是也要显示佛法无边？佛的尊严不可亵渎和侵犯，给猴子敲敲警钟。

设想一下，如果没有这些节外生枝，唐僧何以会有九九八十一难，并最终取得真经，修得佛道，普度众生。

佛经对“如来”的解释是：“乘真如之道而来”，又说“如实而来”。“如”在佛经中称真如，就是绝对真理，如来，是说佛是掌握着绝对真理来到世上说法以普度众生的圣者。

佛祖如来是个好老师，他绝不向学生灌输真理，哪怕是极乐世界的绝对真理，也绝不直接给予，而是让学生主动探究。

他把真经牢牢地攥在手里，甚至把真经藏在西天，并且制造重重迷雾，设置一个个障碍，非得让你经历千辛万苦和百般灾难，甚至九死一生，甚至魂魄飞散，在过程中经历，在经历中体悟，在体悟中成长，在成长中获得无形的“真经”。要知道，佛从人间来，人间酸甜苦辣尝尽，才换来佛超脱尘世的感悟。不经历千难万险，又怎能真正领悟这佛经的精深意蕴？如此看来，取回的5048卷经文，只不过是一个寓言而已，真正再造的是他们自己，真正的真经是他们自己的脱胎换骨。

由佛祖突然又想起了另一个上帝，《圣经》记载亚当和夏娃的故事。上帝让亚当和夏娃不要偷吃智慧树上的生命果，但却又把生命果造得鲜艳诱人，以上帝的先知先觉，难道不知道亚当和夏娃终究会偷吃禁果？

唯一的解释是，这又是一个阴谋，因为亚当的这个错误，就是上帝真正的意图。上帝知道亚当一定会犯这个“错误”，他终将获得智慧果。但他没有听之任之，而是把握学生犯错行为的意义与时机，甚至“设计”了这个错误，使它具有更积极的意义。让孩子自己不惜一切代价，去获取某些美好的东西，同时要让他明白，获得这些东西是需要付出一定代价与承担相应责任的。这就是真正的教育。

所以，上帝巧妙地设置了这个情景，引诱儿子犯错，而偷吃禁果，正是夏娃挣脱上帝的束缚，形成独立人格的第一个自主行为。上帝的处罚，也无非是借此让孩子明白：自由同时还意味着责任。

著名作家陈文新说，《西游记》是一部老少皆宜的小说，反映了人类从童年到成年的心路历程。“作品全部故事情节及其人物间的冲突，其实是在总体上显示着人生道路上所必然要碰到的某种或某些方面的富有哲理意味的启示。它涵括了人生道路上所可能遭遇或经历的一切有关问题在内。”

其实，每个人从出生开始，也就走上了一条荆棘丛生的道路。佛家说，活着就是受苦，就是磨难，我们一路上也有着无数的妖魔鬼怪，有时是我们的懒惰，有时是自私，有时是怯懦，有时是软弱……但我们最终都将战胜它们，在人生的道路上，取得真经。

取经的路上没有捷径，没有妖魔的取经之路，是一条南辕北辙的路。

文本解读的六个层面

文本解读一直是一个难题。在文本的解读上，第一层面是知人论世，通过作家的环境和作者意愿来解读；第二层面是“作者死了”的纯作品解读法；第三层面是原型结构解读法；第四层面就是通过读者反映理论来解读。但在真正的操作中，却并非如此简单。

笔者试着以《愚公移山》为例，来谈谈文本解读的六个层面。

一、主流观点

这是最简单的一种继承，继承主流价值观点。赞扬愚公，赞扬他面对灾难或困难，迎难而上、征服自然、改造自然的大无畏精神，赞扬他自强不息的人生态度。

愚公精神，实际上是儒家的一种“明知不可为而为之”的健康的、积极的精神。它吹响了一个民族昂扬向上的号角，理所当然地成为民族精神的一种象征。

毛泽东在“七大”中说：“现在也有两座压在中国人民头上的大山，一座叫做帝国主义，一座叫做封建主义。中国共产党早就下了决心，要挖掉这两座山。我们一定要坚持下去，一定要不断工作。我们也会感动上帝的。这个上帝不是别人，就是全中国的人民大众。”此后，愚公移山成为表现中国共产党人坚韧不拔、不懈奋斗精神的典型用语和口号，愚公移山的主流思想至此得到了强化和巩固。

二、逆向思维

肯定智叟，肯定他实事求是的态度和精神。智叟嘲笑愚公：“以残年余力，不能毁山之一毛。”愚公回答说：“我死有子，子又有子，子又有孙，子子孙孙无穷匮也。而山不加增，何苦而不平？”

实际上愚公的这个推断并不成立。首先，沧海桑田，世事多变，愚公并不能保证山不加高；其次，愚公并不能保证自己“子子孙孙无穷匮也”；再次，就算愚公“子子孙孙无穷匮也”，也不能保证他们都能和愚公唱“同一首歌”；最后，从结果来看，愚公也并非通过自己的力量移走了太行、王屋山。这实际上从侧面说明了愚公移山的不可行。

三、辩证观点

一分为二地看待愚公和智叟，既肯定愚公身上的这种精神，大智若愚，直面困难，不屈不挠，又要批评愚公以为通过子子孙孙的努力，就真可以搬走大山的愚不可及。

对智叟而言，既要看到智叟面对大山的理性思考，直面现实的态度，也要批评他在困难面前息事宁人、无所作为的消极无为。

也就是说，从感情上我们赞扬愚公，从理智上我们又不得不同意智叟；从战略上我们同意愚公，但在战术上我们又不得不认可智叟。

四、历史视角

《愚公移山》当然是一个寓言，但即使是寓言，也可以从它的本意上来获得认证。

愚公究竟该不该移山，得看愚公活在一个什么样的时代。

远古时代的中国人，有一种土地崇拜，具有根深蒂固的安土重迁思想。除非实在活不下去，他们是不可能背井离乡的。而愚公不过“惩山北之塞”而已，这就决定了他不可能搬家。在这种前提下，愚公只能采取移山的方式，尽管悲壮，但却令人尊敬。

如果放在一个好男儿志在四方的时代，放在一个计较付出和所得的效益时代，愚公移山自然是得不偿失，他确乎应该走出大山，干出一番大业。搬家显得比移山轻巧、实在，这一点毋庸置疑。但也不能忽略，愚公搬家是为自己，移山主观是为自己，客观上却是为他人、为大众。两者在精神境界上不能同日而语。

五、原型结构

结构主义总是把作品放在很多作品当中，从它们的关系中来寻求意义。比较文学中的主题学，就有很多类似的主题，都有一种相似的原型结构。

比如古希腊神话是很多文学的源头，很多英雄不满足现状，他们离开家，寻找美女海伦、寻找金羊毛、寻找圣杯等等，总之，是一个任务促使他们离开家，又总要经历种种磨难、艰险、伤痛，最后终于成熟起来，然后，回家。我们从中可以归纳出一个结构，就是“离家—经历苦难—对人生有了深刻的领悟—回家”。

中国的《西游记》中的孙悟空就是如此。离开花果山，为了取经任务，经历九九八十一难，终于修成正果，回到花果山。

《红楼梦》中的贾宝玉也不例外，离开青埂峰，到了大观园这个花花世界里，经历了悲欢离合、生离死别，终于又回到大荒山下、青埂峰旁。

西方的童话，常常也有这样一个结构：一个主角、一个迫害者、一个协助者、一个战利品。主角一般都是在协助者的帮助下改变了自身处境，惩罚了迫害者，并最终获得了战利品。

比较这些原型结构的继承和发展，非常有意思。

在安徒生的《丑小鸭》中，丑小鸭是主角，他有很多的迫害者，但他最重要的协助者却是自己，他最终的战利品是自己变成了天鹅，他没有惩罚迫害者，反而显得更加谦卑，这就是丑小鸭的动人所在。

《海的女儿》中，小人鱼是主角，在追求王子的过程中，小人鱼的迫害者和协助者是同一个人，就是那个巫婆，所以，她没办法惩罚迫害者，自然最终也没办法获得王子这个战利品。但安徒生却让她获得一个永恒不灭的灵魂作为奖赏，这是对她高贵灵魂的补偿。

在《愚公移山》中，也有原型结构。那就是“一个平凡的主人公—面临不可能解决的困难—明知不可为而为之—悲壮的精神”。比如“夸父逐日”“精卫填海”“后羿射日”等等，就是这种原型结构。虽然最终的结果有异，但都是同一种主题，阐释的也是同一种精神。

六、民族心理

弗洛伊德和荣格告诉我们，写在我们任何文字中的，不只是作者的意识，还有作者的“个人无意识”，以及该文本隐隐呈现出的“集体意识（社会文化）”和“集体无意识（人类原型）”。

一个故事被视为经典或者神话，它一定是揭示了人类深厚的集体无意识中的某一原型，它一定是人类灵魂或者集体智慧的一个高度浓缩的“原始意象”，并在长期的发展中，最终转化为民族心理。文本分析的最高境界就是，分析寓言产生与流行背后的集体无意识。那么，《愚公移山》这个寓言背后的集体无意识，究竟是什么呢？

如果说愚公代表的是勤劳，那么，智叟代表的是智慧。《愚公移山》呈现的实际上是人们对勤劳和智慧的态度。

列子所处的战国前期，生产力水平极其低下，人类刚刚进入铁器时代。在这样的时代，“聪明”在社会生活与个体生存中的价值，是远远低于“勤劳”这一品质的；况且从教育孩子这个角度看，强调由遗传决定的“聪明”，当然不如强调可以后天培养的“勤劳”更有实际的意义。大智若愚、大巧若拙、聪明反被聪明误等等，就是这种思想的反映。直至今天，我们还在倡导“勤能补拙是良训”“一勤天下无难事”“天道酬勤”等观点。

所以，《愚公移山》实质上就是情商胜过智商的一场较量，这种“扬勤抑智”的思想逐步深入人心，成为一种文化积淀或者说集体人格。而对于我们而言，如何揭示出文本背后的集体人格，揭示文本背后的个人无意识、集体无意识，应该是我们对文本解读的一种追求。

打与不打，是个问题

著名作家毕淑敏，在《儿子，我为什么打你》中，这样写道：

“在所有的苦口婆心都宣告失效，在所有的夸奖、批评、恐吓以及奖赏都无所建树之后，我被迫拿出最后一件武器——殴打。

“我谨慎地使用殴打，犹如一个穷人使用他最后的金钱。每当打你的时候，我都一次次地问自己：是不是到了非打不可的时候？不打还有没有其他的办法？只有当所有的努力都归于失败，孩子，我才会举起我的手……每一次打过你之后，我都要深深地自责。但我知道，责罚不可以替代，也无法转让。

“我几乎毫不犹豫地认为：每打你一次，我感到的痛楚都要比你更为久远而悠长。因为，重要的不是身累，而是心累……孩子，打与不打都是爱，你可懂得？”

每看至此，我都要把毕淑敏引为知己，不愧是搞医学的复合型作家，能够说出人人心中都有，人人笔下都无的教育困境。

我们都在说，要爱生如子，那么，当我们面临教育困境的时候，当面临非惩罚不可的时候，打与不打，这是个问题啊！

为什么要打，因为学生犯错误，或者拒不接受教育，所有这些都来自师生关系的紧张。那么，师生关系紧张的原因何在呢？

首先，应试教育是罪魁祸首。

由于应试教育的盲目发展，教育评价随之极端畸形化，虽然屡遭有识之士的抨击，但在事实上已逐渐被社会认同。教育的唯一旨归就是考试，考试成功了，就是教育的成功；考试失败了，就是教育的失败。老师不再育人，甚至也不再教书，而在教考试、教做题，老师变成了考师；学生也不管成长，甚至也不在学习，而在解题、做试卷，学生变成了考生。严格地讲，应试教育是血汗教育，但这种血汗教育已经让人尝到了甜头，要想废除，何其难也？

就算将来新课程实施，考试来个大变脸，专考素质题、能力题、创新题，也很难撼动应试教育江山一统的地位。要知道，要搞素质教育，首先不答应的就是千千万万望子成龙、望女成凤的家长。因为中国人口众多，优质教育资源非常稀缺，而社会竞争又不断加剧，如何抢占一个相对有利的形势，使得孩子以后的人生一马平川，以往的经验告诉他们，血拼高考，不失为终南捷径。也就是无论怎么变革，家长所要求的分数，决不会妥协和动摇，只会把压力转嫁给教师，而学校、教师在此过程中根本无法自主，只有随波逐流。

笔者的一个朋友，主持一个大市的教研工作，对应试教育深恶痛绝，发表了很多重量级的抨击文章。但自己的孩子到了高三，马上紧张得脸色煞白，文章也没有空写了，遍访名师，给孩子开小灶。终于，孩子考中了上海复旦大学。朋友在论坛上感慨万千："真没有想到，应试的果子，还蛮甜的啊！"

有识之士到了自己身上，尚且如此，遑论其他？

应试教育带来最严重的后果，就是学生道德滑坡，师生关系恶化。

其次，个性因素。

最近杨丽娟追星，导致老父蹈海自杀，舆论更多关注这个事件的娱乐性，却没有关注这个事件背后的独生子女问题。

杨丽娟追星，追得这么猖狂，这么肆无忌惮，以致倾家荡产、家破人亡，说到底还是父母纵容、推波助澜。如果当初刚有一些苗头，父母马上当头棒喝、严厉教育，又何至于最终付出血的代价？

究其原因，中国人舐犊情深，面对独生子女，往往不顾一切地爱护，要穷只能穷自己，再苦不能苦孩子，这种溺爱给独生子女造成了巨大的灾难。具体来说，由于剥夺了孩子的劳动权，导致孩子体质弱化；由于满足孩子一切欲望，导致孩子自我奋斗的愿望萎缩；由于以孩子为中心，导致孩子唯我独尊，社会责任感淡漠。

回到学校教育上来，单单是老师面对独生子女，已经被弄得焦头烂额。然而现在却是独生子女的老师，面对独生子女的学生，你"独"我也"独"，双"独"

齐下，常常碰撞得火花四射，也就不足为奇了。

再次，教育产业化的波及。

随着教育的产业化，师生关系逐渐沦落为雇佣关系、商品关系，老师从师长变成了服务生，原有的师生关系被颠覆。岂止师道尊严轰然坠地，教师的人格权利也难自保，造成了教育的不能承受之重。

“我是花了几万学费来的，学校会炒了你，不会拿我怎么着，你信不信?”一个在民办学校任教的老师对记者说，他永远也忘不了一个男学生对自己的“惊心一吼”（4月17日《北京青年报》）。想想看，在这种重压之下，教师如何能够心平气和地教书，理直气壮地育人?

最后，是悬在头顶的达摩克利斯之剑。

我国《义务教育法》第十六条规定“禁止体罚学生”；《未成年人保护法》第十五条也明文禁止体罚或变相体罚学生。《教师法》第三十七条规定“体罚学生，经教育不改的”，要给予教师“行政处分或者解聘”，“情节严重，构成犯罪的，要依法追究刑事责任”；对此，学校还不遗余力做了大力宣传。绝不容许处罚学生，已经成了师德的底线，甚至是高压线，谁也触犯不得。甚至已经形成了潜规则，教师处罚学生，是教育工作的失败，是教育无能的表现。没有教不好的学生，只有不会教的老师，就是例证。而一旦媒体披露有关师生关系的事件，舆论也一窝蜂站在学生的立场上，屠刀所指，杀气腾腾。于是乎，一夜之间，学生趾高气扬，成了脱缰的野马，因为他们都知道自己是保护动物，老师奈何不了自己！进而部分学生开始捉弄、欺负老师，近年来，学生侮辱老师、骚扰老师的事件不断发生。与此遥相呼应，家长毒打老师、杀害老师的事件，也层出不穷。

面对外在环境所趋，内在形势所逼，老师只有因势利导，于是乎赏识教育铺天盖地，呼啸而来。

为了学生捞取高分，教师哪里是赏识，简直就是低声下气、苦口婆心，甚至于摇尾乞怜。巴结、讨好、献媚、戴高帽，无所不用其极。如此惯坏学生，宠坏学生，终极目标只有一个——得分好，才是真的好。有了分，职称来了，奖金来了，家长的笑脸来了，校长的褒扬来了，社会的知名度也来了；没有分，你就是无能，就是蠢蛋，就是南郭先生，就是误人子弟的恶棍。

然而，赏识不是灵丹妙药，更不可能包治百病。几千年前的孔子早就说过，要因材施教，而我们现在却一股脑的“赏识”，结果造成了巨大的赏识综合征。

首先是赏识疲劳。最好的菜吃多了也会腻，更何况这种名不副实的赏识。刚开始的时候，学生受到赏识了，可能还有点动力，但经常高频率受到赏识，所有的老师都大面积来赏识，结果必然导致赏识疲劳，最后，无论怎么赏识，学生都百赏不侵，“我”自岿然不动了。

其次是听不得批评。赏识教育最大的弊端，是让学生习惯了表扬，尽管赏识疲劳了，但却绝对听不得批评，老虎屁股摸不得，长此以往，学生必然我行我素，老子天下第一。

最后是把表扬廉价化了。本来表扬作为激励学生最有效的手段和方式，因为赏识教育的泛滥，使得表扬廉价化了，甚至庸俗化了。这对本该受到真正表扬和激励的学生非常不公正，也使得老师的有效教育手段不断削弱。

有这样一个笑话很能说明问题。有个小学数学老师，上课时请学生计算一个问题，那个问题的答案是2。第一个学生回答是5，老师表扬说，不错，只要认真做了的，都不错。第二个同学说是3，老师兴奋地说，很不错，已经快要接近正确答案了！最后一个同学在老师循循善诱的启发下，终于回答出了答案。老师欣喜若狂，大声说：“很好，恭喜你，都会抢答啦！”如此赏识，很可能导致老师变成好好先生，更为严重的是，学生一节课下来，不知道孰是孰非，这才是最可怕的。赏识，绝对不能以亵渎真理为代价！

所以，赏识教育，想说爱你也不容易！学生早就知道老师的那点破事了，小小的赏识，还能糊弄谁啊？我的观点是赏识要适度，夸奖要具体。还记得陈道明在整个中戏学习阶段，付出了巨大的汗水，取得了累累硕果，他的指导老师却从来没有表扬他，这让陈道明心里极不平衡。为了让老师满意，为了争一口气，为了得到老师的一声夸赞，陈道明付出了常人难以忍受的艰辛和刻苦，终于成为中国影坛的一哥。在20年后，陈道明终于听到了老师的一声夸赞，不由得热泪盈眶。他曾经说，因为老师一句吝啬的表扬，成了自己不竭的动力。我们当然不能因此就让我们老师吝啬表扬，但是，从另一个角度来看，赏识教育能够做到的，“非赏识”也能做到。关键还是要对症下药，因材施教。

既然赏识不是万能的，看来，该惩罚的还是要惩罚，可家长很生气，后果很严重。

在教师与家长之间，为了孩子的教育，竟然一再发生冲突，乃至频频酿出血案。面对如此严峻的教育现实，在震惊、悲痛之余，“惩罚”是否还应该成为教育的一部分？如果应该，又如何正确理解和把握其内涵以及实施的尺度和分寸？如何规避一次惩罚可能酿成的血案？

惩罚，还是不惩罚，确实是一个悖论。放任自流，让学生多行不义必自毙，不符合老师的职业道德；而不当地惩罚学生，又有可能导致严重后果。教师陷入了两难选择。

关于惩罚，现代学习心理学有两大学说，即联结派的学说和认知派的学说。联结派各家从关心行为结果的角度，认为惩罚本身并不能使受惩罚者形成新行为；认知派各家从关心行为过程的角度，强调只有当学习者将外部影响内化为内部的经验认识时，才能产生强化作用，调控其行为。两派实际上是从不同的角度，得出了惩罚作为教育手段并不适合的结论。

但国外的实证研究却指出，适当的惩罚必不可少。

时代要求我们应该尊重学生，以学生为本，但尊重学生并不等于纵容学生、放任学生。教师的指导者角色、社会代言人的角色、集体管理者的角色，若没有惩罚权，就无法得到实现。我们不能借口体罚禁令的存在而否定教师拥有惩罚权，这种做法因噎废食，荒唐透顶。我们必须承认惩罚的合理性，同时以制度的手段对其加以界定和限制，以杜绝教育中惩罚随意实施的现象。

首先，惩罚不等于体罚。惩罚只能谨慎而用，并且不能过多使用。因为惩罚本质上仍然是治标不治本的一种手段，但却是在特殊情况下不得不采用的有效手段。

其次，惩罚必须尊重学生的人格。毕竟，惩罚的根本目的在于让孩子懂得要为自己的错误负责，而并非仅仅为了教训和报复，因此，惩罚只能罚过失，而不能罚尊严。

再次，惩罚不应单独使用，必须与激励相结合。

因为惩罚只能传递受罚行为应该停止的信息，却无法提供该如何做的指导。也就是说，一方面，惩罚的标准应该是确定、适度的，要让受教育者清楚什么样的行为会导致什么样的惩罚，界限在哪里，并由此学会理性规范自身行为；另一方面，还应该将惩罚与提供适当行为信息的指导结合起来使用。即在制止学生的错误行为时，给予其新行为的指导。而且，当学生的新行为一旦出现，应立刻给予关注并停止惩罚。除旧布新要双管齐下。

当惩则惩，决不姑息，但须惩之有度，有理有节，赏惩分明。但如何对待问题学生背后的问题家长呢？在惩罚中，家长问题是最大问题。

那么，导致家长如此肆无忌惮的原因是什么？我以为最重要的原因是我们严禁教师体罚学生。但是，何为体罚，何为惩罚，却很难区分，很难界定。要知道，很多家长正是坚信教师违法在先，所以，才为所欲为，横行无忌啊！保护学生的措施一条条出来了，但是，教师的生命保障却风雨飘摇，朝不保夕。

前不久，英国教育大臣路斯·凯利代表英国政府郑重承诺，将出台法律，对教师惩罚不规矩学生的权利做出明确规定。“它将有助于使捣乱学生对教师说‘你拿我没办法’成为历史。”并且宣布，将采取相关措施，确保家长为孩子的破坏行为负责。这些措施包括更广泛地使用养育合同，对于不负责任的家长加大处罚力度，比如，被开除学生如果在上课时间出现在大街或商场，父母将被起诉并处以罚金。

而我们的近邻韩国早就出台法律，明确了老师的惩罚权。当然这些惩罚权的实施都有很明确的规范和细则，包括惩罚学生的部位和惩罚学生的工具，真正做到了有法可依。

试想一下，当老师的惩罚权被法律所保证的时候，我们的家长们还能挥舞着屠刀，打着法律的幌子，追杀老师吗？

演讲家邹越的局限

9月27日下午，“让生命充满爱”大型激情励志演讲报告会在外国语学校举行，近三千名师生聆听了这场激情似火、精彩纷呈的演讲会。

在邹越教授演讲的过程中，我几度流下了感动的眼泪。邹越教授是我国著名的青年演讲家，是共和国演讲家李燕杰的第六个弟子，匈牙利罗兰大学华语方面的客座教授，名头不可谓不响。网上搜索，邹教授的这场演讲，横扫大半个中国，所到之处，哭声震天，网络上随处可见眼泪和震撼。

对于“让生命充满爱”这个大主题，邹教授从“爱祖国、爱老师、爱父母、爱自己”四个角度，将“爱”字诠释得淋漓尽致。

他说，人首先要爱祖国，就是要“为中华之崛起而读书”。一个国家、一个民族、一个政党如果没有一种精神，就不会发展壮大；一个企业如果没有一种精神，就不会有竞争中求得生存的动力；一个人如果没有一种精神，也就永远不会成长。爱国主义精神是民族的灵魂，爱国主义思想教育要从孩子抓起。

接着，是谈爱老师。学生都被感动了，自发地去拥抱老师。然后是谈爱父母，孩子们当众对父母下跪。最后是爱自己。所谓爱自己，就是要给自己立一个计划，不能虚度年华。

邹越教授最后说，没有听过这一场报告的家长，他们一定终生遗憾，我们的老师则认为这一场报告，能够赶得上一年的班会。我认为此话不假，报告的影响确实很大，效果很好。但正因为它对学生的影响很大，促使我认真地思考这一场全国巡回演讲中的所有细节，我竟然感到了这场演讲有不少局限。

局限一：功利化。

在教育孩子要爱父母的同时，邹教授举了两个事例，第一个是很多有钱的家长，把自己的孩子送到哈佛。他们说，哪怕孩子将来门门都考零分，他们也觉得值，因为他们拥有了世界上最优秀的同学。由此出发，邹教授语重心长地告诉学生，一定要尊敬和爱护同学的家长，因为他们都是我们最好的资源，五年、十年后，他们都可能成为我们的关系网，成为我们生命中的贵人，很容易就可以帮我们搞定工作，解决我们一生的难题。

难道我们不应该尊敬同学的父母吗？难道我们尊敬同学的父母就非得把他们当作什么资源吗？如果这样，那些没有利用价值的父母，他们不是我们所谓的资源，我们是不是就没有必要尊敬他们了呢？

2000多年前的孟子就曾经说过：“老吾老，以及人之老；幼吾幼，以及人之幼。”爱自己的父母，自然要爱同学的父母，这是人之常情，世之常理。为什么要把一种常态的感情，作为一种投资呢？这种庸俗化的教育方法，让人很不舒服。这和几年前，湖南株洲的那个老师蛊惑学生“好好读书，就能挣大钱，娶美女”如出一辙。就此，我又想起了苏北某所学校，在校园里悬挂着两双鞋子，一双是锃光瓦亮的皮鞋，一双是粗糙不堪的草鞋，旁边的标语是——读好书穿皮鞋，不读书穿草鞋。据说教育效果极佳。但这只是“书中自有黄金屋”的形象表达而已。

教育，永远不能仅仅用功利化的效果来衡量！“不管白猫黑猫，抓到老鼠就是好猫”在教育上永远是一种巨大的谬误。

局限二：庸俗化。

在演讲过程中，邹教授还以自身事例，告诉孩子们要永远怀有一份感恩之心。

有一天，邹教授开着汽车带着女儿从某处经过，看到一个民工推着三轮车，拼命地上一个高坡，他很吃力。邹教授要求女儿和他一道去帮忙，女儿非常不乐意，说：“我为什么要帮他？他那么脏！”邹教授告诉我们，那一刻，他感到很失望，女儿的成绩很优异，但却失去了最起码的同情心和善良，那么，所谓的优秀又从何谈起呢？但最终女儿还是拗不过他，父女一道下了汽车，帮助那个民工把三轮车推上坡。但让人意想不到的是，那个民工竟然什么也没有说，低着头蹬着车就走了。

女儿来劲了，说：“你看，你看，我早说了，这些民工，什么素质，竟然连一声谢谢也没有。”

邹教授就此引导学生一定要学会感恩，一定要学会说“谢谢”。他说，为什么那个民工，到今天仍然蹬着三轮车，很可能因为他没有学会说“谢谢”，因为不会感恩，所以，没有人愿意帮他，他也只有贫困下去。

呜呼，当民工看到光鲜的邹教授和女儿从汽车里走出来，而且居然帮助他推车，我敢断言，这个民工一定感动到了极点，震撼到了极点，受宠若惊到了极点。他内心的波澜绝不比我们听这一场报告少，但或许是感动过度，或许是不好意思，或许是感到一声“谢谢”实在太轻，他只是没有说那两个字而已。我们怎么能就此断言，他不会感恩呢？

更重要的是我们为什么要帮助别人？

我以为帮助别人是我们的一种需要，是我们道德的一种发酵。帮助别人能够使我们获得一种道德上的优越感，并进而感觉到做人的快乐。“赠人玫瑰，手有余香”，在帮助别人的同时，其实是在高尚我们自己！所以高尔基说：“给，永远比拿愉快！”在帮助者和受助者之间，千万不要被浅薄的施恩和感恩的想法所左右。受助的人，除了学会感恩，更重要的是，自己也要学会帮助别人，把这一份爱的温暖传递下去。我以为这才是最伟大的一种感恩。

印度圣雄甘地身上的一个故事，发人深省。曾经有一次，甘地看见一只毒蝎子掉进水中，在水中拼命地挣扎，甘地身边没有任何东西，于是，就伸出手来捞它。毒蝎子狠狠地蜇了他一下，在巨大的疼痛中，毒蝎子又掉进水中，甘地又伸手去救，毒蝎子又蜇他……身边的人终于看不下去了，说，它那么蜇你，你为什么还要去救它？甘地的回答是，蜇人是它的本性，而救人是我的本性啊。

我们帮助别人只是我们的一种需要、我们的一种本性，为什么还要在乎帮助别人之后，别人怎么对待我们呢？

局限三：虚假化。

我越来越趋向于真实，哪怕这种真实是怎样的不堪。能够真实不仅是一种勇气，更是一种做人的姿态。任何虚假的东西都让我厌恶，哪怕这种虚假带着一种耀眼的光环。

邹教授在讲演的过程中，就犯了几个这样的错误。比如，他渲染那个非洲的黑人运动员，最后，用指甲抠着地面，爬啊爬啊，爬完100多米的路，然后，向着祖国喊话，累死在终点。今天每一块奥运金牌的背面，还都印有这个黑人男孩奔跑的形象。这个故事我不止一次看到，震撼力十足，但邹教授说他用指甲爬完100多米这个细节，明显失去了真实，这也使得故事震撼人心的力量消失大半。

还有邹教授自己的经历，那个时候，他们全家被下放到东北牡丹江，天气很冷，父亲为了给他保暖，脱下棉袄包住他的脚，后来父亲就得了严重的风湿病，终身痛苦不堪。感动人则感动人矣，但一次受冻，就得了严重的风湿病，似乎也不符合病理。特别在他赞美我们人民教师的时候，我先是流下了动情的泪水，那个用生命挡住汽车的殷雪梅，那个在癌症晚期上完最后一课的大凉山老师……但当他说到，孩子们，你们知道吗？你们有多少老师每天晚上批改你们的作业到凌晨两点……

听到这里，我突然感到极度难堪，我从没有批改作业到两点，我也不相信有老师批改作业到两点。我为教师的奉献精神感动，但我厌恶任何给教师脸上贴金的行为，因为任何一种夸大都会对真实构成伤害。

局限四：商业化。

当然最大的败笔还是在最后，当孩子们哭得稀里哗啦的时候，当孩子们在地上坐了两个半小时，演讲也终于到了尾声。感谢一个有教育情怀的律师，是他独家赞助了这次演讲活动。但接下去的一幕，却让我们大跌眼镜。

先是报告团随从让参加互动的家长去买邹教授的书和光盘，再就是宣布所有买光盘的家长，都可以获得价值480元的“某某美容院”的美容卡一张。一场道德的演讲，一场弘扬无私的道德教育，最终却以商业的私利收场，这是一种反讽，还是一种滑稽？

当我们在感谢邹教授带来心灵风暴的同时，也一定要剔除内在的糟粕。但我们仍然感谢，不只感谢邹教授的精彩演讲，更要感谢他唤醒了我们内心中的某种沉睡。

教育随想录

关于教育，我越来越保持足够的敬畏。随着自己在考试方面的得心应手，我越来越觉得自己已经远离真正的教育了。什么才是真正的教育呢？有关教育，我们到底知道多少呢？因为有了这样一个触动，我于是有了下面的一些随想。

一、什么是教育

很多人认为，教育是“成熟的人对未成熟的人，以一定的目的和方法使能自觉”。这个说法一度比较流行。而美国的杜威则说，别把教育神化了：“教育即生活，生活即教育。”这种说法本意是把教育生活化，但在中国马上就变成“虚无化”，什么都是教育，那就什么都不是教育了。就像泛神论者，什么神都崇拜，结果就是什么神都不放在眼里。爱因斯坦则幽默地对我们说：“当你把学校、老师教给你的一切都忘记之后，剩下来的就是教育。”我的观点则是：我们所有的教育都在帮助我们找一条回家的路。教育的本质是怀着一种乡愁的冲动在寻找家园。遗憾的是这个家园永远在彼岸，在远方，我们无限接近，却永远不能抵达。教育的痛苦在于此，魅力也在于此。

二、关于教育的作用

不少人认为教育是万能的，也有一部分人认为教育是无用的。“教育无用论”是没有看到人的潜能，“教育万能论”是没有看到人的局限，这两者本质上都是一种错误，是对“人”的认识所犯下的错误。丁俊晖说“教育无用论”简直就是扯淡，因为他爸爸卖掉房子，就是让他接受最好的教育——有关台球的教育。而对田径一窍不通的张建明，每天让女儿跑70公里，想教育出一个奥运冠军，这是教育万能论的最鲜活的体现。他和500年前把火箭绑在自己的屁股上想上天的万户，一样的伟大，也一样的愚不可及。

教育制度的好坏之辩：一是对优秀人才而言，它是推动还是阻碍；二是对普通人而言，它是拓宽了还是狭窄了他们的人生。我们要警惕的是，教育培养不出天才，但却极有可能扼杀天才。天才和智力低下的人都对学校感到极不适应，而天才因为极其少见，常常被归入智力低下者，久而久之，一部分天才就成了真正的智力低下者，而且最为低下。当他们的思维方式遭到否定后，他们无所适从，只好邯郸学步，结果只能是爬！

其真无马耶？其真不知马也！

三、良好的教育

良好的教育肯定有很多具体的达成，但至少要获得三个教益：第一，具有并维护人的尊严，能追求自我的终极价值，包括宗教价值；第二，能把自我推进和社会促进结合起来，即能做到自我“好好学习”，社会“天天向上”，并且在一定程度上维护思想自由和社会正义；第三，有助于国家的治理但又决不被国家奴役，即做一个清醒的爱国者。绝不能以为真正的进步，是把“一不怕苦，二不怕死”发展为“一怕不苦，二怕不死”，然后以爱国者自居，踌躇为之四顾。

要达成良好的教育，其实并不难，只要给不同资质的学生提供相应的教育就行了。教育，无非就是在地上撒满草籽，然后，在孩子们光着脚丫踩出的路上，我们铺好小石子就好了。

教育不可能面面俱到，它是一门选择的艺术，是孩子们自我选择的艺术。因此，教育的一个基本目标和成功标志，是要使孩子们能够自我发现。

四、教育和人生

叶圣陶先生认为，受教育的意义和目的是做人，做社会够格的成员，做国家够格的公民。

这个教育的理想似乎有些偏低，教育不仅仅是为了“够格”。教育的理想不能低俗化，我们每个人不一定都有才华，但通过教育与努力我们便能成为有道德有能力的人，我认为，这就是真正伟大的人，这也应该就是我们追求的理想。这并非乌托邦之梦！

达成理想的过程应该有三个层次：以教育认识自己，以教育革新自己，以教育成就自己。真正的教育应该包含智慧之爱，它与人生以及灵魂有关。叶圣陶的“做人”中的“做”说得好，仅仅是记得一些叠加的知识，哪怕能把这些叠加的拼图变成美丽的图画，这还是远远不够的。我们必得把人类文化的积淀，以及它们不断充实和扩大的那一部分，化为自身的血肉，甚至在自己的血管里唱起歌来，养成永久的习惯，并且永远地“笃行之”。这才是教育的人生，一种幸福完整的教育人生。

五、成人和成才

皮之不存，毛将焉附？我们说起这个道理来，往往振振有词，但对于"'人'之不存，'才'将焉附"，我们家长、社会，还有老师们为什么都视而不见呢？

应试的挤压让我们所有的人疲倦，也让我们所有的人都刺激、狂热并且亢奋不已。在激烈的升学竞争中，"成人"的教育被有意无意地忽略了，而"成才"的教育也被简单地等同为考分。要知道，异化的"成才"并非真正的成才，而没有"成人"的人，何以能够成为真正的人才呢？北方甚至有一个著名的校长扬言，只要我们学生能够考得好，哪怕他们个个都是马加爵，我们也不怕，只要送上高校了，就是我们的成功。这句话当然是愤激之词，因为社会只需要我们给予这条啊！而且是唯一的一条，不能承受之轻的一条。生存，还是毁灭，这个选择一目了然。

真正的人才是要有些底子的，是要有一定的道德境界的，人最终的竞争是道德的竞争，道德是第一生产力。金庸在《倚天屠龙记》中写道：仁者无敌。真正无敌的不是屠龙刀，也不是倚天剑，而是仁，一种无影的道德境界。小时候，老是觉得宋江武功不行，不知道他凭什么领导梁山，后来才明白还是道德的力量。中国的足球何以上不去，除了人种（我不大相信人种论）之外，我以为最重要的就是素养。阅读比赛的素养和专业的精神都孱弱，导致场上既不能领先，更不能落后。领先了就主动把包袱给自己背上，保守了，龟缩了，躲藏在自己的后场，当然要输；落后了，泄气了，破罐子破摔，当然更要输。他们没有达到一种境界，一种真正的享受比赛、娱乐自己，也娱乐他人的比赛的大境界。

北大校长蒋梦麟先生曾经说："教育如果不能启发一个人的理想、希望和意志，单单强调兴趣，那是舍本逐末的办法。"如果我们的眼睛老是看着高考，把那看成我们兴趣唯一之所在，是不是也是一种委琐和不堪呢？会不会也陷入一种中国男足的"领先也不行，落后也不行"的尴尬境地呢？

孔子一堂“失败”的课

孔子作为中国古代最伟大的教育家，他的有教无类、教学相长、因材施教等教育思想迄今闪耀着光辉。孔子不仅属于中国，也属于世界。君不见，于丹牌的孔子旋风在国内越刮越猛，而孔子学府也正在世界六十多个国家疯狂地生长，平均每四天世界上就多一座孔子学府。由此可见孔子伟大的教育力量。

那么，孔圣人的课堂究竟如何？他的教育究竟有没有瑕疵？

我们不妨借助《子路、曾皙、冉有、公西华侍坐》来剖析。

“子路、曾皙、冉有、公西华侍坐”，开头一个“侍”字，就把参加的对象，以及人物的关系全部交代了。师生闲坐聊天，气氛和谐，关系融洽，和蔼可亲的孔子首先说话了。他说：“不要因为我比你们痴长几岁，又是你们的老师，你们就不敢说话了。没什么大不了的，只不过是各人说说自己的志向罢了。”

孔子的语言很得体，立马就打消了学生的顾虑，课堂气氛一下子就点燃了。

可见打倒师道尊严，拉近师生的距离，是走向课堂教学深处的关键。民主能产生和谐，和谐能营造合力，合力会推动课堂。而且这种和谐民主的课堂氛围很特别，有助于思维能力的发散和延展。

孔子接着又循循善诱：“你们平时总抱怨没有人了解你们，如果有人想了解你们，想重用你们，你们打算怎么办啊？”这个假设性的话题很关键，学生不仅感兴趣，而且都有话可说。“正心、修身、齐家、治国、平天下”，学而优则仕，才能实现“治国、平天下”的理想嘛！

子路按捺不住，抢先发言了。“千乘之国，摄乎大国之间，加之以师旅，因之以饥馑；由也为之，比及三年，可使有勇，且知方也。”

国是“千乘大国”，但夹在大国之间，地理环境危险，而且外有敌国入侵之患，内有饥荒侵扰之忧，风雨飘摇，朝不保夕，但子路只需三年，可以使得百姓达到有勇，并且知方。有勇，是变得勇敢；知方，是懂得礼义。变得勇敢，就能同仇敌忾，抵抗敌国入侵；懂得礼义，就能同舟共济，渡过饥荒的困扰。

子路要治理的国家不可谓不危险，问题不可谓不多，但子路解决问题的方法，也不可谓不高明。

但夫子却哂之。

“哂”是讥嘲地笑。这种笑是很要命的。那么，孔子为什么要哂？是子路胡说八道吗？

从《论语》中来看，孔子对子路的本领是赞赏有加的。

孟武伯曾向孔子打听子路的本领。孔子说：“由也，千乘之国，可使治其赋也。”还有一次，季康子也问孔子：“仲由可使从政也与？”孔子回答说：“由也果，于从政乎何有？”意思是，子路果敢决断，让他治理政事有什么困难？可见孔子对子路才能的推重。

这样一来，孔子的“哂”，唯一的解释就是孔子对子路不够谦让的批评。但这个批评却有失公允。首先是孔子指责子路什么地方不够谦让，如果是批评子路“率尔而对”，则是吹毛求疵。因为孔子当时约60岁，子路约51岁，曾皙约39岁，冉有约31岁，公西华最小，约18岁。子路年龄最大，按照孔子所谓的“礼”，子路率先回答，不该有什么问题吧？“子路、曾皙、冉有、公西华侍坐”也是按照这个年龄的顺序排列的啊！更何况孔子不是鼓励自己的学生畅所欲言吗？而积极响应孔子的号召，主动回答问题，畅谈自己的志向，不正是孔子的所愿吗？

如果是指责子路的志向锋芒毕露，我看也有不妥。从文章来看，应该是这个意思，孔子在后文直言不讳地说：“为国以礼，其言不让，是故哂之。”治理国家最重要的是礼，而礼最重要的是要谦让，但子路却锋芒毕露，所以，要嘲笑他。从“赤（公西华）也为之小，孰能为之大？”更能看出孔子对子路的批评。赤是最有才能的，但他却说只能做一个小相，而子路却要治理千乘之国，并且要挽狂澜于既倒，扶大厦之将倾，可见子路的狂妄，不知收敛已经到了什么地步。

但这个批评也是站不住脚的。我们不能因为赤过分的谦虚就要否定子路恰如其分的自信，更何况这正如孔子所言，只是各人谈谈自己的志向罢了。而且是关起门来，师生之间坦诚的对话和交流。如果这种对话也这般藏着掖着，那么，这种对话还有什么意思呢？

但孔子还是“哂”了，并且是当着所有学生的面。

和谐的氛围破坏了，课堂气氛马上变得沉闷，学生谁也不愿意回答问题了，畅所欲言的课堂没有了，悲夫！于是，孔子不得不点名提问：“求！尔何如？”

谨小慎微的冉有回答说：“方圆六七十里或五六十里的国家，让我来治理，等到三年，可使民众富足。至于礼乐教化，那就靠君子了。”

很显然，冉有把自己的内心藏起来了，他不敢用“千乘之国”，用了“方六七十”，感觉还是大了点，于是缩减为“五六十”。应该说，这个微妙的心理过程绝对是孔子“哂”出来的结果。如此小国，冉有也要用三年时间；对于礼乐教化，还要另请高明，真是谦虚得可以了。

冉有的回答固然有他自己谦虚谨慎的个性，但更多是孔子课堂导向所带来的后果。

孔子明显对这个回答不甚满意，甚至也没有任何评点，于是继续提问：“赤！尔何如？”

公西华回答说：“非曰能之，愿学焉。宗庙之事，如会同，端章甫，愿为小相焉。”我不敢说自己有才能，不过愿意学习。宗庙祭祀或诸侯会盟的时候，我愿意穿上礼服，戴上礼冠，做国君的一个小助手。

一个“非”，一个“学”，一个“小”，公西华把孔子推崇的谦让推到了顶点。这是典型的看风使舵，公西华是孔子学生中的翘楚，他居然只愿意做一个祭祀的小助手，孔子当然对这个回答不甚满意。

如果老师喜欢强调自己的观点和喜好，即使把课堂还给了学生，也仍然是变相的一言堂，使所有学生集体地鹦鹉学舌，所有的教学，哪怕是最民主的传授，也势必滑入专制的牢笼。

于是，孔子继续提问：“点！尔何如？”

曾皙正在弹瑟，听到老师问自己，铿的一声，把瑟放下，站了起来回答说：“我的志向和他们三位有所不同。”

孔子说：“那有什么关系呢？各说各的志向嘛。”

曾皙说：“暮春三月，穿好春服，和五六个朋友及六七个童子，在沂水中洗澡，在舞雩台上吹风，唱着歌儿游玩，然后回家。”

孔子长叹一声说：“我赞同曾皙的志向啊。”

曾皙描绘的清风沂水、性天风月的生活暗合孔子壮志未遂、英雄无路的落魄心态，这是一种“知我者谓我心忧，不知我者谓我何求”的心灵共鸣。这种喟叹，不仅是孔子自己理想不能实现的忧闷，也有对弟子未来前途的担忧，更有礼治世界如此美好，但实现礼治世界何其难也的感慨。

曾皙的观点，赢得孔子的大力赞赏。这种礼治的极限固然美丽，但未尝不是一个飘扬的乌托邦，根本不可能实现。尤其是曾皙并不是孔子的得意门生，他的治国才能也并不一定有那么高。倒是他的儿子曾参，著有《大学》和《孝经》，并提出“吾日三省吾身”为后人所熟知。那么，既然容许曾皙信口胡来，为什么就那么苛求有实在本领的子路的实话实说呢？

最后，曾皙单独留下来，孔子点评诸生，这更是一大败笔。

纵观孔子的这堂课，“哂”是整堂课失败的转折点，因为“哂”，和谐的课堂气氛不见了，畅所欲言的环境丢失了，导致下面的对话几乎无法进行。更严重的是孔子一个“哂”的动作，就等于把自己的观点和盘托出，一定要谦让，不要狂妄自大，学生还怎么敢指点江山、激扬文字？

果然，这种限制使得学生畏首畏尾，他们只能察言观色，小心翼翼地贬低自己的志向。由于这种课堂气氛的紧张，还因为孔子个人的导向，尽管很可能是无意识的，毕竟子路好勇、鲁莽，孔子的“哂”，很可能只是友情的提醒，让子路明白不能莽撞无礼，要谦虚含蓄。孔子曾经说过：“求也退，故进之。由也兼人，故退之。”但是，这个“哂”实际的效果却显然超出了孔子的所料，最直接的后果就是学生言不由衷了。不仅学生之间没有形成真正的对话，甚至师生之间也没有必要的交流和反馈，就连课后孔子的一段评点，也还是在曾皙的追问之下。

特别重要的是孔子原先所说的是，每个人各言其志，但结尾却又褒贬学生，把所有学生的志向都纳入到自己的想法之中，这几乎就是请君入瓮。德国诗人海涅曾写道：“每一个人就是一个世界，这个世界是随他而生，随他而灭的。”因此，保护学生的个性、彰显学生个性就显得最为重要。那么，容许学生保留一些个性，实际上就是保留学生的激情和棱角。

最严重的是，孔子在别的学生面前，批评其他的学生，这简直就是教育的大忌。要知道背后表扬，当面批评，这是教育的常规手法。尤其是隔人表扬，效果更为显著，马上就会传到人家那儿去了，但是背后批评却最使人光火。

谚语说："如果你不在背后批评别人，很可能别人也不会在背后中伤你。"当然，这种批评很可能是来自孔子所认为的"君子坦荡荡"，但我们却一定要引以为鉴。

清代学者张履祥在评点《侍坐》章时，说过一段很有意思的话："四子侍坐，固各言其志，然于治道亦有次第。祸乱戡定，而后可施政教，初时师旅馑，子路之使有勇知方，所以戡定祸乱也。乱之既定，则宜阜俗，冉有之足民，所以阜俗也。俗之既阜，则宜继以教化，子华之宗庙会同，所以化民成俗也。化行俗美，民生和乐，熙熙然游于唐虞三代之世矣，曾皙之春风沂水，有其象矣，夫子志夫三代之矣，能不喟然长叹?!"

正因为孔子的"哂"，使得后来的人收敛，而这种收敛，居然成就了一场伟大的讨论，四个人的志向正好推进整合成了一幅圆满的礼治实现图，这未尝不是教育的意外之喜。

不胜人生一场醉

——关于范美忠的问答

问：范美忠有没有错?

答：范美忠错了，一开始错在本能，虽然脱离了职守，但考虑到这是人力不可抗拒的地震，尚可以原谅，只是显得可怜。但范美忠不以为意，反而公开发表言论，以启蒙者自居，则不仅可怜，甚而可鄙，终而可恶。及至后来，美忠招摇于媒体，兜售自己的观点，指点江山，冷眼嘲笑，则是可耻、可恨了。

问：范美忠说，谭千秋不是英雄，救人只是一种选择。

答：谭千秋是不是英雄，不是由范美忠先生来论断。鲁迅先生说："中国自古就有埋头苦干的人，有拼命硬干的人，有舍身求法的人，有为民请命的人，他们是中国的脊梁！"谭千秋在天崩地裂之际，舍生取义，用身体撑住讲台，护住讲台下的四个孩子，真可谓惊天地，泣鬼神。不错，谭千秋的确只是一种选择，但却是英雄的选择，他是新时代的脊梁和男人！

人固有一死，或重于泰山，或轻于鸿毛——千秋之死，重于泰山。

问：谁有资格批评范美忠？

答：谁都可以批评范美忠，因为范美忠挑战了人类的道德底线。乌鸦尚有反哺之情，非洲的河马老死之时，还要拖着沉重的步伐，远远离开同伴聚集的水源地，以保护种群生存的水源。而万物灵长的范美忠却扬言，为了自己活命，连老母亲也要丢弃。难道这还不能批评吗？

犯罪需要刑法制裁，道德利用舆论监督，所谓舆论监督，当然包括大众的舆论监督。错了就是错了，既然错了，当然人人都可以批评指责，这与批评的主体没有多大关系。

问：范美忠说，假如救学生是底线，我没有救学生，我触犯了道德底线，那么，谭千秋救了学生，也只是守住了道德底线，所以，谭千秋不是英雄。

答：老师有义务有责任组织学生求生，这的确是道德底线。所以，当谭千秋组织学生求生时，谭老师只是履行了道德底线而已。但当谭千秋舍己救人，为救助学生献出了宝贵生命，道德底线就转化为道德高标。因此，谭千秋是英雄，范美忠只能是跑跑。

问：范美忠很真实，很诚实，我们不能打击一个诚实的人。

答：范美忠的确很诚实，很真实。这一点值得称道，但他诚实地告诉我们，他连母亲也不会救。他也真实地做到了一言不发，弃学生而逃。由此看来，真，不等于善，也不等于美。真，有时候还等于丑陋。汉语中的"赤裸裸"，就是一个贬义词。

问：那么多大奸大恶，你们不批判，你们只盯着一个范美忠，这是典型的犬儒主义。

答：是的，确有很多大奸大恶需要清算。比如学校房子质量，比如先跑官员等等。但，事实就是事实，再大的大奸大恶也不可能抬高美忠的道德水准，范美忠，还是范跑跑，还是会遭到主流民意的谴责。就像故意伤人罪不可能因为故意杀人罪的存在，就可以开脱和变得无足轻重一样。

问：范美忠在《一虎一席谈》中说，你可以做谭千秋，但你没有权利要求我做谭千秋。

答：拜托，至今没有一个人要求范美忠做谭千秋，只是要求范老师逃跑时，能吆喝一声；只是要求范老师逃跑之后，不要宣扬逃跑有理；只是要求范老师逃跑后，不要再说为孩子牺牲的老师不是英雄，那不仅让逝去的英雄难以瞑目，也让他们的家人心寒。民众对范美忠老师的要求何其低也！

问：范美忠说，教师的待遇不高，权利和义务不对等，所以，老师没有为学生死的义务。

答：老师自然没有为学生死的义务，但老师绝对有组织学生逃生的义务。感觉到权利和义务不对等，范老师完全可以对这个职业弃之如敝屣。一个老师为学生而死，毕竟是特殊又特殊的情况，国家不可能因为偶发的风险，就特别给老师对等权利的保障。比如，战士要保卫国家，承担着很大的生命风险，战士的津贴何其低也。权利和义务不是更加不对等吗？更何况还是义务兵役制，连选择的机会都没有啊，而全世界很多国家都是这样。

问：谁动了美忠的饭碗？

答：第一，范美忠的朋友。正是他的一帮铁哥们为他两肋插刀，才使得网络的辩论越来越激烈。第二，是范美忠自己。如果范美忠不写“地动山摇”，如果范美忠道歉，如果范美忠最后不上媒体狡辩，范美忠肯定不会丢饭碗。第三，是郭跳跳们。正是因为郭的骂街，郭的逻辑低劣，才成全了范美忠的狡辩，本来一边倒的“倒范、骂范”，变成“援范、挺范”，使得范美忠的影响更加恶劣。而这，应该是范美忠丢掉饭碗的主要原因。

问：关于美忠被解聘。

答：学校自然有权解聘范美忠，但背后有没有行政命令，这就不得而知了。总之，范美忠为自己的所作所为承担了责任，虽然算不上思想烈士，但毕竟有点悲壮，让人同情。王后的“壹资金”有点搞笑，范美忠是断不肯接受的。

问：关于英模报告团。

答：我感动了，落泪了。他们都是真正的英雄，都从血与火中走来，红着眼睛，哑着嗓子，他们代表的不是自己，而是英雄的群体和团队，代表着一种神圣精神，一种悲壮的民族力量。他们的目的不是掌声，而是教育、呼吁、呐喊，让健忘的人民尽可能持久地关注……

一个没有英雄的民族是可悲的，一个有了英雄却不知道珍惜的民族更加可悲。

也许，正因为范跑跑背后还有一群支持者，才更需要这些英雄给我们当头棒喝。

寻找我们自己的“教育蓝”

这是APEC之后的北京，蓝天无影无踪，雾霾澎湃如昨。

这是2015年的岁初，行人裹着大衣，戴着各种各样的口罩，行色匆匆……每个北京人都渴望一场风，期待被风吹散的雾霾，会点燃一个梦幻春天。然后，春天花会开，蓝天碧如洗。

很多时候，我们习惯于把问题交给时间，交给自然，甚至交给风，而不是交给自己。

教育的雾霾也是如此。很多人埋怨教育体制，但却忘记了我们都是体制的一部分，比体制更重要的是我们自己。

这些年，我们一直在寻找治理教育雾霾的终南捷径，当我们拼尽全力找不到的时候，为什么不砸烂这一切重新创造？用我们汗迹斑斑的手，还有一颗从未失去理想主义的心？

我们有信心驱赶走雾霾，创造属于我们这个时代的“教育蓝”。

我们坚信，源头的石头改变河流的走向。

我们有一万个理由，保持着源头的清洁，会有尺码相同的有志者，接纳潺潺的小溪，汇聚奔腾的大河，奔向广阔无垠的海，黄河入海流。

我们坚信，没有人的课堂，是不道德的课堂。没有根的教育，是水土流失的教育。没有灵魂的教育，只能培养出乞乞科夫一样的“死魂灵”，绝不可能培养出具有核心品格和关键能力的一代新人。

我们真实，像一棵树扎根在这一块大地上，尊重事实，既接纳阳光雨露，也沾染雾霾灰尘，但却始终保持露珠一样的清澈。

我们科学，敬畏规律，始终坚持理性的力量，在教育荒漠化的板结之处，撬开一条缝隙，擦亮一点幽光。

空袋不能直立，思想造就伟大。但我们绝不愿意做空洞的思想领袖，我们还要做行动的巨人，披荆斩棘，逢山开路，遇水架桥，我们愿意用我们的血肉之躯，为中国教育趟开一条新路。

我们坚守底线，保持一个知识分子的良知，始终不放弃教育的理想主义，纵然撞上南墙，也不悔改。我们可以沉默，但绝不说谎。当星星都沾满灰尘的时候，我们愿意带上水桶和抹布，做一个擦星星的人。

没有方向，就不会到达。我们会和您——我们的兄弟姐妹，一起把握历史的进程，一同寻找教育的伟大力量。

请相信我们这个时代，仍然有一种信仰，请相信我们的专业眼光和把握时代、形成判断的能力，我们可以创造中国教育蓝色的辉煌。

乔治·布莱说：

“人的确是个场所

仅仅是个场所

精神之流从那里经过和穿越……”

那么，就让伟大的精神之流来得更猛烈些吧。

黄河之水天上来

——序黄厚江老师的《预约课堂的精彩》

恩师厚江先生《预约课堂的精彩》将出，嘱我写序。

我闻之，起而骇然，继而赧然，终而释然。

“骇然”是先生乃全国中语界力能扛鼎之人，三获江苏省教学成果特等奖，天下学子“云集响应，赢粮而景从”者众。先生嘱我写序，简直意出尘外。

“赧然”是我忝列黄门弟子，先天不足，后天懒惰。纵然我师耳提面命，迄今仍诸事无成，岂不愧惭？

“释然”是我思之再三，终于灵台透亮。我师以此种方式架我于火上，无非以大胸怀、大境界奖掖后进，鞭策后学。一念及此，我既如坐针毡，亦有如沐春风之感。于是，不揣浅陋，勉力如下。

诚然，黄师教育教学成果蔚为大观，汗牛充栋，但亦可以用两句话概括之。

其一，唯大英雄能本色。

本世纪以来，工具论者和人文论者纠缠不休，“工具论”者拼命夯实双基和鼓吹应用能力培养，导致语文教学越来越窄化；“人文论”者则死命倡导人文精神的熏陶，导致文本价值被极端漠视，其结果是语文教学越来越泛化。更多的语文名师，则埋头苦干，实行圈地运动，抢注各种新奇的语文主张，语不惊人死不休。

吴非老师曾专门撰文《力戒浮躁》批评此类现象：“创新不是为了出风头、抢风头。现在教育界总有些人巴结媒体，热衷于追求‘轰动效应’，一切为着出名。有些人成天想弄出点动静来，让全省知道，让教育部知道，或是让所有的同行知道。那样做必然背离教师的职责，背离教育的原则。”

在此追新逐异的时代，黄老师却突然冒出一句：“语文就是语文，把语文课上成语文课，用语文的方法教语文。”此论一出，满座寂然。盖因教育观念不在于新旧，而在于真假。何必猴子掰玉米，把好的东西都扔掉了，最后只能是两手空空？如同长坂坡张飞的一声大喊：“吾乃燕人张翼德也，谁敢与我交战？”

黄老师这一声断喝的场景，常常让我想起《口技》：“忽然抚尺一下，群响毕绝。撤屏视之，一人、一桌、一椅、一扇、一抚尺而已。”

我多次听黄老师的课，他极少用课件，娓娓而谈，兴发感动，生命流转。讲座则更是与多媒体绝缘，一张桌子、一杯清茶、一个话筒、一张嘴而已。

也不过是家常课，也不过是常识，但一支粉笔写春秋，这就是黄老师的英雄本色，至善至美皆简单，简单乃是宇宙的精髓。本色语文就是要剔除一切不属于语文的涂脂抹粉，还语文的本来面目。

所谓“把语文课上成语文课”，就是要“以语言为核心，以语文学习活动为主体，以学生语文综合素养提高为目的。”所谓“用语文的方法教语文”就是让“学生按照母语学习的规律学语文，教师按照母语教学的规律教语文。”

如此而已，岂有他哉？果真如此，夫复何求？

本色语文最大的价值在于语文教学的拨乱反正。在花花绿绿的语文中，黄老师成了那个指出皇帝是光屁股的孩子。他融合课程理解、课堂教学和教学评价等诸多方面，针对语文教学的异化做了大量的纠偏工作，勤勤恳恳，不知疲倦，这是对语文的热爱，也是对其信仰的坚守，而这一切非大英雄不能为。

我和黄老师多次促膝交谈，对他波诡云谲的人生故事感叹不已，自然也从中读出了他改革旧弊的动力源头。

鲁迅说：“童年的情形就是将来的命运。”很多东西人生的最初就已经写就，此后不过是被唤醒，想要改写，除非有更大的因果遭遇。

黄老师的父亲也是热血青年，他接受一位无名地下党员的命令，和村里几个青年一起加入保安团的反动救国军，其目的是伺机逃跑，拐回几条枪。结果该地下党员不慎被捕，被活活钉死在城门之上。虽然这个无名烈士并没有供出自己的同党，但黄老师的父亲和几个青年还是连夜逃回了老家。

“文革”期间，由于受到父亲牵连，从小就是孩子王、小老师的黄老师，居然没有被选为“红小兵”，居然被排斥在组织之外！这让自小就是风云人物的黄老师感到憋屈，天不怕地不怕的黄老师，异想天开，决定单干，你不带老子玩，老子也不带你们玩，于是独立成立了一个组织，自封为“总司令”。“红小兵”出去活动了，黄老师也带着人马煞有介事地活动了，而且规模越来越大。最后，因为活动的规划和路线图被一个孩子遗失，进而被人捡到并上交给有关部门，导致了这个组织被破获。

在学校大会上，随着校革委会领导一声大喊，把反动分子黄厚江押上台来……黄老师的童年消失了，那一年他只有13岁，他也成为中国“文革”中被批斗最年轻的“右派”。这么多年来，黄老师对开会最为反感，也最为不适，这是黄老师的伤口，也是他的冠冕。

无论如何，一个曾经被排除在组织之外的人，一定是敏感的，也一定是深刻的。他会有很多不相信的东西，也会对很多东西深信不疑。但有一条，一旦坚信一条路，他就会百折不回，撞上南墙也不回头。

黄师之大胆，之脱俗，之深思，之决绝就是如此。

比如要破除一切权威束缚，黄老师倡导我们大胆想，凡能思考的前人皆已思考，我们所能做的就是重新思考。这一思考，本色语文出来了，共生教学出来了，阅读教学系统化出来了，写作教学一体化出来了……

黄老师还告诉我们，人人都可做名师，倡导我们大胆做，怎么做？譬如每个学期认真研究两篇课文，上好两篇课文，这一点也不难吧？但钻到深处，磨到深处，不仅学会了一类文章上法，而且积累了属于自己的经典篇目。几年过去，任何人都无所不能，无所不会，无往不胜。

罗马最终是建起来的，名师也是练出来的。

其二，是真名士自风流。

由于诸多原因，黄老师读过的书并不多。这固然有一点遗憾，但并没有妨碍他成为语文大师，这似乎是一个悖论。

我常常思考这其中的缘由，答案其实很简单，是真名士自风流，无论什么也改变不了，更阻止不了。这是真名士的能量守恒定律，不在这条路上成功，就在那条路上任性。

黄老师的成功，首先要归于其人生的历练。这种历练，脱离了大的时代背景、大的社会环境，根本无法复制。就算让黄老师从头再来，他也未必愿意复制自己。人生之诸多偶然凑成今日之自我，人生诸多之幻灭成就今日之自我，怎不让人唏嘘？

其次是归于自我的解剖。人的发展方式因人而异，有人是向外扩张式发展，有人是向内聚敛式发展，黄老师是后者。人人皆可为尧舜，有为者当如是。黄老师从自我世界出发，不断深挖，始于自己，终于自己。因为与真实的自己在一起，因而也与大众在一起。

这条路其实是天才的路，艰难曲折，但又曲径通幽。

尼采就不读书，他摒弃了一切外在的杂音，只为倾听自己内心的天籁。李白也不读书，而且还对读书人竭尽嘲讽之能事，“鲁叟谈五经，白发死章句。问以经济策，茫如坠烟雾”。

我当然不是鼓励教师不读书，而是希望教师多读原典图书，读透了，读熟了，自然可以一通百通。譬如黄老师读《论语》，就读出了一部《论语读人》，读《红楼梦》，读《老子》，都有很多真知灼见。金克木有一本著名的书，书名就叫《书读完了》，其实不是书读完了，而是原典图书通透了，其他读与不读一个样。

真名士如青松：“狂风吹不倒它，洪水淹不没它，严寒冻不死它，干旱旱不坏它。”

真名士亦如翠竹，未出土时先有节，及凌云处尚虚心。

如今，“度尽劫波”“及凌云处”的黄老师又提出了语文共生教法。

共生教法最大的价值在于语文教学的守正出新。本色语文之后，黄老师名扬四海，但可贵的是，他不仅善于纠正一个旧世界，还善于构建一个新世界。

本色语文是拨乱反正，共生教学是守正出新；本色语文是教学主张，共生教学是教学主意；本色语文是理性思考，共生教学是操作指导。这两者互为支撑，又相辅相成。

但对绝大多数老师来说，操作指导或许更具有实战的意义。共生教学也有两句话：“用阅读教阅读，用写作教写作；在阅读中教阅读，在写作中教写作。”

阅读与阅读共生，写作与写作共生，共生就是共长，这是生命的发现，也是生命的又一次更新和成长。

在黄老师看来，共生的课堂，应该要精选一粒种子—长成一棵大树—伸开几根分枝—长出几片绿叶。

所谓，一粒种子，就是一堂课的逻辑起点，清晰的教学指向；长成一棵大树，就是由逻辑起点延伸出去的一条清晰的教学主线；几根分枝，既指主要教学环节的不同层次，也指不拘泥于“点”和“线”，根据具体教学情景和教学需要“旁逸斜出”的“节外生枝”；片片绿叶，则是指无论是主干还是分支，都必须追求鲜活的教学生成和教学细节，以使课堂生机勃发。

在黄老师眼里，课堂到了一定境界，就不仅是科学，是艺术，还是哲学。课堂的动与静、取与舍、放与收、进与出、内与外、点与面……一切都在方寸之间，飞花摘叶，皆可伤人。

最让人叫绝的是，这样的课堂虽然是家常的，可熟练操作的，但它又是生长的，鲜活的，充满能量的。

精彩之所以可以预约，正是来源于此。这不是自大的狂妄，只不过是成熟的确认。

从本色语文到共生教学，从理念建设到方法操作，黄老师还在前行，他油箱里的油还是满载，这实在让我们叹为观止。

真名士的风流，就在于他不仅能够勇立潮头，也能够扎根于地底，从泥土中生长出来，尚带着露水和青草的香味。

但愿这本书能影响到更多如我这样的凡夫俗子，从中窥见吉光片羽，从而获得一些学科的资本和尊严，能够在自己的园子里安身立命。

黄河之水天上来，奔流到海不复回。向黄老师致敬！

是为序。

这些人为什么不厚道

北京供暖的第一天，我的嗓子就哑了。但我万万没想到，这一哑就是几个月，于是，每天买梨就成了我的新常态。

常常买6个梨子，吃两天。价钱不可能那么巧，都是整数。找零凡1块钱以下的，我从来都不要。我怕小钱在口袋里鼓鼓囊囊的，也怕硬币叮当作响。一开始，老板有点惊诧，慢慢也就习惯了。

在家里的时候，我买菜也还价，但我还价，常常让我爱人哭笑不得。比如某个菜三块七一斤，我就说，好了，少废话，就四块钱一斤吧，好算账。有时候，他还想找零钱，我扭头就走。不是我大方，我怕麻烦，我喜欢一个人待在阳光下，旁边就是玉兰花，捧一本书，一会儿就闻到厨房里扑鼻的香味。

昨天晚上，我又去买梨，同样的店，同样的老板，我们早已熟识了。我买了6个梨，结果显示20.2元。我翻遍口袋，零钱只有20元。但老板并不发话，只等着我掏钱。我不得已给了他100元，他居然找了我79元。

我以为他小气，连2毛钱也一定要，原来他是把2毛钱直接算成1块钱了。但我今天偏不，我说，不行，你还要找我8毛钱。他找了找，零钱不够，我还是不放过，那就塑料袋给我两个。

我之所以较真，是因为我生气了。有时候，在中国，你甭想通过善良获得别人的善良，通过友善获得别人的友善。善良是无能的标签，友善是好欺负的对象。很多刁民因为从来没有过自尊，你尊重他，他反而极不习惯。一旦觉得你好欺负，人家就会摁住你，往死里欺负你。

很多年前，我有过一次惨痛的教训。

那时候，我从安徽调到江苏，妻子和孩子先走了，我断后，处理一些余下的事。那时候还是集体分的房子，我一走，房子就被人家拿回去，所有漂漂亮亮的装修，一分钱都拿不到，很多东西都带不走了。

电费早就结清了，因为是和学校结。但水费却是要和街道结。我可以一走了之，让后来者交一点水费，象征性地惩罚惩罚他。但后来，我还是决定清清爽爽地走，人家不仁，我们不能不义。

打电话去自来水办公室，很快来了两个人。听说我要搬走，一个家伙慌忙给另一个家伙打电话，让他不要上来，他下去，有事。我看他鬼鬼祟祟的样子，有点狐疑。等他下去了，我也下去了。就在我门前，两个家伙商量，要敲诈我一笔。我就像林冲，在山神庙里，门外就是大雪，就是害人的陆虞候……后来，我不好意思，先回家了。果然，一会儿那人来了，说刚刚查了水表登记册，我们家已经2年没有交水费了，一共用了1800吨水。

我其实并不知道1800吨水是要多少钱，我只记得2个月前我刚刚交了水费。后来我们就僵持，我问所有的人家都是2个月前交的水费，为什么我们家2年没有交。他说是因为“非典”的缘故，还有多次来我家，都没有人。

真是岂有此理！我让他们拿账本来，有账本我就交钱。那两个人又去商量去了，就是不拿账本，就是要敲诈我。

我下了狠心，虽然家里搬家，已经一团糟，好在我们还没有把垃圾清理出去。只要我发誓找，还是能找到发票的。我就开始找，找，找。我不是为了水费，就是为了一口气，否则我死不瞑目。

我几乎把家里一切都翻遍了，最后，在一个废弃的茶叶筒里居然找到了。我仰天大笑，老天不负有心人。当我拿出证据的时候，那两个家伙不仅不羞愧，嘴里居然还不干不净，最后悻悻而去。

终于把这两个家伙打发走了，我想起了老毛的诗歌——送瘟神。这个意外的小插曲，无意中稀释了我对背井离乡的伤感，也算一大贡献。

后来，我读到娄师德唾面自干的故事，才算眼界大开。

娄师德官至唐朝宰相，其最大特点就是事事忍让。后来，娄师德弟弟被任命

在教育部基础二司借调期间，登北京妙峰山

为代州刺史，兄弟离别之际，娄师德忧心忡忡，问："我坐在宰相的位置上，你现在又要去当州官，我们兄弟二人可说是鲜花着锦之势。但是，我们荣宠过盛，必定有人暗自忌恨我们，对此你有什么对策吗？"

弟弟耳濡目染，也不简单，马上跪在地上说："我是这样打算的，假如现在有人往我脸上吐唾沫，我一定会自己擦干净，决不为此和人计较。请哥哥指点，这样做行不行？"

娄师德听完，非常担心："你的做法正是我所忧虑的！"

弟弟急着问怎么办。

娄师德说："怎么办？我的意思是不擦！你想啊，别人好不容易把唾沫吐在了你的脸上，你却一擦了之，别人的快感还从何而来？别人没有了快感，那他一定还会继续忌恨你的。我建议，别人往你脸上吐唾沫，你不应该自己擦掉，而应该等待自然风干。在这个过程中，你还应该保持微笑！"

这就是唾面自干的故事。

娄师德告诉我们，和小人我们千万不能认真，一认真，我们就输了；一生气就更输了。真正的做法应该是可怜他们，悲悯他们。想一想，这些人阴暗的心里没有能够承载美好和阳光，他们整天活在算计和嫉妒的烈焰中，多么可怜，多么可悲，多么可笑。如果我们不能让他们获得一些快感，不是太没有人道精神了吗？

杂谈——不做教书匠

“你向何处去？”

“我不知道……我只是由此出发。由此出发，我才能抵达我的目的地。”

“这么说，你是知道你的目的地在何方？”

“是的，我没有告诉你吗？由此出发，就是我的目的地。”

——卡夫卡《我的目的地》

谁此时没有房子，就不必建造，
谁此时孤独，就永远孤独，
就醒来，读书，写长长的信，
在林荫路上不停地
徘徊
落叶纷飞。

——里尔克《秋日》

四大名校批判

当前有四大名校，每每提起，都让人血脉贲张。

河北衡水是一所高中，截至2006年高考，获全省六连冠。进了衡水中学，就等于半条腿迈入了一流名校。毋庸置疑，衡水中学是河北省的带头大哥，撼山易，撼衡水中学难。

江苏栟茶高中是一所乡镇中学，但愣是用小米加步枪战胜了美制的坦克大炮。每年高考华山论剑，栟茶高中都是唯一赢家，此外别无分店。南大的录取通知书不是一封封地邮寄，而是由南大副校长专程送达。

江苏洋思是一所初中，但却创造了洋思模式，这个模式前几年席卷神州大地，所到之处，狼烟滚滚，人仰马翻。考虑到这是一所初中，还没有触动高考的神经，就已经让南京的学子削尖了脑袋，从城市走向农村，“立根本在洋思中”，与苏北农村学子，同甘共苦，浴血奋战。简直让人叹为观止。

时代呼唤英雄，当这几所学校，“各领风骚一两年，至今已觉不新鲜”的时候，山东杜郎口旋风般地崛起，横扫一切牛鬼蛇神，终于一统江湖，九九归一。所有学校都唯杜郎口马首是瞻。杜郎口中学轻轻扇动一下翅膀，中国教育界就掀起了一场风暴。

最可怕的是，这样的造神运动至今还在进行之中，但是，就连杜郎口的校长崔其升自己也说：“杜郎口中学现在名气这么大，说白了无非就是应试搞得好，能在全县叫得响。”

其实，可爱的崔校长只是揭示了一个常识。我们还都明白一个常识得多的常识，那就是这四大名校，最能抓住校长们眼球的，让他们趋之若鹜、狼奔豕突的，还是升学率。

素质教育轰轰烈烈，应试教育扎扎实实，两者相安无事，相互共存，这也算是中国特色。很多年前我们都在唱：“东方红，太阳升，中国出了个毛泽东，领导人民得解放，他是人民的大救星。”而那个时候，《国际歌》也正盛行啊：“从来就没有什么救世主，也不靠神仙皇帝，要创造人类的幸福，只能全靠我们自己。”这两首歌一直在一起和谐共处了20多年，但却并行不悖。

河北衡水的号召是：“素质教育的重点在于课堂教学，培养学生的各种能力主渠道都在课堂上。”于是决战高考，变成了决战课堂，课堂上炮声隆隆，车轮滚滚，血肉横飞，一将功成万骨枯。衡水提出：“要把每一节自习都当作考试来对待，把每一次考试都当作高考来对待。”据说，这“代表着最广大的考生利益，代表着最迫切的人民需要，也代表着最落后的教育诉求”。育人成了空壳，教书成了教考试，教考试成了教高考。“高考好，才是真的好。”于是，名来了，利来了，一切的一切都来了，唯一的例外，就是教育走了，并且渐行渐远。

江苏栟茶中学，不愧有百年乡镇中学的历史，充分发挥了工业化革命的特色，提出的口号是：“起点低，切口小，容量大，气氛活，达成高。”教育永远与口号无关，栟茶中学的教育宝典，甚至连口号也不是，只是一个典型的车间生产的操作指令。翻译过来就是简单训练、重复训练、大容量训练，让学生变成熟练工人，同时刺激学生的脑神经，对题海中的各种题型产生条件发射，从而战胜高考。然而，问题就在这里，这种落后的、作坊式的学习方法，不仅是有效的，而且是高效的。这既是我们教育的悲哀，也是高考命题者的弱智。栟茶中学的成功，在于他们的身体力行——揪，死揪，往死里揪。

江苏洋思初中，第一个提出数字模式：实行“4+36”模式，“每堂课40分钟”，“一堂课只讲4分钟”，“先学后教，当堂训练”。洋思经验似乎注重了学生自学能力的培养，注重了课堂效率的提高，和新课程还隐隐呼应。但实际上它改革的落脚点还是考试。在这个模式中，隐藏着这样几个认定。第一个认定是，不论学科特点，不论学生差异，不论教师个性，“4+36”模式可以包治百病，一棍子打死，它就像如来佛，什么也逃不出自己的手掌心。第二，就是一切都是可以训练的。先自学，再点拨，再训练，再反馈，再训练，再达成，最后所有的学生都成了熟练工人。

然而，素养可以训练吗？情感可以训练吗？人文思想可以训练吗？优秀品质可以训练吗？而这些几乎是教育的灵魂，教育如果失去了这些灵性的、温度的、文化的滋润，很可能会形销骨立体无完肤。

为了达成，洋思强制要求“堂堂清、日日清、周周清”，一清到底。“教不会练会，练不会考会，考不会就只有被清退”，你不能清学生，就只有自己被清退。这是教育中的丛林法则。

杜郎口旋风，实行“0+45”模式，实施“三三六”自主学习模式，让“学生动起来，课堂活起来，效果好起来”。

前一个“三”，指的是“立体式、大容量、快节奏”；后一个“三”，指的是“预习、展示、反馈”三大模块；“六”，分别是“预习交流、明确目标、分组合作、展现提升、穿插巩固、达标测评”六大环节。其实质就是把时间夯实了，抓住了每一分每一秒，并且在单位时间里，让学生保持精神紧张，让机器高速运转。“两眼一睁，开始竞争；两眼一闭，不忘记忆。”这就是杜郎口的成名要诀。

教育，是慢的艺术。卢梭说，“最重要的教育原则是不要爱惜时间，要浪费时间”，因为“误用光阴比虚掷光阴损失更大，教育错了的儿童比未受教育的儿童离智慧更远”。满足孩子的天性，就是最好的教育。所以，教育要永远相信种子和岁月……

然而今天，这一场时间的敲诈战，正在这四大名校演绎得淋漓尽致。我这里有衡水中学和洋思初中的两张作息时间表，很好地说明了洋思神话是建立在什么基础上。当然对“抓高考要抓出血来”，也就有了切身的触摸。

衡水中学作息时间表

5：30起床

5：45早操

6：00—6：30早读

6：30—7：10早饭

7：10—7：35早预备

7：45—8：25第一节

8：35—9：15第二节

9：25—10：05第三节

10：05—10：30课间操

10：30—11：10第四节

11：20—12：00第五节

12：00—12：45午饭

12：45—13：45午休

13：45起床

14：05—14：45第六节

14：55—15：35第七节

15：35—15：55眼保健操

15：55—16：35第八节

16：45—17：25第九节

17：35—18：15第十节

18：15—18：50晚饭

18：50—19：10看新闻

19：15—20：00晚一

20：10—20：55晚二

21：05—21：50晚三

21：50—22：10洗漱

洋思中学作息时间表

起床：

洗刷：5：40—5：55

晨跑：5：55—6：00

晨读（一）：6：00—6：20

早饭：6：20—6：40

晨读（二）：6：40—7：15

第一节：7：25—8：10

第二节：8：20—9：05

课间操：9：10—9：25

第三节：9：30—10：20（含眼保健操）

第四节：10：30—11：15

午饭：11：15

午间辅导：12：30—13：20

读报或写字：13：25—13：45

第五节：13：55—14：45（含眼保健操）

第六节：14：55—15：40

第七节：15：50—16：35（有时是活动，有时是自习）

第八节：16：45—17：30（自习）

晚饭：17：30

晚自习：19：00—21：00（21：30）

因有三分之二的学生是借读生，洋思初中每两周休息1.5天。

在时间的重压之下，老师们满地黄花堆积，也就不足为奇了。毫不夸张地说，教师已经是高压人群、高危人群了，他们普遍精神紧张，神经紊乱。衡水高中大力宣扬，要把学校建设成“精神特区”，要求教师做到“四个远离”：远离庸俗、远离铜臭、远离低级趣味、远离正常生活。最后一个不是倡导，早已是铁的事实。教师已经不是一个正常的群体了，在水深火热的应试压迫之下，我们教师拼体力、拼视力、拼头发，拼得遍体鳞伤，浑身是病。想想看，一个不正常的教育群体，还能把学生引到哪里去？

最要命的是，近些年来的魔鬼教育，已经让所有学生产生了巨大的恐惧，高考一结束，所有学生都胜利大逃亡，再也不愿意回到中学里来了。最直接的后果是，没有一个优秀学生愿意报考师范。没有一个学生报考啊！

教育，决定了一个民族的未来，而把一个民族的未来，寄托在一个已经平庸，并将更加平庸的群体之上，这或许是中国恶性教育带来的最大危害。

中国教育缺什么

多年来，我国教育一直饱受诟病。而且每过几年，就要经历一次痛苦的调整或变革，然后别无选择地轮回。那么，中国教育到底缺什么，这是每一个有良知的教育工作者无法回避的话题。

我个人认为中国教育至少缺四样东西。

一、缺哲学支撑

在课程设置上，几十年来，中小学没有严格意义上的哲学课，我们的教育失去了哲学关怀和支撑。不能设想，没有哲学课对教育意味着什么。毋庸置疑，在人类的教育体系中，哲学是最基本的母体和最伟大的模本。它引导人们怎样认识世界，解读人生，认识自我；更重要的是扶助我们跟历史上的文化精神和文化财富沟通、接纳和吸收。教育从来都是与哲学的发展紧密相连的。或者说，教育以哲学为背景，以哲学作为主要的方法论，同时，哲学又次第引导教育走向成熟与科学化，并进而形成独特民族文化背景中的具有共性与个性兼容的教育。哲学和教育互相补充，相得益彰。哲学追求的是：对永恒的理解。它要完成的是：对信仰的铸就。因此，哲学的价值只有在人的精神建设中才能实现，而人类精神文明也只有在哲学的关怀下才能得到最集中的体现。

然而，反思我们的教育，看上去蔚为大观，一个浪潮接着一个浪潮，今天学这个，明天学那个……只要看到一个新的东西就好像发现了一片新大陆，然后慌不择路，趋之若鹜。我们的一些教育改革，往往是头痛医头，脚痛医脚，就事论事，我们所有的教育补救都是治标而不是治本。究其原因，除了教育的短视之外，更重要是由于哲学背景的缺失和紊乱，导致我们教育选择的摇摆不定和莫衷一是。无数次教育浪潮，冲击着缺少哲学关怀的教育意识，并且深刻地提示我们：一种根植于民族文化之中的哲学，应该占据着引导教育及其他相关门类的重要地位，主宰或者左右着教育在一种哪怕是相对宽泛的河道里前进。

没有哲学课，对我们的精神生活，甚至我们民族的文化想象力和文化发展，都有致命的伤害。没有哲学，我们缺少对外部文化和整个世界的基本认知和理解。我们的精神资源严重匮乏，很多宝贵的文化财富，无法转化为我们内在的精神血脉。因为我们没有一个基本的价值判断作为枢纽将它转化过来，我们因此对世界缺乏一种基本认知，完全被一种自我封闭的小农意识形态所窒息。更为可怕的是失去了哲学支撑，势必隔断我们民族和整个世界的精神联系，并且极有可能矮化和侏儒我们民族的精神品格，切断我们和博大精深的传统文化与丰富多彩的世界文化的脐带，我们必将会在精神极度贫乏中老去。

二、缺梦想牵引

记得俄国文学史上的多余人形象——奥勃洛摩夫，一辈子都在睡觉，连做梦的时候，都梦见自己在睡觉。当时，我觉得可笑，现在却感到可悲。因为我们很多学生现在连做梦都不会了！

因为他们完全失去了自己，成了应试的奴隶，考试的工具！

其实最完美的教育就是鼓励学生做梦，然后帮助学生实现自己的梦想；而最重要的教育过程无非就是帮助学生“认识你自己”，然后“成长为你自己”的过程。

然而，我们的教育口号却是：让学生成为“国家的栋梁”。为了明天让少数人达到这种目的，我们不惜让大多数人今天苦苦挣扎在题海与试卷里。

世界是丰富多彩的，孩子的梦幻也是五颜六色的，我们为什么不张扬学生的个性，让梦想牵引孩子发展呢？让青草长成青草，并进而覆盖大地；让玫瑰长成玫瑰，并进而带来芬芳；让橡树长成橡树，并成为实际意义上的栋梁。这有什么不好呢？

一个人的精神是要有一点底子的，这个精神的底子应该是浪漫主义和理想主义的。鲁迅虽然运交华盖，却也不愿“把自己的痛苦传染给那些正做着好梦的青年”。别林斯基更是说：“年轻的时候应该追求虚幻的东西，不能过早地把人培养成太现实的人，要敢于做梦。”在人成熟之后，美梦破灭，但精神在破灭中升华，这样才能达到永恒的精神和谐。因此，中学教育应当提倡理想主义和浪漫主义的亮色，有了更多的亮色，在遇到沉重的黑暗时，才不至于走向毁灭。青少年时期，一定要为真善美的梦想追求打下底子，否则，以后任何时期的教育都难以补偿。

然而，我们现在的学生过于懂得现实，过早地面对世俗丑恶，过早地学会世故，这是很可怕的事。由于缺少一种信念，一种追求，一种终极关怀，缺少一种精神砥柱，我们的学生会因为缺少内在的骨骼支撑，在现实前行中猝然跌倒。

三、缺智慧浇灌

1884年，英国哲学家斯宾塞发表文章《什么知识最有价值》，他认为：“最有价值的知识是科学，因为它直接关系到我们的自我保存。”这个命题具有极大的美丽性和蛊惑性，几乎引领了一个时代的科学教育和技术创新。

然而，衡量一种教育任务，不仅要用社会的尺度，看它能否为社会培养有用的人才，更要用人生的尺度，看它是拓展还是缩减了受教育者的人生可能性。

可是，我们现代教育追求的却是与智慧无关的知识，一个显而易见的道理遭到了漠视，那就是知识并不等于智慧。教育的真正目的不是培养有学问的人，而是造就能干的人。它使人通过认识自己，而趋向那绝对的善，为此，人类要不断爱护智慧，追求智慧。因为智慧能照亮人的心魂，实现人心灵的转向。但是对知识的狂热追求以致淹没了对智慧的渴望，教师辛苦工作，只是让学生学习大量的考试之后很快就遗忘的知识，学生努力学习并不是为了获取自身的最佳发展，而是为了得到他人看重的考试成绩。可以说我们现在所有的知识堆积和技巧训练，都与智慧无关。但由于教育政治化和工具化的压迫，由于社会的评价机制和考试机制的制约，我们所有的人都对教育的弊端集体无意识，并且自觉地维护。这不仅是学生的悲哀，也是教师的悲哀，更是我们教育的悲哀。

理想的智慧教育，应该是一种有灵魂的教育。它意味着一棵树摇动另一棵树，一朵云推动另一朵云，一个灵魂唤醒另一个灵魂；它意味着追求无限广阔的精神生活，追求人类永恒的终极价值，智慧、美好、公正、自由、希望和爱，以及建立与此有关的信仰。真正的教育理应成为负载人类精神终极关怀的有信仰的教育，它的使命给予并且塑造学生的终极价值，使他们成为有灵魂有信仰的人，而不是热爱学习和具有特长的准职业者。

四、缺教育情怀

我这话并非空穴来风，我最基本的一个判断是：现在最有思想、最有学问、最有才华的人几乎都不当教师了。而在中国近代史上，几乎所有的大家都曾经屹立在讲台上，给我们输送着最完整、最丰富、最鲜活、最有生长力的精神食粮。

当然，我不怀疑现在中国有很多教育大师，但我怀疑这些大师里有多少人具有真正的教育情怀。所谓教育情怀，应该是对教育的一种痴迷，一种疯狂的热爱，一种虽九死其犹未悔的执着。每个真正的教育者都要有这种姿态，这种品格，这种人文情怀。

教育绝对不是饭碗，不是差事，甚至也不是职业，而应该是一项伟大的事业。因此，教育需要梦想家和诗人来经营，需要信徒和殉道者来朝圣，需要肉体的投入、灵魂的参与、精神生命的支撑；教育需要乌托邦，需要田园牧歌式的价值追求；教育需要抗争疏远自然、脱离生活和缺乏诗意的种种弊端，才能引领儿童回归田园，融入生活，激活其野性思维和原始生命力量。为此必得有人将自己摆放在献身乌托邦的祭坛上。

因此，如果你选择了在黑板前的站立，你就选择了一种永恒的姿势，一种使命，一种默默无闻光明磊落的情怀。

假如学生是乌鸦

一只乌鸦口渴了，到处找水喝。乌鸦看见一个瓶子，瓶子里有水。

可是瓶子很高，瓶口又小，里边的水不多，它喝不着。怎么办呢？乌鸦看见旁边有许多小石子。它想出办法来了。乌鸦把小石子一颗一颗地衔来，放到瓶子里，瓶里的水位渐渐升高了，乌鸦就喝着水了。

——《乌鸦喝水》

这个故事流传很广，几乎遍及整个世界。那只濒临渴死的乌鸦，将小石头一颗颗放入瓶中，终于喝到清甜的水，保住了性命。这个故事的寓意在于阐述——需求是创造发明之母。

但我突然有一个联想，假如我们的学生是乌鸦，我们老师应该扮演什么样的角色？纵观现在的教师队伍，他们可能会采用这样一些方式。

第一种是灌输式。

老师特别负责任，早早地“备好课”，想好了办法。在乌鸦还没口渴的时候，不管三七二十一，一只手搬起瓶子，一只手捏住乌鸦的脑袋，开始灌水。而且是“立体式、大容量、快节奏”地灌水，可怜的乌鸦，眼睛里、耳朵里、鼻子里都是水，就像一个水鬼。最可气的是，这种老师不仅灌输，还要不断地反馈，看看乌鸦究竟喝得怎么样了。结果乌鸦得了“喝水恐惧症”，一见到水就害怕。

第二种是诱导式。

老师有头脑、有想法，会循循善诱地诱导乌鸦：“乌鸦，我告诉你，过一会儿你就会口渴的……怎么样，你现在口渴了吧？难道你还没口渴吗？你怎么能不口渴呢？要知道喝了这种金水，将来是可以飞进清华园去，飞到未名湖里去的。”等到乌鸦真的感觉到口渴了，老师终于撕开画皮，说：“好的，乌鸦，来吧，我喂你喝水。”嘴里还要嘀咕：“谁让我是太阳底下最光辉的人，我不喂谁喂？”

第三种是启发式。

这些老师往往属于身先士卒型，先做战前动员：“乌鸦们，今天我们的任务就是喝到眼前这瓶子里的水，当然会有很多困难，但我无限相信同学们的潜力。面包会有的，水也是一定能喝到的。”

《取水歌》，我们预备唱：“喝了咱的水，上下通气不咳嗽；喝了咱的水，滋阴壮阳嘴不臭；喝了咱的水，一人敢走青杀口；喝了咱的水，见了皇帝不磕头……”

这样一唱，乌鸦更是口干舌燥，说："老师，能不能不唱了，我口渴，想喝水。"

但老师的火候拿捏得非常到位，这时候他还不出手。

夫子的"不愤不启，不悱不发"绝对是他们的操作大纲和行动指南。等到乌鸦"心求通而未得之意尽显，口欲言而未能之貌全出"，渴得奄奄一息时，老师终于跳出来："乌鸦们，看好了，老师是怎么做的。"于是，老师很优雅地把一颗一颗小石子丢入瓶子里去。中间老师还要停下来，问："乌鸦们，现在你们看看，水发生了怎样的变化呢？如果我们再投石子，结果还会怎么样呢？"后来，乌鸦终于喝到水了。

后来的后来，老师把瓶子里的石子全部倒掉，又弄来了半瓶子水，说："同学们，你们自己再试试看？"乌鸦一颗一颗把石子往里丢，丢到最后，水终于漫出来了，可乌鸦仰天大笑，兴味索然，一滴水也没有喝。

第四种是体验式。

老师们一般都高深莫测，躲在眼镜后面的眼睛贼亮贼亮的。他们决不动手，只做智力上的提供者。一般的指令是："孩子们，你们把那些小石子投入瓶子里，看看会怎么样？"

乌鸦开始投了，一颗，一颗，水渐渐地涨起来了，乌鸦的脸上有了笑容，终于喝到了水。可乌鸦一点也不觉得自己的伟大，只觉得老师伟大，什么都在老师的掌握之中，一切都在老师的眼镜片之后。老师这个时候，悠闲地出场，让乌鸦们交流他们的体验、他们的感触，他们在这个过程中学到了什么，情感啊，态度啊，价值观啊，有了哪些更新和变化。

第五种是个体探究式。

老师先帮乌鸦界定了他现在确实很渴，很想喝水，但又实在够不着。然后，老师让乌鸦弄清喝水的障碍是什么，再一步步解决。

乌鸦开始想了，之所以喝不到水，是因为瓶口太小，自己的脑袋太大，头不能伸进去喝水。之所以要伸进去，是因为瓶子里的水太少了。乌鸦开始探究，能不能把瓶子的口弄大，用石头砸，不大可能，危险性太高。能不能把自己的脑袋弄小，这个成本又太高。能不能把瓶子抱着喝，也不行，那些是人之所为，人家是乌鸦。能不能把水倒下来喝，也不行，水只会渗到沙子里去。最后，只剩下一个问题，能不能把水平面抬高。乌鸦先向瓶子里投羽毛、丢树叶，发现它们全浮起来了，原来它们都太轻了。乌鸦于是想投重一点的，于是选中一块大石子，好容易搬过去才发现，它像自己的脑袋一样大，也不能投进去。后来，乌鸦明白了，只投小石子，一颗一颗地投进去，荡起一圈一圈的涟漪，乌鸦的心里也是心潮澎湃。终于水平面抬高了，乌鸦通过自己的探究解决了喝水问题。

乌鸦喝到了水，获得了成功的体验，乌鸦还发现自己喝到的水是甜的。

第六种是合作探究式。

老师前面的预热和第五种没有什么两样，只是让乌鸦们合作探究。当乌鸦们找到方法之后，你丢一颗小石头，我丢一颗小石头，一会儿工夫水就满了。然后，互相谦让，喝起水来，享受他们自己的劳动成果。

在这个过程中，他们不仅探究了解决问题的办法，而且谋划了性格和人生，就算失败了，也会收获友谊和眼泪。人就是这样慢慢地成长起来的，而教育的本意不就是成长？

一直很欣赏结构主义的一句话，世界不是由物构成的，而是由物与物之间的关系构成的。探究是对事物关系的研究和解析，合作本身又是新关系的建立，这是一个多么美妙的过程。这样看来，乌鸦喝水，又岂止在水？

东西方民间文学中爱的差异

东西方生活差异很大，而文学是生活的反映，当然文学的差异也很大。借助文学的推波助澜，很多生活又逐渐积淀下来，成了文化，进而又形成了一种民族文化心理。

研究东西方的民间文学中的爱情，比较这种民族文化心理，非常有意思。

中国的民间文学中的爱情，一言以蔽之，癞蛤蟆吃上天鹅肉。

中国古代，皇帝一个人三宫六院七十二妃嫔。皇帝占着茅坑不拉屎，吃着碗里，护着锅里。皇帝当然只有一个，物以稀为贵，就让他淫乱好了。关键是其他的大臣、小臣、员外、庄主、老爷等等，也都妻妾成群。正因为这一部分人的多吃多占，进一步造成了男女比例的严重失调，一些穷苦人根本讨不上媳妇。

但是，谁不想讨老婆。白天劳累还好，晚上长夜漫漫，睡不着，就仰望星空，开始想啊想，幻想天上掉下个林妹妹。就这样，《天仙配》就诞生了。

有时候，在田地里劳动，男人还在想女人，偶然看到一个田螺，在旱地上干涸，就想着要救它。沉迷在爱情想象中的人总是美好的，也许在心里幻想这个田螺来报答自己吧。结果，田螺真的变成了一个姑娘，以身相许。

还有一个穷苦青年，家里非常贫困，根本娶不上媳妇。他家有一幅画，画上有一个美丽的姑娘，他就只有盯着画像解馋，做梦都希望画像里的姑娘走出来，和自己结婚生子。结果，姑娘真的走出来了，和他吉祥三宝，成为幸福的一家。

还有那个许仙，偶然间救了一条小白蛇，替她细心地治好伤，却原来是白素贞，后来也成了一段姻缘。白素贞成了白娘子，还帮助许仙弄了一间门面，开了一个药铺。

……

中国这样的故事不知道有多少，但情节大同小异。归纳起来，有几个特点。第一，所有的男人都很穷，否则早娶上老婆了。第二，所有的男人都笨歪歪的，根本不是女人喜欢的那种，活该打光棍。第三，恋爱中，都是女人主动进攻，投怀送抱。

因为这样的男人实在是没有自信、没有竞争力的，所以，他们都幻想女人主动进攻，而他们照单全收。越是最低等的男主人公，故事就越能给人希望。

但是，因为现实的生计问题，他们又幻想七仙女会织布，这样男耕女织，小日子才能过得下去。

而田螺姑娘是只喝水，不用吃饭的。那个画中人，更是滴水都不要沾的。只让男人行使他们的权利，却又无须支付任何代价。

反观西方的民间故事，和中国大相径庭。一言以蔽之，王子娶走灰姑娘。

西方没有中国的一夫多妻制，男女比例没有失调，只是攀附现象比较严重。

所以，更多的是灰姑娘和王子的故事。

无数的灰姑娘，穿着水晶鞋，期待着王子坐着马车，把她们接回王宫。安徒生童话和格林童话中，有太多这样的故事。时至今日，还有戴安娜和查尔斯王子的故事在不断地上演。

但若仅仅把灰姑娘看成女性对幸福的追求，未免太狭窄了。实质上，灰姑娘反映了下层人民改变自身愿望的一种向往。比如安徒生笔下的丑小鸭、灰姑娘等，都可以看成安徒生自身的象征。在他的创作生涯中，他也确实多次迫切希望获得王室的承认。

因为西方的文化中，皇帝总是愚蠢的，国王总是阴险、狡诈的，而王子的形象却总是年轻的，英俊的，阳光的，宽厚的，仁爱的。因此，老百姓就把改变命运的希望寄托在王子身上，期待着仁爱的王子，用新政带领人民走出困境。

中国人却并不相信皇权，更不相信太子。因为中国的孝道和政权的延续性，太子总是要听命于皇帝。在中国这样的君主专制的国家，统治者金口玉言，唯我独尊，普天之下，莫非王土，率土之滨，莫非王臣，把希望寄托在他们的身上，无异于与虎谋皮。那么，与其相信太子，不如相信鬼神和命运吧。

教师的人格力量

钱钟书先生曾说，学生对老师的所谓崇拜倾倒，有“拜倒于”和“拜之倒”两解。前者是发自肺腑的实事求是，但不利于学生的顶真而上；后者是不负责任的瞎吹捧，这种瞎吹捧，最容易让供奉老师的神龛轰然倒塌。

可能也有这个原因，钟书先生常常表现出对老师的不敬，甚至是大不敬。

当年赫赫有名的钱钟书，以英文满分的成绩考入清华大学，成为中国比较文学先驱吴宓的得意门生。少年得志的钱钟书，狷狂耿介，英气逼人。他上吴宓先生的课，基本上不记笔记，边听边玩，有时画画，有时练练书法，压根就没把吴先生放在眼里。但每次考试，钱钟书总是名列前茅。吴宓对这个恃才放旷的学生推崇有加。当年北宋文坛盟主欧阳修对苏轼赏之再三，大呼避路。《与梅圣俞书》记载："读轼书，不觉汗出，快哉，快哉！老夫当避路，放他出一头地也。可喜，可喜！"吴宓对钱钟书就有这种味道。

吴宓曾私下对人说："当今文史方面的杰出人才，在老一辈中要推陈寅恪先生，在年轻一辈人中要推钱钟书。他们都是人中之龙。其余如你我，不过尔尔。"他对学生钱钟书的推崇，岂止让他出一头地，简直到了自贬的程度。

钟书毕业之后，清华校长冯友兰想让钱钟书直接攻读清华外文系研究生，孰料钱钟书一口回绝，并且狂妄地说："整个清华，叶公超太懒，吴宓太笨，陈福田太俗，没有一个教授有资格充当钱某人的导师！"这话传到吴宓的耳中，吴宓也只是微微一笑，淡淡地说："Mr. Qian的狂，并非孔雀亮屏般的个人炫耀，只是文人骨子里的一种高尚的傲慢，这没啥。"

这是钱钟书对吴先生的第一次伤害，吴先生把它当作蛛丝一样轻轻抹去，但后来的一件事却让吴先生大为恼怒。

事情还要回过头来，当年吴宓在清华读书时，最好的朋友是朱君毅，两人情同手足。后来，吴宓和朱君毅一同赴美国深造。在美国读大学时，朱君毅与表妹毛彦文自由恋爱并订婚。毛彦文明艳不可方物，吴宓也对她大有好感。后来朱君毅移情别恋，吴宓就开始追求毛彦文。吴宓对毛彦文情感浓烈，一片痴情，苍天可鉴。

1934年，吴宓追求毛彦文，已至化境，以至迷境，以至绝境。"海上繁华是浊流，郊园风物美清秋……痴情我便终身待，揽镜君当念白头。"《海上》等诗表明吴宓对毛彦文的追求已达高潮，但毛彦文最终还是没有选择吴宓，而是嫁给了前北洋政府总理熊希龄。吴宓的一生坎坷也随着他的爱情悲剧缓缓地展开。

毛彦文另嫁对吴宓绝对是沉重打击，但有"情痴诗僧"之称的吴宓却把浓烈的情感化为诗篇，大写《忏情诗》，一连写了38首。

远在英国的钱钟书对老师的痴情不以为然。当初，当得知吴宓准备迎娶32岁的毛彦文小姐时，年轻的钟书竟任性所为，给国内某大报撰稿，公然嘲弄老师所追求的毛彦文，不过是徐娘半老，卖弄风情的女子而已。此事一度闹得满城风雨，使吴宓的罗曼蒂克爱情成为世人的笑柄。

毛彦文最后突然斩断情丝，猝然反悔，很难说没有钱钟书的因素。心中的女神遭到贬抑，吴宓大为震怒，却又无可奈何，不禁忧伤丛生，感叹："除上帝外，世人孰能知我?"

不久之后，钱钟书又给老师的伤口上撒了一把盐。在《吴宓先生及其诗》中，钟书这样嘲弄老师的窘态："他总是孤注一掷地制造爱，因为他失去了天堂，没有一个夏娃来分担他的痛苦、减轻他的负担"，"他实际上又是一位'玩火'的人，像他这种人，是伟人，也是傻瓜"。

这种居高临下的调侃，尤其是人格的嘲弄，让吴宓大为光火。

在日记中吴宓径直写道："该文内容，对宓备致讥诋，极尖酸刻薄之至。钱钟书君，功成名就，得意欢乐，而如此对宓，犹复谬托恭敬，自称赞扬宓之优点，实使宓尤深痛愤。"

1940年春，钱钟书学成回国，清华大学想礼聘他，但遭到时任清华外文系主任陈福田、叶公超的竭力反对。吴宓却能不计前嫌，力主聘请钱钟书，并为之奔走呼吁。后在一代大师陈寅恪的周旋之下，才得以通过。但钱钟书只在清华待了两年，就辞职他就。吴宓极力挽留，但钟书去意已决，吴宓只有一声长叹。

钱钟书离去之后，吴宓借学生李赋宁的笔记来读。这是钱钟书讲课的笔记，内容有两门课：一是《当代小说》，一是《文艺复兴时期的文学》。吴宓在《吴宓日记》里写道："9月28日读了一天，29日又读了一午。先读完《当代小说》，甚佩！9月30日读另一种，亦佳！10月14日读完，甚佩服……深惋钟书改就师范学院之教职。"这就是一代学人的风度。

从事教职之后，钟书先生才恍然明白："天下所有的轻视，最厉害的是学生对老师的轻视。"竟特地到昆明拜访恩师，并且为当年的那篇文章向老师当面道歉。吴先生一脸茫然，随即大笑起来："我早忘了！"两人相视一笑。

1993年春，钱钟书忽然接到了吴宓先生女儿的来信，希望他能够为其父新书《吴宓日记》写序，并寄来书稿。当钱钟书读完恩师的日记后，老师当年的诸多心事，一览无余，钟书大为震撼，羞愧难当，立即回信自我检讨，谴责自己："少不解事，又好谐戏，逞才行小慧……内疚于心，补过无从，唯有愧悔。"且郑重地要求把这封自我检讨的信，附入《吴宓日记》公开发表。这应该是钟书先生公开的道歉。

今天想起吴宓先生的旧事，是有根由的。那就是我们这些老师有没有弗洛姆笔下的权威人格？能否容忍和鼓励学生的异见？有没有勇气允许学生对自己的不敬？

前几天，我们在赏析一篇《习惯》的文章。内容是说，奶奶的习惯就是给我做布鞋。我为了照顾奶奶的面子，总是说我喜欢奶奶做的鞋。奶奶也以此为自豪。奶奶是小脚，弄好的鞋子，都是叫人邮寄过来的。可是，有一次奶奶竟然亲自送过来了，我哭笑不得地穿起鞋子，走进屋里，和妈妈说，奶奶把我当成土八路了，现在还有谁穿这样的鞋子啊。没想到奶奶竟然听到了，面容灰色，吃过饭就执意要回去。回家之后，奶奶就病了。后来，当我赶回家时，奶奶和我说了几句话，就走了。奶奶没有什么好东西留给我们，最后留下的还是半双没有做好的鞋子。

我读到这里非常感动，但一个女生却起来说："我很讨厌这一段，虚假，造作，恶心。电影上、电视上常常看到，最后几句话一说，人就死去了。"我当时没有控制住自己，我开始为这个情节辩护。奶奶为什么最后亲自送过来，可能感到大限快要来临；学生平常读书，根本没时间去看奶奶的病，老人只有在生命最垂危的时候，才可能提出见孩子最后一面，这是生命最后一次爱的抚慰。我还说到了07届高考，我父亲不吃不喝，只能用输液维持生命，等着见我最后一面。当我赶到家时，父亲只说了一句"儿子，你回来啦"就意识模糊，5分钟之后，父亲就走了。这是我最亲的人给我生命和死亡的体验。我真的动感情了，我不允许学生亵渎情感。但毫无疑问，他们有权利这样质疑。

我马上就感觉到自己的失态，回来的时候，我开始反思，我反思了自己是否患有权威人格。

权威人格在于渴望臣服和主宰。患有权力崇拜，放弃自我的独立倾向，使自我与自身以外的某人或某物合为一体，以便获得个人自我所缺乏的力量。"他爱他们，是因为他主宰了他们"，或者"他爱他们，是因为他被他们主宰"。

弗洛姆的权威人格有点像鲁迅先生的主奴一体化："凡是人主，也容易变成奴隶。因为他一面既承认可做主人，一面就当然承认可做奴隶，所以威力一坠，就死心塌地，俯首帖耳于新主人之前了。”

吴宓给我们做了一个很好的榜样。我们一定要杜绝权威人格，决不能把没文化的奴才培养成有文化的奴才。但后来钱钟书所作所为，似乎有点过。我在想，学生对权威人格的拒绝过于强烈，自我强化过于强大，是否会成为另一种权威人格？

吴宓对钱钟书的宽容，主要源自他的爱才。可能还有一个原因，那就是人都是有缺点的，宽容学生的缺点，往往更能发掘出他们的优点。有时候，从另一个层面来看，缺点未尝不是优点。

天鹅是怎么飞不起来的

今天看了林清玄《心中的天鹅》，心头一震，原来在美丽的天鹅后面，还有这样一些凄惨的故事。

原本临风高举的天鹅，现在只能满面尘灰，在湖沼旁边，偶尔向人乞求一点干面包。天鹅如此落魄，确实让人心酸。飞天的鸿鹄，已经泯然众人，而燕雀仍然在高空中翻飞，风水轮流转啊！

那么，究竟是什么让天鹅失去了飞翔的能力？

罪魁祸首居然是欧洲中世纪的贵族，他们喜欢天鹅的姿态，认为天鹅是鸟类中的贵族，所以想要豢养它们，和自己贵族相惜。因为喜欢，所以戕害。很多时候，这句话简直就是至理名言。

但天鹅是属于蓝天的啊，它们与白云为伍，和清风为伴，能够飞越大海和喧嚣，超拔于世俗之上。如何才能阉割它们的飞翔，冷却它们的志向，让它们俯首甘为地上鹅？

贵族捉到天鹅以后，一般采用三种方法。

一是把天鹅双翼的羽毛剪掉一边，使天鹅失去平衡，不能飞翔。

二是绑住天鹅的翅膀，使它因无法张开翅膀而不能起飞。

三是由于天鹅起飞需要很大的湖泊起跑，如果缩短池塘的距离，天鹅失去起跑助力，就飞不起来了。

三管齐下，天鹅从此远离了蓝天，眼光逐渐狭隘，一天天地庸俗，一天天地猥琐，原先飞翔的心终于死了。

我之所以震撼，并不仅仅为了天鹅，还为了我们的学生。很多时候，我们的学生像极了那些天鹅，而我们，扮演的就是中世纪的贵族。

为了培养出我们眼里所谓的好学生，我们也是三管齐下。

第一是我们极端注重智育发展，无形中剪掉了学生情商发展的翅膀。那些美好的情感、道德修养、审美期待、同情和感恩之心，渐行渐远，学生失去平衡，自然就无法高飞。新课标所说的，培养学生健康的个性、健全的人格，基本上是一句空话。

第二是我们用应试捆绑住了学生的翅膀。

长期以来，各地片面追求升学率，甚至把升学率纳入政府的政绩工程，导致各地的竞争刺刀见红，刀刀见血。很多人认为："德育是虚的，体育是空的，美育是假的，劳动技术教育是呆的。"只有智育关乎升学率，"才是硬邦邦，货真价实的"。应试教育甚嚣尘上，就像一个紧箍咒，紧紧箍住了我们的学生。每个学生头上都有三座大山：家长的压力，学校的压力，社会的压力，使得学生焦头烂额、痛苦不堪。

最恐怖的是，应试教育以知识传授为主，但学生不是装载知识的容器。更何况知识经济时代涌现出来的知识，是任何人都无法靠头脑装下的。获取成功，无疑需要创造性思维、探究能力和自主精神。而灌输式教育最大的特点是"把没有文化的奴隶，培养成有文化的奴隶"。思想上的短视，精神上的贫瘠，使学生走起来都踉踉跄跄，何谈高飞？

第三是为了安全，把学生限制在校园里，缩小了学生的活动空间，使学生失去了起跑助力，不能起飞。

回想我们小的时候，最难忘怀的，一个是春游，一个是社会实践。

春游的时候，师生在一起野餐，其乐融融，其乐熙熙。同学之间更是互相嬉闹，互相调侃，男女同学的友谊之花，就在野草和春风中淡淡地盛开，那种隐约的朦胧的好感，与美好的自然融为一体，让我们体会到青春的可贵和绚烂，人生的美好和芳华。更重要的是在踏青和登山中，我们走进了自然，在自然中“学会做人，学会做事，学会生活，学会生存”，因为山在那里，所以我们永不放弃。

还有，就是学校开展的社会实践活动，让我们大开眼界。我们走出校门，广泛接触社会，开阔视野，增长见识，获得体验，在提高社会生活能力的同时，也促进思想道德观念的内化。高一的时候，我们还进行了一个月的军事训练，学习了一整套的军事技能，包括投弹、射击。虽然人都累得变形了，但今天想起来点点滴滴都是珍贵的甜蜜。

可是，今天的学生，他们还有什么啊？

为了安全，更可能是节省时间提高升学率，都把学生折磨成什么样子了？我儿子十岁就戴眼镜了，我每想起来，简直怒发冲冠。

校园安全确实重要，公安部副部长刘金国就曾指出：

“如果我们对学校安全问题重视不够、处理不妥，一起普通的事故或案件就可能迅速转变为社会热点问题，甚至影响社会稳定。从这个意义上讲，无论怎么强调学校安全工作的重要性都不过分。”

最近的义务教育草案也直接把校园安全写进法规。

学生是我们的未来，他们的安全自然是重中之重，但我们能否因噎废食，为了所谓的安全，就整天把学生圈在校园之内。要知道温室里培养不出耐寒的红梅，鸡窝里飞不出野性的苍鹰。

今日之教育，就是未来之中国，今日学生之风骨，就是未来中国之脊梁啊！让我们尽最大可能为孩子们松绑，让我们的学生寻找到学习的快乐，并能在自由的蓝天、美丽的白云之下，振翅飞翔，翅膀卷起风暴。

惊心动魄的死亡教育

一叶凋零
森林就缺了一角
一石流失
欧罗巴就缺了一角
一人死去
人类就缺了一角

这个单元，是生命主题，所有的生命都和死亡有关。

王羲之在兰亭最快乐的时候，突然间就被死亡挟持，发出“死生亦大矣”的感叹。因为有聚必有散，有盛必有衰，有荣必有枯，有生必有死，因而由欢乐之短暂，聚会之寥寥，想到人生之短促，死生之悬隔，不由得悲从中来。但悲叹并非作者之要旨，死亡也不过是一个幌子，灵感的火花在暗夜里闪烁，生命的热流在心中涌动。在死亡的感慨中，暗含着王羲之对人生的眷念，对生命的执着，这在魏晋时代尤为难能可贵。在司马氏的高压之下，当时“一死生，齐彭殇”的消极厌世思想极为流行。王羲之确是真的猛士，敢于直面死亡的缱绻，敢于正视淋漓的鲜血，对个体生命价值如此强烈关注，对空谈玄谈的人生虚无思想未尝不是一大校正。

这里还有一个旁证：王羲之的妻子，曾经对儿子王献之的书法进行评论，说：“吾儿磨尽三缸水，只有一点似羲之。”而恰恰那一点就是羲之加上去的。如此磨砺自己的孩子，这种昂扬向上的精神风貌，就是羲之人生观的写照。王献之得其父真传，写尽十八缸墨水，终于成为历史上最著名的书法大家之一，和其父并称二王。生命当养浩然之气，但生命中毕竟有死亡，有最终我们难以避免的船沉海底。

那么，死亡究竟给我们带来了什么？人生何以才更有意义？

夫子曰："恶，哀莫大于心死，而人死亦次之……"孔子厌恶死亡，一辈子拒绝谈论死亡，拒绝谈论我们尚未确知的一切。生当事功，何以虚为？因此，当子路问事鬼神，子曰："未能事人，焉能事鬼？"曰："敢问死。"子曰："未知生，焉知死？"

庄子则好谈死亡："孰知死生存亡之一体者，吾与之友也。"因此，妻子死去，他照样击缶而歌。因为"死生，命也。其有夜旦之常，天也。人之有所不得与，皆物之情也"。

对于死亡的理解，我想不外乎三个方面。

一、死亡是什么

死亡是什么呢？

死亡就是我们醒着时所看见的一切，睡眠就是我们梦中所看见的一切。在我们身上，生与死，醒与梦，少与老，始终是统一的东西。后者变化了，就是前者的东西，前者再变化，又成为后者，这就是生死同一。德谟克利特就认为："逃避死亡，就是在追逐死亡。"生活中不是有很多人都在逃避灾难？但恰恰灾难来临。古希腊神话中有很多英雄人物都概莫能外，所以命运悲剧由此兴盛。

当人们说，人是要死的，似乎以为人之所以要死，只是以外在的情况为根据。但实际上，生命本身就具有死亡的种子。"你活着的每一天都从生命中盗取；你以消耗生命来生活。你生命无间歇的工作便是建造死。你在生的时候便已在死。"生命因死亡而珍贵。那个孙悟空之所以不断把自己的脑袋割下来，就因为他没有死亡，他的脑袋如韭菜，割了还可以重长。

唯有自由的人绝少想到死亡，因为他的智慧，不是死的默念，而是生的沉思。

二、对死亡的恐惧

死亡是否可怕，首先涌现在我们脑海里的是伊壁鸠鲁的诡秘之言："死并不可怕。因为我们在，死就不在；死在，我们就不在。"死亡是一件与我们毫不相干的事情，一切善恶吉凶都在感觉中，而死亡不过是感觉的消失。认识到这一点，自然没有给人生增加无尽的时间，但还是可以把我们从不死的渴望中解脱出来。一个人如果正确地了解到终止生命没有什么可怕，对于他而言，活着也就没有什么可怕的，人生岂不是因此获得更大的勇气。生活中很多人都谈死色变，实质上真正可惧怕的不是死亡和痛苦，而是对痛苦和死亡的恐惧。

苏格拉底说，追求好的生活远胜过生活本身。因此，当他面对死亡的时候，就多了超然。其实，死亡无非是两种境界：或者是全空，死者毫无知觉；或者如世俗所云，灵魂迁居彼岸。如果是全空，那就是人没有知觉，一如人睡而无梦，那岂不是人生的大幸？而从此岸迁居到彼岸，从无聊痛苦破碎的人生酸楚中，迁居到理想的没有世俗疼痛的彼岸世界，把自己交给神灵去关怀，这样绝妙的安排，我们还怕它作甚？尤其是古往今来迁居彼岸的人，从来没有一个旅人偷着跑回来，也可知彼岸之美妙。

培根说，与其愚蠢而软弱地视死亡为恐怖，倒不如冷静地看待死——把它看成人生必不可免的归宿，看作对尘世罪孽的赎还。我们应该懂得，人类的感情并非真的如此软弱，以致不能抵御对死的恐怖。人有很多感情，其强度足以战胜死亡——仇忾之心能压倒死亡，热烈爱情敢蔑视死亡，荣誉感使人献身死亡，巨大的哀痛使人扑向死亡。唯独怯懦软弱使人在还没有死亡之前就先死了。所以，与其说如何战胜死亡的恐惧，不如说如何战胜我们自身的懦弱。

最重要的，死亡还是最坚定的共产主义者，它使百万富翁与乞丐，皇帝与无产者，都一律平等。我们孜孜追求平等的人啊，当平等真正安静到来的时候，我们为什么不能抛弃那一具臭皮囊，和死亡的平等来一个快乐的拥抱？

三、死亡的价值

死亡是什么并不重要，死亡不是什么才重要。

司马迁在《报任安书》中这样告诉我们："人固有一死，或重于泰山，或轻于鸿毛，用之所趋异也。”正因为如此，苏州的老百姓在魏忠贤作乱之时，发愤一击，“亦已明死生之大，匹夫之有重于社稷也”。

逃避死亡不难，逃避罪恶却难得多。彭波那齐在《论灵魂不死》中说：“一个会死亡的人不应当去向往不死的幸福，因为不死的东西是不适宜于会死亡的人的。”

苏格拉底则说：“稍有价值的人不会只计较生命的安危，他唯一顾虑的只在于行为之是否，心灵之善恶。”与其卑劣地、愚蠢地、放纵地、邪恶地活着，不如轰轰烈烈地死。生而为人，我们有责任尽力使自己不朽。连陈胜都知道：“等死，死国可乎？”所以孔子说要杀身以成仁，所以孟子说要舍生以取义。

生命的价值并不在于它的长短，而在于我们怎么样利用它。你活得够与不够不在于你的年龄。有的人活着，他已经死了；有的人死了，他还活着。但既然看到了我的生命在时间上是有限的，我当从分量上拓展它。我想借我所控制的速度，竭我所利用的活力，补偿它流动的急速，来遏止它的飞行速度。在短促生命的范围内，我必须使它更加深刻，更加充实。这就是聪明人的聪明选择。

贤者对于生命，正如同他对于食品那样，并不单单选多的，而是选择精美的；同样的，他享受时间也不是单单度量它是否最长远，而是度量它是否最合意。但不论合意与否，这一天终将到来，当这不可避免的时刻到来的时候，能够坦然离去是件伟大的事情。一个人没有死的意愿就没有生的意志，因为只有在死的条件下，我们才能够得到生。

萨特说，我相信一个人能够由于仇恨或者死亡而放出光芒。

爱是一种不容易疲倦的情感，恨也是如此；生是一种不容易厌倦的情感，死也是这样。不过人总得死得了无遗憾，庸人如此，伟人亦然。

狄德罗说：“如不能向恶毒的敌人正当复仇，我死不瞑目。如不树立一座丰碑，我死不瞑目。……如不能在世上留下时间无法消灭的若干痕迹，我死不瞑目。”

也就是说，你要想长生，就得准备去死。你若想死得长久，你必要生得伟大。

李小龙何以传奇

寒假里回了老家，大年初二，我半靠在床上，偶然看了几集《李小龙传奇》，非常震撼。

其实，对于李小龙我并不陌生。中学时代，哪个人没有看过他的作品？《唐山大兄》《精武门》《猛龙过江》《龙争虎斗》这些电视录像，我们都是百看不厌，有关他的故事，更是耳熟能详。他32岁的短暂生命所释放的能量和光芒，他错综复杂的死因，以及很多年之后牵连到他的儿子李国豪在美国拍戏时被道具枪射杀的扑朔迷离，我们都曾经关注过。

李小龙1940年出生于美国三藩市，他的父亲给他起名叫“李振藩”，希望他有朝一日能够名振三藩市。出生于三藩的李小龙，长大于香港，后因得罪香港黑帮，不得已逃回美国，在美国经历了无数的苦难和磨炼，最后又回到香港拍电影。李小龙游走于两种文化的极端，却能自如应对，也许正是这样的经历，启示了年轻的李小龙兼容并蓄，最终独创了“以无法为有法”的截拳道，成就一番震古烁今的霸业。

很多人认为武术之道，常常争强斗狠，未免四肢发达，头脑简单，但李小龙却多才多艺，他的绘画极好，网络上有他的绘画集，栩栩如生，惟妙惟肖。李小龙博览群书，见闻广博，尤精哲学，一般的专业学者都很难与之匹敌，尼采的超人哲学成为他一生最重要的指导思想。

李小龙所创立的截拳道“以无法为有法，以无限为有限”，前半句指的是自由无羁的思想，后半句指的就是一种在修为上永无止境的超人哲学。前者是中国的道家哲学精髓，后者则是西方尼采的超人哲学，这是典型的东西文化的交融。

这与李小龙游走于两个民族之间，可能不无关系。

在短暂的一生中，李小龙创造了无数传奇。《龙争虎斗》使李小龙跻身于世界顶尖巨星行列。李小龙也借此向全世界宣扬了他的哲学思想。“不是思考，而是一种直觉。”这也是截拳道的精髓。

被誉为中国功夫第一人的李小龙，他所掀起的世界性的中国功夫热，堪称20世纪的文化奇观。他是一个罕见的、同时脚踏武学和电影两座高峰的世纪巨人。他的朋友和追随者包括美国跆拳道之父李俊九，世界空手道冠军罗礼士、罗高拔，菲律宾棍王伊诺山度，甚至拳王阿里都曾登门与其探讨，《黑带》杂志更将其评为世界七大武术家之一。1999年，美国《时代》杂志评出“20世纪的英雄与偶像”，李小龙是唯一入选的华人。2003年，李小龙又入选世界史上“200个最伟大的流行文化偶像”。

然而今天，当我以一个教育者的眼光来看李小龙，看他的武学的磨炼，看一个传奇的诞生和永不熄灭，竟然醍醐灌顶，如醉如痴。

我看李小龙那一个下午，心中豪气干云，壮怀激烈，“男儿何不带吴钩？收取关山五十州。”李小龙何以成为一个传奇？历史为什么选择李小龙？我们可以从李小龙身上读出些什么？

很多人可能关注李小龙强烈的民族自尊心，那种对东亚病夫的憎恨，以及重振旗鼓振国威的自信。李小龙曾经自负地说，一定要把中国功夫写进英语词典，毫无疑问，他都做到了。这一点固然重要。

李小龙的朋友们偶然发现，李小龙害怕蟑螂，这几乎就是李小龙的命门。但他只花了一个晚上，就战胜了自己，他捉了无数的蟑螂，做成了一个项链，挂在自己的脖子上。李小龙不允许自己身上有弱点，绝不允许，李小龙永远不可战胜。谁能战胜自己，谁就永远不可战胜。这一点固然重要。

但我认为最重要的还是李小龙给自己的武学，找到了一个哲学的背景。这个支撑实在太强大了，它让李小龙一下子洞穿了武学理论的痼疾所在。因为繁琐，所以逼仄，因为逼仄，所以渐入穷途。李小龙提出武学必须回归传统，回归本真，击倒对方就是硬道理。因此，李小龙的截拳道简洁、实用，尺寸之间，胜负已分。这些高屋建瓴的见解，彻底颠覆了武学的理论体系，让菲律宾棍王伊诺山度教授近于崩溃，他独创拳术的梦想被李小龙打碎了。于是伊诺山度郑重地把自己花了二十年搜集的一千多本书送给李小龙，并表示愿助李小龙完善截拳道。

回到教学中来，我曾经步朱永新老师的后尘写过《中国教育缺什么》，第一点就是中国教育缺哲学支撑。没有哲学的支撑，我们的教育根本没有一个价值杠杆，把那些优秀的国内外经典，删繁就简，转化为我们内在的精神血脉。反观今天我们的教育，越来越繁琐，越来越笨重，学生苦不堪言，教师劳累不堪。我们为什么不能回归传统？回归教育的本真？教育说到底就是一个人的成长，只不过我们教师有幸参与并见证了这个成长的过程，如此而已。真正的成长还是学生自己。唯其让学生感受到成长是他们自己的事，是他们生命的必须，是一个伟大的无法取代的过程，他们或许才会真正迷恋自身的成长。

那个下午的几个故事，始终激荡在我的脑海里，可以说，李小龙面对的武术界，就是我们今天的教育界，互相防范，各自为政，你死我活，势同水火。那么，李小龙究竟是如何走出困境，成就自己的永恒的传奇？

为了拜师学艺，向各家讨教，李小龙先后挑战威利、山本冈夫，在战胜威利之后，假装势均力敌。威利感谢李小龙没有让他在徒弟面前丢丑，两人惺惺相惜，互相传授武艺。李小龙由此学会了柔术。这场较量又让菲律宾棍王伊诺山度对李小龙刮目相看，主动来找李小龙切磋，并且传授李小龙菲律宾棍术。李小龙后来著名的双节棍，就得自他的真传。

在和山本冈夫的比赛中，李小龙轻松地用凶狠的日字冲拳打倒了他，按照赛前的约定，他们将互相拜师，切磋武艺。李小龙毫无保留地将自己的日字冲拳教给山本，但山本却只是在敷衍李小龙，后来又将日字冲拳偷偷教给了艾迪·帕克。结果艾迪·帕克在和李小龙的比武中，用李小龙的日字冲拳打伤了李小龙。但胜利没有带给艾迪·帕克和山本喜悦，他们没想到日字冲拳真的是李小龙的绝招。在李小龙的真诚面前，两人非常懊悔、自惭形秽。最终，艾迪·帕克去医院谢罪，把自己二十多年研习空手道的体会送给了李小龙。不久李小龙又参加加州空手道大赛，战胜了三届冠军霍夫曼，两个人又义结好友，互相切磋。

之所以链接这么多内容，是要更清晰地看到，李小龙何以成为一个不朽的传奇。他战胜了人性中的自私等弱点，他充分认识到了，中国武术之所以故步自封，不能更进一步，最大的原因是各门各派闭门造车，互相防范，缺乏交流，缺乏研讨，各个武术家都只能够有一家之长，却很难兼具各家之长。为了打破这个格局，李小龙非常真诚地去与众家交流，不惜把自己打倒对方的绝招传授给别人，一点儿也不设防，这就是哲学境界的李小龙眼中的武学。在他眼里，武学不仅仅是胜负，更重要的是交流、融合、发展、创新。正是在李小龙的感召之下，柔术大师威利把柔术传授给了李小龙，空手道大师艾迪·帕克把二十多年的实战心得倾囊相授，韩国跆拳道冠军朴正义教给了李小龙跆拳道绝招，菲律宾棍王伊诺山度教授更是为了李小龙截拳道的诞生殚精竭虑。正是融会了百家之长，李小龙才萃取精华，独创了截拳道。

回到教育中来，我们恍然发现，李小龙实际上是在专业发展共同体中发展起来的。我们当前教育面临的最大困境，学校发展的最大瓶颈，也就是不能很好地走专业发展共同体之路。因为竞争关系，因为末位淘汰，因为小数点之后N位数字的大小，使得教师之间你死我活，如大观园里的探春所说：“一个个像乌眼鸡一样，恨不得你吃了我，我吃了你。”在这种情况之下，让老师们坦诚相对，倾囊相授，何其难也！所谓建立教师专业发展共同体也只能是一句空话。

毋庸讳言，由于缺乏专业发展共同体的合作和引领，以下的情况成了普遍现象。不同老师讲授相同科目，学生得到的往往是完全不同的内容，有完全不同的学习经历。

各科教学基本上是孤立的。教师不会费力去联系不同的学科内容，以形成有意义的概念体系。我们所谓的大综合、小综合，只不过是考试的时候，各科命题分数的综合而已。

对学校而言，它们没有有意识的课程目标，它们只注重材料、程序、教学安排，而不注重结果——学生的成果。因为学校不清楚要实现的目标，通常不能提供有效证据证明它们正在实现预期目标。不能建立一个发展方向，意味着持续发展进程在学校中是不存在的。

当前唯有打破老师之间的恶性竞争，确立共同的使命、愿景和价值观，并使这一点深深扎根于教师心中。还有集体探究，集体思考，协作行动，完成合作计划。正如富兰在《变革力量》中所强调的：“无论从哪个方面来讲，协作能力都是后现代社会的基础条件……简言之，没有协作技能和协作关系，就不可能真正学习，不可能使持续学习成为社会发展的一部分。”此外，还要强调持续发展，比如经常思考以下几个问题：

（1）我们的根本目标是什么？

（2）我们希望成功地实现什么？

（3）要成为更好，我们的策略是什么？

（4）评价我们进步的标准是什么？

当然最重要的还是不能忽视结果导向。持续发展的评估必须以结果为基础进行评估，而不是目标评估。

但要真正实现共同体，还有很长的路要走，这也就是中国是武术之乡、武术大国，而李小龙只有一个的原因吧。更多的是王云生那样的人。他们狭隘自私，鼠目寸光，对于自己的功夫，讳莫如深，传子不传女，生怕落入外姓之手。甚至连一代武学宗师，咏春拳创始人叶问，也不能脱俗。在李小龙功成名就之时，叶问还对李小龙跳出咏春拳，自创截拳道大光其火，甚至还想借助比武切磋的机会，教训李小龙，一度还想废了李小龙的武功。

许多因循守旧的中国人也不能接受李小龙的行为，认为李小龙自创截拳道是背叛师门，把中华国术传给洋人更是数典忘祖，有的咏春派拳馆，竟在门口的地上铺一张李小龙的照片，要求所有拜师学拳的新人从上面踩过去。这就是带给整个中国荣光的李小龙当时的际遇，你可能被世界铭记，却常常被亲人遗弃，因为李小龙太坦诚了，以至人神共愤。中国门派之见严重至此，让人扼腕叹息。只是不知当年的那些保守派，看到柔道与跆拳道一个个被列为奥运项目，而中华武术却难以走出国门，他们会有什么感触？九泉之下的李小龙又有什么感想？

天妒英才，世上已无李小龙，这也许才是我们永远的浩叹。

孔子的眼光和我们的伪道德教育

春秋时代，鲁国有一条法规：凡是鲁国人到其他国家旅行，看到有鲁国人沦为奴隶，可以自己垫钱把他先赎回来，待回到鲁国后再到官府去报销，官府还给予一定的奖励。

后来，孔子有个学生到别国去，恰好碰到一个沦为奴隶的鲁国人，就掏钱赎出了他。回国后这个学生既没有张扬，也没有到官府去报销垫付的赎金。那个被赎回的人感激涕零，就把这个情况讲给众人听，人们都称赞这个学生人格高尚，一时间，街头巷尾都把这件事当作美谈。

孔子知道后指出，由于这个学生没到官府去报销赎金而被人们称赞为品格高尚，那么其他人在国外看到鲁国人沦为奴隶，就会对是否垫钱赎人产生犹豫。因为垫钱把人赎出来再去官府报销领奖，就会被人说成不高尚；而不去官府报销，不但领不到奖励，就连自己的损失也得不到补偿。于是乎，多一事不如少一事，只好假装没看见。这个学生的高尚行为，客观上妨碍了更多的在外国做奴隶的鲁国人被赎买回来。

所以孔子不仅没有表扬这个学生，反而严厉批评了他，责怪他犯了一个有违社会大道的错误，是为了小义而不顾大道。这是小义和大道的颠倒，其实质是为了成就个人的私义，而损害了国家的大道。

还有义与利之争也很有意思。

曾经有一个中国留学生在日本捡到一大笔钱，交到了警察局，并且按照要求作了登记。如果不登记，那么，这一大笔钱想交都交不出去。结果过了几天，失主按照登记的信息登门造访，表示谢意，并且拿出一些钱给这个留学生。留学生坚决不肯收。失主惊慌失措，恳请他说，如果你不收这钱，自己就无法从警察局里领出失物。因为按照日本的规定，失主必须拿出丢失财物一定比例的金额给捡到东西的人作为报酬，否则，甭想领出失物。

在日本人看来，拾金不昧是行义，收取一定的报酬是谋利，义与利并不矛盾，既有对立的一面，也有统一的一面。一个行义之人，理应得到一定的利，只有这样，大家才会争着去行义。因为人的私欲是客观存在的，如果一味地弘扬义，没有给利留足空间，必然会导致好事无人做，行义之人很少，社会反而会缺乏道德。所以，日本不惜动用法律的手段，来保护人们的功利心。用这种法律手段，不但保护了公民不能拿到桌面上的功利心，而且在客观上没有降低公民行义的道德优越感。这正是日本人的高明之处。

反观中国的传统教育，儒家把义与利对立起来，强调“正其义而不谋其利”，甚至武断地界定为“君子喻于义，小人喻于利”。在这种情况下，私就是一种罪恶。所以我们的文化是极力摒弃私的。我们整天提倡为人民服务，学雷锋，讲奉献，可现实又如何呢?

世风日下，人心不古，道德沦丧，物欲横流……

因为我们的人性观是建立在性善论的基础之上的，绝对不肯给私一席之地。而私实际上又是人性中根深蒂固的东西，并不因为你的忽视打击就不存在了。所以就出现了一种非常奇怪的现象，说一套，做一套，人前是人，人后是鬼，满口仁义道德，满肚子男盗女娼。中国人不诚实、不守信是全世界都有名的。鲁迅先生曾经说，在中国几乎每个人都是最好的演员。

周国平先生认为：“义和利，貌似相反，实则相通。‘义’要求人献身抽象的社会实体，‘利’驱使人投身世俗的物质利益。如果说‘义’代表一种伦理的人生态度，那么，‘利’就代表一种功利的人生态度。”

也就是说，我们必须承认私是人性中客观的存在，肯定其合理性，既要看到义与利对立的一面，也要看到一致的一面。那么我们制定出来的制度，就可能既弘扬义，又照顾到利；既给利以适当的位置，又用一定的规范来加以约束。

然而，一直以来中国实行的都是伪道德教育，并最终走向两个极端。

一是把道德无限地巨人化。

我们不断宣扬“毫不利己，专门利人”“一不怕苦，二不怕死”的崇高道德，后来演化成了“毫不利己，又不利人”“一怕不苦，二怕不死”。而这个巨人最终也得了巨人症，轰然倒地，奄奄一息。

比如很多人“大义灭亲”的壮举，比如为了给学生补课，而耽误自己孩子生命的老师光荣的心。每当看到他们受到表彰的场景，我的心就会抽搐。某一天，我看到美国的法律，竟然规定亲人之间的包庇，根本不构成包庇罪，因为那是正常的人性。设想一下，一个连亲人都能出卖的人，他们还能爱谁啊？而法律决不能触犯人性，否则，只能吞下自己制造怪胎的后果。

二是把道德不断地侏儒化。

比如说，上车让座、拾金不昧、尊老爱幼，这本来是每一个正常人都会去做的事情，是基本常识，而我们的社会却常常把这些行为宣传成了一种了不起的壮举。久而久之，常识就被人们不知不觉地遗忘了。这种将常识盲目升华，从而造成真正的常识从我们的生活中蜕化的宣传方式，正在把越来越多的人带入一种不健康的心态之中：大家都在呼唤道德英雄、精神典范，希望所有的事都由他们来做，而自己却躲避一个正常人应该尽的基本责任。由此看来，一个以单纯做好事来支撑自己的道德体系的社会，表面上是在提升民众的道德水平，实际上是使每个人都在降低自己的道德要求，并使他们丧失履行自身道德义务的热情。

2000年，诺贝尔奖获得者在瑞士洛桑发表宣言说：“人类要想在21世纪活得更好，应该到两千多年前中国的孔子那里去寻找智慧。”谁说不是呢？前段时间，小女子于丹解说的《论语》，不就很好地抚慰了人们灼热的灵魂吗？

教师要有“工匠之心”

看到央视上的一则广告《致匠心》，非常受触动。

著名音乐人李宗盛和世界著名跑鞋纽巴伦的一位工匠，两人交替出现，各自制作自己的伟大作品：一把吉他和一双纽巴伦的跑鞋。他们聚精会神，精心雕琢，不断打磨。画外音随之响起：

> 没有理所当然，就是要在各种变量可能之中，仍然做到最好。……我知道，手艺人往往意味着固执、缓慢、少量、劳作，但是这些背后所隐含的是专注、技艺、对完美的追求，所以，我们宁愿这样，也必须这样，也一直这样。

伟大的工匠充满了人性之美。

我想起了高尔斯华绥笔下的格斯拉兄弟，这对兄弟都是鞋匠，他们说做鞋子是一门手艺，并对这门手艺充满了敬畏之心。他们精选最好的皮革，亲手缝制每一双鞋子，把灵魂都缝进鞋子里去了。在机器大生产到来的时候，别人都舍弃质量，追求时间和金钱，他们却固执地坚持手艺人的规矩，20年不涨价，先订制后付款，可以赊账……他们一针一线，不吃饭，只是做鞋子，最后活活被饿死……

还有《红高粱》中的罗汉，一辈子酿高粱酒，酿酒就是他的命。他认为高粱也是有灵性的，高粱酿成了酒，仍然是活着的，依然日日夜夜在生长，直到成熟到极致，十八里飘香。

正因为如此，老实巴交的罗汉，才要发疯地阻止日本人，阻止他们砍掉快要成熟的高粱去修路。高粱是酿酒手艺人的命根子。目睹着高粱被白花花的斧头砍倒，罗汉的心滴血了，愤怒的罗汉趁着夜晚放跑了修路的马匹，一把火烧了日本人的窝棚。因为热爱酿酒，连带热爱酿酒的原料，为了它宁肯献出生命，这就是手艺人。

人生的很多时候，他们完全忘记了自己，沉浸在自己的技艺中，他们所做的一切都是为了打造自己的作品，他们把灵魂灌注进去了，作品中有自己的血和肉，自己的心，作品就是他们自己。

我被他们深深感动，很多教育者缺少的就是这种“工匠之心”。

在很多人眼里，“匠”可能是实用的，也是精巧的，但绝不是艺术的。“匠”是规矩、束缚、再现的代名词，他们守成有余，创新不足。伟大如韩愈也要鄙视匠人，他说：“巫医乐师百工之人，君子不齿。”这里的“巫医乐师百工之人”，就是我们所说的“匠”。

鉴于此，很多老师勇敢地喊出口号：不做教书匠！

热血沸腾！血脉贲张！

但这些年，我们实在被口号和愿景害苦了。不想当元帅的士兵不是好士兵，不想当士兵的元帅也绝不会是好元帅。一个元帅不精通士兵的业务，不了解自己士兵的所思所想，不是从士兵中血汗中干出来的，这个元帅能做得扎实起来吗？

从教育的角度来说，人人都不做教书匠，谁来踏踏实实地教书呢？不想当教育家的老师不是好老师，但全部老师都做教育家，却是危险的。都是教育家教书，对教育也许是更大的灾难。

因为现在所谓的教育家，教而优则仕，常常在天上飞来飞去，传经送宝，何尝真正有时间深入孩子的心灵，施肥，浇水，拔草，辛勤耕耘呢？

我们不止一次目睹这样的场景，某教育家执教某某班级，一开始家长们奔走相告，欣喜若狂，但一段时间下来，“教育家”马虎了事，刚愎自用，学生成绩一塌糊涂，家长们苦不堪言。

我的一位老领导一直坚持乡村教育，他的方法很陈旧，他就像一个匠人，一天又一天，一年又一年坚持下来，硕果累累，瓜果飘香，深受家长和学生的爱戴。他有一句经典的名言：“高射炮打蚊子不好使，真正拼刺刀，打硬仗，还是要靠我们这些人啊。”

其实，如果教师真正能够把教书匠做好了，我们的教育就好上天了。

这些年，我们的创新理论层出不穷，今天学苏联，明天学老美，后天学日本、芬兰、新加坡……我们被创新理论吞噬了，忘记了教育不就是教书育人，何有他哉？

我们常常说要更新我们的教育观念。其实教育观念不在于新旧，而在于真假。孔子的“教学相长、因材施教、有教无类”旧不旧？叶圣陶“教是为了不教”旧不旧？这些都是教育的真谛，任何时候也不会过时。但我们被创新绑架了，很多好的东西，因为不具有创新的要素，就被我们毫不犹豫地阉割了。这些年，我们就像猴子掰玉米一样，掰一个扔一个，最后既没有传承，也谈不上创新。如此下去，教育将会变成一个死魂灵，无根也无叶，有魂也无魄。

不妨具有工匠之心，就做一个教书匠吧。

对教育者来说，具有工匠之心，第一是要耐得住寂寞。

人生很多事急不得，你得等它自己熟，教育更是如此。教育中我最在乎的就是“悟”，“悟”需要闲暇，需要毫无压力，需要安全感，需要舒张，也需要时间来保证。

做教育，就得像个手艺人，沉浸在专注、激情和挥汗如雨的光阴里，享受这件事情本身所带来的痛苦和幸福。没有痛苦的教育，不值得一提，没有幸福的教育，不值得一过。

哲学家说，人是被抛在这个世界的，但人不能孤独地活着。于是，每个人都是匠人，都通过自己的作品与世界对话，透过作品告诉人家我心里的想法，我眼中的世界，我生活的诉求。

但这一切都需要时间，需要发黄岁月的慢慢积淀。世界再嘈杂，匠人的内心却绝对需要安静和安定，面对大自然赠予的素材，他们只有先成就它，然后才有可能成就自己。

譬如在选择小提琴木料时，匠人们非常在意树木的年轮。在他们看来，每棵经历岁月洗礼的大树中都藏有一个精灵，而这个精灵正是一把提琴的灵魂。木料选出，风干切割后，他们将其放入一个终年不见阳光的房间四到五年。这样，本来混沌的木板就有了灵异，万籁俱寂中那些曾经吐纳的自然之气，收藏的百鸟之声，才会像沙漏一样从木头中渗透出来。

琴的制作如此，人的成长也是如此。

真正的教育者，绝不追求所谓的多快好省。所谓的高效课堂，不过是教育功利化赤裸裸的表达。教育不是工业，而是农业，像中世纪古老的庄园生活，缓慢从容。教育就像怀春，就像缓慢成熟的爱情，种子和灵魂都喜欢安静，在和煦和温暖中，春风化雨，潜滋暗长。

第二是要聚精会神，认真打磨。

工匠之心能够过滤俗世的种种杂念，最重要的是，它能净化人生而为人的最大弊病——自私。当教师怀着工匠之心做事时，一言一行都会融入教育者的人格魅力，教育美在聚精会神，美在如切如磋，如琢如磨。

奥地利作家茨威格曾经拜访过罗丹，那时候，茨威格还是一个三流作家，无论怎么努力和挣扎，就是突破不了自己的瓶颈。

罗丹热情邀请茨威格去自己乡下的雕刻室去看作品。但他却突然疯子一样，沉浸在一尊已经完工的女性半身像前，喃喃自语，手里拿着粘土，不断修改，一个小时，两个小时，罗丹沉浸在自己的作品中，忘记了茨威格和整个世界，直到三个多小时后，罗丹才恍然醒来……

这是茨威格人生中最重要的一课，他说："一个人工作竟然可以专注到完全忘记时间空间与周围世界的存在，实在是令人钦佩和肃然起敬，这种完全忘我的境界也使我得到了空前绝后的感动。这三个小时我没白等，它使我把握住了一切艺术、一切事业成功的奥秘，那就是四个字——聚精会神！"

这就是悟，对工匠之心的领悟，使得茨威格深刻认识到自己在文学道路上之所以不顺，就是因为功利心过重，以致作品浮浅急躁，深度不够。从此，茨威格成了另一个匠人，聚精会神，慢慢打磨，沉静得如同一块苔藓斑斑的石头，《一个陌生女人的来信》等经典作品，源源不断地出现。

第三还要有一颗简单的心灵。

大道如简。匠心就是用简单的心做最单纯的事。喜欢匠人，尊崇匠心，喜欢他们匠心独运，熟能生巧，也喜欢他们巧夺天工。

靠手艺过活，不需要辨识与选择，无争，无怨，直面无常，将人生以最简单的方式进行下去。

朱敦儒的《西江月》写得好。

日日深杯酒满，朝朝小圃花开。
自歌自舞自开怀，且喜无拘无碍。

青史几番春梦，黄泉多少奇才。
不须计较与安排，领取而今现在。

不需计较，也无须安排，作为一个农民的儿子，我也是这样。我不相信一切，只相信我的双手，相信泥土，相信我们曾经对岁月许下的诺言。

一切艺术都需要专注，专注就是聚焦，聚焦就是不及其余，任凭弱水三千，我只取一瓢饮。世界是复杂的，唯有用极简的心，才能造出世界上最美的物件。

这是生活的哲学，也是生命的辩证法。

极简，当然不是单调，更不是乏味，而是用沉静的敬畏之心，塑造出有灵魂的活生生的作品。譬如，奢侈品的另一面，不是极致的华贵，而是自然而然的简单。因为那是一种依靠积累、源于传承的工匠精神，这种精神无法瞬间获得、想要就有。

香奈儿服装所配的鞋子，一直与乡下一个老太太手工艺人合作，而且一合作就是几十年。真正手艺人的作品，是机器无论如何也做不出来的，因为它们没有灵魂，眼睛里没有泪水。

侯孝贤为纪录片《盛世里的工匠技艺》接受采访时说："我们之所以喜欢手工的东西，是因为我们的美感来源，就是在这历史久远的技艺中逐渐形成的。"

是的，我们的教育艺术也是如此。

真正古老的教育，都是手工的。杏坛之上，弦歌不辍，老师们耳提面命，一张嘴，一块黑板，三尺讲台，一支粉笔写春秋。

RENWU

人物——生命是一袭华美的睡袍

人的确是个场所，仅仅是个场所，精神之流从那里经过和穿越。

——乔治·布莱

人是万物的尺度，是存在者存在的尺度，也是不存在者不存在的尺度。

——普罗泰戈拉

庄子：相看两不厌

诸子百家中，庄子这家伙，我最喜欢。一个人可以无味，但绝对不可以无趣，所幸庄子就是一个趣味十足的男人。没有哪个人有他冷眼看穿，也没有一个人能像他热肠挂住。

据说，庄子有一次游学回家，在路上看见一个小娘子，穿着银装素裹的孝服，恍若神妃仙子，手里拿着一把纸扇，拼命地扇动一座新坟。她那么着急，鼻尖上满是汗，她一定累了，可还是在玩命。庄子于是就问，小娘子，你为什么要扇这座坟啊？女人回答道，我的相公死了，临终有遗言，要等他的坟头上青草茵茵，黄土干透，我才可以嫁人，可我现在遇见了我的爱，所以，扇动黄土，想让它早点干而已。

庄子说，小娘子此言有道理，我可以帮你。那庄子接过扇子，轻轻一扇，第一扇扇过，黄土变白，全部干透；第二扇扇过，绿草茵茵，花枝招展。女人千恩万谢，欢天喜地地走了。

庄子很有感触，回家之后，就把这件事告诉了妻子，妻子大骂那个女人没有良心，责怪庄子不该助纣为虐。庄子轻轻一笑，说："人同此心，吾如此，尔亦然。"

妻子义愤填膺，她那么爱庄子，绝对不容许庄子亵渎爱情。两人甚至打起了冷战。

没想到庄子不久就病了，病得很重。

几天过去，竟然病入膏肓。

妻子细心地调理他。庄子的学生也来了，其中有一个学生高大英俊，温文儒雅，日夜守护老师，死活不肯离开，一定要陪伴老师最后的岁月。一个月，两个月，庄子丝毫没有好起来的迹象，反而不能言语了。而庄子的妻子也在逐渐的照顾中，对庄子的学生心生好感，这个学生也似乎对她有意，郎有情，妾有意，这下可好了。到后来，每天照顾庄子，竟然成了他们的享受。

但是，庄子还是死了。他们流着眼泪把庄子入殓了，让他躺在棺材里，等三天过后，就出殡。就在庄子死去的当天晚上，庄子的学生就病了，病得很厉害，胡言乱语。后来，有一个游方僧人告诉庄妻，这种病非得吃死人的脑髓，才能够医好。庄妻突然想起了死鬼丈夫，为了爱情，庄妻什么也不顾了，晚上就提着一把斧头去了。当她打开棺材，庄子却突然从里面坐起来，乐呵呵地对她说，我说的怎么样啊？电光石火，庄妻恍若从睡梦中惊醒，羞愧难当，默然流泪，当天就自杀而亡。

庄子面对妻子的死亡，却击缶而歌，歌曰："大道如天兮，众生走过，吾非汝夫兮，汝非吾妻，偶尔邂逅兮，结成夫妻……"朋友惠施感到不理解，就问他原因。

庄子说，当柴薪燃着的时候，谁都能看见它是燃着的，可是当它熄灭的时候，没有人再相信火还是燃着的，但是，谁说这个时候火就灭了呢？生命终于归于大道，难道不该庆祝吗？说完庄子自顾吟唱道：

不是冤家不聚头，
冤家相聚几时休。
早知死后无他意，
生前恩爱一笔勾。

但是，就是这样一个真诚的人，仍然会被朋友猜忌。庄子死老鼠的譬喻可谓天下皆知。还是这个惠施，庄子最铁的哥们儿，时来运转做了梁惠王的宰相，庄子就屁颠屁颠去看望他。有人就挑唆说，庄子要来梁国了，将要代替你做梁国的宰相，结果老朋友翻脸比翻书还快，立马派出重兵在城里搜寻庄子，而且一搜就搜了三天三夜。庄子没有办法，只得自首，主动去见惠施，并且对惠施说："南方有一种鸟，名叫宛刍，你知道吗？宛刍从南海出发，飞往北海，途中不是梧桐树它不休息，不是竹子的果实它不吃，不是甜美的泉水它不饮。但是，有一只猫头鹰找到一只死老鼠，宛刍刚好从空中飞过，猫头鹰仰起头来叫喊道：‘啊，不要抢走我的死老鼠啊。’”庄子说：“现在你也想用梁国这只死老鼠来吓我吗？”

惠施哈哈大笑，于是，兄弟重归于好。人总是喜欢用自己的心理去揣测别人。庄子只是出于友情去看望老朋友，却招来了老朋友无端怀疑，差点壮烈牺牲。人的幽暗意识是容易投射的。自己想要什么，便以为别人也想什么。佛印说得好，心中有佛，眼里就有佛；心里有屎壳郎，眼里就只有屎壳郎。惠施对于自己梁国宰相的位置非常在乎，甚至准备以死捍卫这个位置。可是，在庄子眼里，梁国宰相的位置则犹如宛刍眼中的死老鼠而已。

要不怎么说，白头如新，倾盖如故呢？

老朋友惠施一辈子也没读懂庄子。

好为人师的庄子，后来在濮水给他好好上了一课。此时的庄子绝对是特级教师了。他手里拿着钓竿，悠闲垂钓。也许不能说是悠闲吧？因为庄子是真正地垂钓，他需要一条鱼，来填补自己的辘辘饥肠。但楚王明显误解庄子了，他以为这个喜欢寓言的家伙，又是用老掉牙的姜子牙故事，来提醒他这个还不算太笨的学生。

于是，风尘仆仆的两匹马来了，楚王的两个臣子，经历了马拉松的奔波，终于找到了庄子，带着楚王的相印。我想能够鼓起他们颠沛流离、鞍马劳顿的勇气的，除了君王的龙威，更有亲自参与这个历史故事的有趣，当然，还有能够给一个未来的相国报喜并有可能最先钻入这个团队的激动。总之，我猜想这个心理一定很精彩。

“庄子持竿不顾”，这一句足以把那个惠施羞死。

对于唾手可得的相位，弃如敝屣。庄子知道要想解释清楚很困难，这个困难不亚于马晓旭在世界杯进球。于是，特级教师庄子想来想去，还是打了一个比方。他问他们一个问题：“楚国水田里有一只乌龟，它是愿意到楚王那里，让楚王用精致的竹箱装着它，用丝绸的巾饰覆盖它，珍藏在宗庙里，用死来换取‘留骨而贵’呢，还是愿意拖着尾巴在泥水里自由自在地爬来爬去？”庄子不愧是名师，连这两个禄蠹都能够抢答了，他们回答说：“宁愿拖着尾巴在泥水中活着。”

庄子说，那好，我就是那只乌龟！

到了这里，我突然发现所有的一切都是寓言，都在对比中显出庄子的亲切和智慧。同样是垂钓，姜子牙钓的是相位，并最终暮登天子堂，成就了一番事业。而庄子是钓鱼，因为丢弃相位，啸吟山林，终于也涂抹了一段传奇。

濮水的庄子悠然自得地钓鱼，青箬笠，绿蓑衣，斜风细雨不须归，而那两个大臣，灰头土脸，仓皇劳累。这两者，究竟谁活得更加惬意？

还有，那朝堂而贵的乌龟，和那泥田中自由自在的野乌龟，谁更能贴切体会到自由的珍贵？

特别有趣的是，朝堂上香烟缭绕，乌龟留骨而香的地方，却污浊不堪，而田野中的污泥，却保持了乌龟最后的清洁。脏就是清洁，清洁就是脏。假作真时真亦假，无为有处有还无。

我还常常想，为什么庄子要选择乌龟？要知道乌龟的名声可不太好啊。想来古人也是要骂乌龟王八蛋的。那么，这种比附是不是还寓意着庄子要做缩头乌龟，一辈子冷眼看穿？乌龟身上坚硬的甲，是不是庄子一层自我保护的外衣？自喻为乌龟是不是还有庄子式的自嘲和反讽？

做人，还是做乌龟，这是一个值得考虑的问题。

于是，突然想起了庄子的另一个故事，特级教师庄子差一点被学生问倒的故事。

有一天庄子带着学生游学，在路上看到工人——坎坎伐檀兮！所有的大树一棵棵倒下，反而是不成材的杂树活了下来。庄子心有余悸地告诉学生，千万不要做大材，木秀于林，风必摧之。

到了晚上，庄子借宿于人家，主人很客气，晚上要杀鸡款待，男主人问女主人杀哪只鸡，女主人毫不犹豫地说，杀那只不下蛋的鸡。我的乖乖，学生又惊出一身冷汗。大材的母鸡活下来了，而不材的母鸡却遭到杀戮。那么，究竟选择做材还是做不材呢？

好个庄子！悠悠然回答说："在材与不材之间。"

庄子的所作所为，常常让我们成了丈二和尚，如何认识真正的庄子，还是胡文英说得好。

"庄子眼极冷，心肠极热。眼冷，故是非不管；心肠热，故悲慨万端。虽知无用，而未能忘情，到底是热肠挂住；虽不能忘情，而终不下手，到底是冷眼看穿。”

好一个逍遥的庄子，好一段沉重的人生。

苏轼：为谁流下潇湘去

千古以来，滔滔文人，何其多也。我却独爱苏东坡。

苏东坡是万世文人的偶像、准则、法度，这一点毫无例外，如果有，唯一的例外那就是没有例外。

王国维在《人间词话》中说：“三代以下诗人，无过屈子、渊明、子美、子瞻者。此四子者，若无文学之天才，其人格亦自足千古。故无高尚伟大之人格，而有高尚伟大之文章者，殆未有之也。”

国学大师的人格论深得我心。文章未尝不是性情之袒露，心灵之烛照，灵魂之洞察也。东坡为文汪洋恣肆，雄豪阔大，飘若浮云，皎若惊龙。首先在于他的人格美善，其次才是思想深远、境界高迈，然后才能裹惊雷、挟江海、掀滔天巨浪，举重若轻，举轻若重。

苏轼的恢宏，即便是“凤歌笑孔丘”的李白，或许也要望洋兴叹。我们可以在林语堂的《苏东坡传》中，找到“李江苏海”的缘由。

“苏东坡是一个不可救药的乐天派，一个伟大的人道主义者，一个百姓的朋友，一个大文豪，大书法家，创新的画家，造酒实验家，一个工程师，一个假道学的憎恨者，一位瑜伽术修行者，佛教徒，巨儒政治家，一个皇帝的秘书，酒仙，心肠慈悲的法官，一个政治上的坚持己见者，一个月夜的漫步者，一个诗人，一个生性诙谐爱开玩笑的人。”

这样的一个怪才，一个鬼才，一个奇才，一个全才，历史只能赐予我们一次。

谁也不知道，这个上帝赐予的尤物，这个注定无法复制的人中豪杰，前世究竟是怎样一个魂灵？他的一生，究竟是一出喜剧，一出悲剧，一出正剧，还是一出五味杂陈无法解说的悲喜剧？

穷而后工，不平则鸣，国家不幸诗家幸。苏轼的人生，几乎浓缩了中国历代文人的所有命运，或悲慨，或昂扬，或低沉，或洒脱，或狂放，或沉静……

20岁时，苏轼就以一篇《刑赏忠厚之至论》获得主考官欧阳修的激赏，本来是毫无争议的第一，但因为欧阳修以为该文是自己的弟子曾巩所作，为了避嫌，才把苏轼署为第二。后来，展卷一看，第一雄文的作者竟然是苏轼，欧阳修大为后悔，本来就是为了避嫌，结果反而把曾巩推为第一。对于苏轼的才华，欧阳修异常珍惜，他对梅尧臣说："老夫当避路，放他出一头地也。"这就是"出人头地"的来历。欧阳修还对自己的孩子和学生说："几年之后，北宋及后世文坛只会说苏轼，而不会再念及我欧阳修了。"能得到文坛领袖如此褒奖，苏轼几乎在一夜之间名满天下。但苏轼的人生坎坷，却也就此拉开序幕。

高中进士之后不久，苏轼逢母忧，仓促回川；紧接着又是父亲病故，扶丧归里。这一来一去就耽误了好几年，其间北宋政坛风云变幻，恩师欧阳修等人因反对王安石变法，被迫离京。苏轼从政的黄金时期就这样错过了。否则以苏轼的雄才大略，说不定真能挽狂澜于既倒，扶大厦之将倾。

苏轼丧满还朝途中，亲眼见到新法对老百姓的损害，于是回京甫定，就慨然上书，认为新法不能便民，结果开罪了王安石，因而不容于朝廷。愤怒的苏轼自求外放，调任杭州通判。在杭州待了三年，任满后，苏轼先后知杭州、密州、徐州、湖州。在湖州，苏轼遭遇有宋以来的第一个文字狱——乌台诗案，被整整关押103天，最后九死一生，被贬为黄州团练副使，相当于现在自卫队队长，而且还是副的。最要命的是朝廷还不给俸禄，苏轼只能挽起袖子，开垦荒地，自食其力，直接从事农业生产。"东坡居士"的别号由此而来。

元丰七年，苏轼离开黄州，奉诏赴汝州就任。途中，神宗驾崩。王安石倒台，司马光卷土重来，重新被启用为相。苏轼以礼部郎中被召还朝。半月之后，升起居舍人，三个月后，升中书舍人，不久又升为翰林学士。然而，苏轼就是苏轼，他对司马光拼命压制王安石集团的人物，以及尽废新法，感到不满，于是再次上书，因而又开罪了旧党领袖司马光。

从此，苏轼成为新党和旧党的共同敌人。好个苏轼，就是不知道悔改，他在给朋友的信中说："昔之君子唯荆是师，今之君子唯温是随，老弟与温公相知日久，始终无间，但不随耳。"

这里的荆公就是指王安石，而温公则显然是司马光。尽管苏轼被新党视为旧党，尽管他和司马光交情不薄，但他决不随波逐流，人云亦云，而是客观实际地指出：新党既有其弊端，但也有其好处，并非一无是处；而旧党既有其好处，也有其弊端，并非尽善尽美。这种不折中、不调和的人生态度，激怒了新旧二党，苏轼不得不再次请求外调。结果再次来到阔别了十六年之久的杭州，不过这次是当杭州太守，是真正的法人代表，他能够实现他的政治理想，能够做一些实事了。苏轼在杭州政绩卓著，最为后人称道的是，他在杭州修了一项重大的水利建设，疏浚西湖，用挖出的泥在西湖旁边筑了一道堤坝，也就是著名的"苏堤"。

元祐六年，在杭州过得活色生香的苏轼，又被征召回朝。不久又因政见不合，被外放颍州。元祐八年新党再度执政，苏轼以"讥刺先朝"的罪名，被贬为惠州安置，再贬为儋州别驾，再贬为昌化军安置。不久，徽宗即位，苏轼被调为廉州安置、舒州团练副使、永州安置。元符三年宋朝大赦，苏轼复任朝奉郎，北归途中，卒于常州，享年六十六岁。一代奇才的壮阔人生，终于谢幕了。整个宋代，或者是中国的整个文坛从此一片黑暗，直到又一个英雄曹雪芹的横空出世。

苏轼的一生既波澜壮阔，又江河日下，一贬再贬，他凭什么度过那些惨淡岁月？凭什么度过那么多的长夜和冷雨？这一点让后世文人艳羡不已，又赞叹不已。

我以为，苏轼的人生有四大宝。其一是儒家，其二是道家，其三是佛家，其四是史家。

一、知其不可为而为之的儒家操守

这个操守自小就在苏轼的心灵里打下烙印。苏轼有诗云："一点浩然气，千里快哉风。"这里的"气"非常重要。"气"本是普通字，是空气，是气体，是大气，是精神，是力量，是内心里的一种愤激，是一肚子不合时宜。这种"气"还是孟子所说的"吾善养吾浩然之气"的"气"，是哲学概念，是元气，是伟大的道德动力，是儒家求善、求正义的高贵精神。苏轼把这种伟大精神提升到无极限的高度，至大至刚，以至“山崩于前不变色，海啸于后不变声”。

苏轼十岁那年，父亲苏洵游学四方，母亲程氏亲授苏轼书，闻古今成败，辄能语其要。程氏和苏轼一同读《范滂传》，母子慨然太息。那么，范滂究竟何许人也？原来范滂是东汉人，年轻时被国家征召，他“登车揽辔，慨然有澄清天下之志”。这个慨然就是儒家的治国平天下之志。后来范滂果真为国做出一番大事业来，但不久之后，后汉发生党锢之争，很多党人被关进监狱或被处死。范滂听说官府也在捉拿他，就想去自首，与党人共同赴难，于是，对母亲说：“滂归黄泉，存亡各得其所。惟大人割不可忍之恩，勿增感戚。”就是说，我今天慷慨赴死，只是老母在堂，养育之恩未报，这是我唯一不能割舍的情感。

母曰：“汝今得与李、杜齐名，死亦何恨！既有令名，复求寿考，可兼得乎？”他的母亲说，能够获得李、杜一样的名声，死而何憾？人怎么可能既能获得美好的名声，又能富贵寿考呢？

苏轼当即就问母亲：“轼若为滂，母许之否乎？”程氏答曰：“汝能为滂，吾顾不能为滂母邪？”好一个伟大的母亲，好一次伟大的教育！正是这种耳濡目染，苏轼从小就获得了儒家的一种忠义奋发的大志，从此“富贵不能淫，贫贱不能移，威武不能屈”。苏轼秉承屈原的忠君爱国之心，知无不言，言无不尽，从来不曾为自己的命运担心。“亦余心之所善兮，虽九死其犹未悔。”在《江城子》中，苏轼写道：“老夫聊发少年狂，左牵黄，右擎苍。锦帽貂裘，千骑卷平冈。为报倾城随太守，亲射虎，看孙郎。酒酣胸胆尚开张，鬓微霜，又何妨！持节云中，何日遣冯唐？会挽雕弓如满月，西北望，射天狼。”天狼星主侵略，代表叛逆的象征，苏轼这首词是要表现自己哪怕像冯唐一样衰老，但仍有心要和西北敌人交战，捍卫祖国的国土。“白羽犹能效一挥”，“谁信儒冠也捍城”。

就算累累若丧家之犬，东奔西走，苏轼仍不顾自己戴罪之身，尽自己最大所能，呵护社会和民众。他曾上书武昌太守，揭露百姓因艰苦养不活孩子，成群杀死初生婴儿的人间惨剧。

轼启：

昨日武昌寄居王殿直天磷见过。偶说一事，闻之辛酸，为食不下。念非吾康叔之贤，莫足告语，故专遣此人。俗人区区，了眼前事，救过不暇，岂有余力及此度外事乎？

……

公更使令佐各以至意，诱谕地主豪户。若实贫甚不能举子者，薄有以赒之。人非木石，亦必乐从。但得初生数日不杀，后虽劝之使杀，亦不肯矣。自今以往，缘公而得活者，岂可胜计哉！佛言杀生之罪，以杀胎卵为重。六畜犹尔，而况于人。俗谓小儿病为无辜，此真可谓无辜矣。悼是杀人犹不死，况无罪而杀之乎？公能生之于万死中，其阴德十倍于雪活壮夫也……

款向在密州遇饥年，民多弃子。因盘量劝诱米，得出剩数百石别储之，专以收养弃儿，月给六斗。比期年，养者与儿，皆有父母之爱，遂不失守。所活者亦数十人。此等事在公如反手耳。恃深契故不自外，不罪不罪。此外惟为民自重，不宣。轼再拜。

今读此文，依然感受到苏轼内心的凄苦之声，不仅有恳切的劝告，还有解决问题的措施和方法。苏轼从来就不是一个口头政治家，他的身上闪耀着人道主义的光芒。

在《浣溪沙》中，苏轼写道："谁道人生无再少，门前流水尚能西。休将白发唱黄鸡。"人生可以再少，青春可以常驻，何必为日月变迁，人生衰老叹息？这就是儒家的清新刚健的人生态度，孔子就曾说自己"愤而忘食，乐而忘忧，不知老之将至云尔"。

二、道法自然、自然而然的道家情怀

苏轼把儒家的道德文章和道家的清静超脱融贯在一起，并逐步调和起来，完成了自己的人格塑造。还在苏轼很小的时候，当他第一次读到《庄子》时，大为感叹："吾昔有见于中，口未能言，今见《庄子》，得吾心矣。"就是说："我当初有一些自己的见地，但总说不出来，今日读到这本书，发现这本书真是深得我心啊。"

后来苏轼的弟弟苏辙写了一本书叫《老子解》，苏辙把很多儒家的理论和道家思想糅合在一起了。苏轼给弟弟的《老子解》写了一篇跋文，从这篇跋文，我们可以窥见苏轼对儒道佛的见解，尤其是对道家的认识。他说：假使西汉初年有了这本书，则“孔老可合一”；假使晋宋之间有了这本书，则“佛老不为二”。由此看来，苏轼认为儒道佛，本质上并不矛盾，它们有相容贯通的地方，而他自己确实就是这样的实践者和施行者。

另外一个证据就是苏轼对陶渊明极其推崇，尤其是在黄州亲自躬耕之后，感同身受，应和了陶渊明的很多诗歌。陶渊明是典型的穿行在儒道佛思想之中，得其精华而不拘于一家的一位诗人，他的身上明显闪耀着儒道佛交融的人格境界。这种人格理想显然给了苏轼巨大的启迪。

正是在道家思想的涵养之下，苏轼获得了人生的超脱。在《超然台记》中，苏轼写道：“美恶之辨战乎中，而去取之择交乎前，则可乐者常少，而可悲者常多。”意思是说：“物的好坏在你内心交战，得失的利害总在你的眼前，这样你整个人就被物欲压倒了。一个人只有超然于物欲之上，才能得到自己的快乐。”苏轼的一生经历了那么多的打击和挫折，而终究能够完成自我的人格塑造，如果没有随遇而安的道家思想，没有超越物欲的人生境界，这是不可想象的。

在《定风波》里，苏轼借助写一个女孩子，表达了自己的人生感悟：“万里归来年愈少，微笑，笑时犹带岭梅香。试问岭南应不好？却道：此心安处是吾乡。”吾乡何在？在心安处。而在另一首《定风波》里，苏轼写道：“莫听穿林打叶声，何妨吟啸且徐行。竹杖芒鞋轻胜马，谁怕，一蓑烟雨任平生。料峭春风吹酒醒，微冷，山头斜照却相迎。回首向来萧瑟处，归去，也无风雨也无晴。”

东坡为何不躲雨？因为他知道“前方亦雨”，既然躲不掉，为何不坦然接受？就像人活着，自然就有死亡，每个人都有死亡，那么怕死有用吗？所以，史铁生最后感悟，死亡是一个必然会到来的节日。以这样一种达观迎接它的到来。人生其实就是一场风雨，无边无际，无可躲藏。最好的避风港就是自己的心灵，“此心安处是吾乡”。

正因为如此，苏轼又和陶渊明有所不同，他不隐居，他不退出江湖，因为江湖就是人，人就是江湖，怎么退出？因此，他不需要躲避官场，逃离尘嚣，人活在世上，谁能摆脱人生这一张罗网？无论是居庙堂之高，还是处江湖之远，对苏轼来说均是“外部世界”，本无区别，他最后的归宿只能是自己的“内心世界”。此心安处，就会“也无风雨也无晴”。

正因为如此，苏轼超越了个人的悲欢荣辱，真正做到了无欲无求，但仍然“不能学太上之忘情也”。苏轼到了杭州，用淤泥筑成了一道长堤，便利了交通，澄清了湖水。在传染病流行的时候，还成立了“病坊”，这是世界医学史上传染病隔离治疗的滥觞。贬到杭州，他写“水光潋滟晴方好，山色空蒙雨亦奇。欲把西湖比西子，淡妆浓抹总相宜”。对手看他过得惬意，又把他贬到惠州。谁知道，苏轼很快又找到了快乐。各种时鲜的水果，他都有得吃。“罗浮山下四时春，卢橘杨梅次第新。日啖荔枝三百颗，不辞长作岭南人。”对手一看不行啊，又把他贬到了黄州，而且不给饭吃，苏轼就自己耕种，又和老百姓打成一片。很快他就热爱上了黄州的山水，喜欢起黄州的人民。他说：“山中友，鸡豚社酒，相劝老东坡。”简直就是其乐融融嘛。但很快调令又下来了，要把苏轼调到汝州。这次苏轼也开始难过了，“云何？当此去，人生底事，来往如梭。”因为黄州有苏轼亲手搭建的雪庐，亲手栽种的柔柯，还有“把酒话桑麻”的农友。但转念一想，到汝州也好啊，想必汝州也会不错。“待闲看秋风，洛水清波。”汝州是古代的中原地带，洛水从那里流过，想来会散发清波，惊鸿照影。

苏轼还没到汝州，对汝州喜欢的诗歌就已经出来了，对手很生气，后果很严重。看来汝州是不能让苏轼去了，干脆把苏轼贬到中国最南端的海南岛去。这次不但不给苏轼吃的，连房子都不给住。有一段时间苏轼带着儿子就睡在桄榔树叶下面，有感于桄榔叶子的庇护，苏轼后来还写过一篇文章，叫《桄榔庵铭》。在海南岛缺医少药的恶劣环境中，苏轼还解嘲说：“因为身处蛮荒，没有医师，因而避免了京师庸医可能的误诊。”直到离开海南岛时，苏轼还挥笔写下：“九死南荒吾不恨，兹游奇绝冠平生。”历九死而不恨，海南岛的风景是自己一辈子所遇最好的风景。苏轼没有谎言，他是真把海南岛当成了自己的故乡。他说：

> 我本海南民，寄生两蜀州。
> 忽然跨海去，譬如事远游。

他甚至还说：“他年谁作舆地志，海南万里真吾乡。”这是怎样的胸襟？怎样的境界？怎么的气度？

苏轼有一次和自己的弟弟说：“我上可以陪玉皇大帝，下可以陪卑田院乞儿。

在我眼里天下没有一个不好的人。”“人生到处知何似？应似飞鸿踏雪泥。泥上偶然留指爪，鸿飞那复计东西。”人生像什么？飞鸿踏雪。无论功名利禄，还是痛苦灾难，一切皆为偶然，都是虚幻，故欢乐不可纵，痛苦不必萦，世事沧桑，过眼烟云，求得本心清静，便是解脱。

苏轼绝圣弃智最典型的是下面一首诗，元丰六年，苏轼和朝云的爱情有了结晶，苏轼写诗自嘲：

人皆养子望聪明，我被聪明误一生。
唯愿吾儿愚且鲁，无灾无难到公卿。

三、大彻大悟、看破红尘的佛的境界

佛者，觉也。得到了大智慧，能将宇宙万物三界诸相均看透的人就是佛。一般来说，“佛”是理智、情感和能力同时达到最圆满境地的人格，换句话说，佛是大智、大悲与大能的人。佛不是万能，佛不能赐我们以解脱，他只能教导我们，我们还是要凭自己的努力才得解脱。

苏轼除了在《老子解》的跋文中表达了“佛老不为二”的思想，又常常和佛门中人打成一片。比如佛印，就是苏轼最好的朋友，还有辩才和尚。苏轼曾经在《祭龙井辩才文》中说过：“孔老异门，儒释分宫；又于其间，禅律相攻。我见大海，有北南东；江河虽殊，其至则同。”再次提出儒释道三家相反相成，他认为佛老思想一个最重要的特点就是“静而达”。能静就不会被外物转移，能达就会对生死、毁誉、贵贱有一个通达的看法。学佛老的好处在于可以“应万物之变”，就是不论在什么挫折和苦难之中，都能有方法和态度去应对，都能有自己的操守和定力，不会被挫折和苦难打倒。“静而达”就是这样的一种人生境界，这是东坡的人生过滤所得，以至他一生都受用无穷。

他的人道主义精神，实际上可以看成是他的慈悲之怀。

苏轼与章惇原为好友，后则形同水火。东坡后半生的宦途，可以说都被章惇给毁了。年轻的时候，苏轼与章惇游芦关，至峡谷边，章惇坚邀苏轼同过峡谷间一个摇摇欲坠的小木板吊桥，到对面去题字。苏轼不肯与章惇过桥，章惇则自拢衣袍，抓住吊索，神态自若地走过吊桥，并在峭壁上写下“苏轼章惇来游”六个大字，然后泰然而回。苏轼拍拍他的肩膀，半开玩笑半认真地说：“日后子必杀人。”章惇反问：“何以见得?”苏轼答：“能玩性命于股掌，当必能杀人。”苏轼一辈子不善于识人，只有这一次是例外。

日后，章惇得势，力排元祐党人。尤其对苏轼，更是赶尽杀绝。苏轼不断被迁移流放，都是他的主使。后来新皇帝登基，苏轼从海南岛遇赦召回，即将委以重用。章惇之子章援害怕苏轼打击报复，就写信给苏轼，说自己的父亲章惇也获罪流放海南岛去了，乞求东坡能看顾其父。东坡给章惇之子的复信如下：

“某与丞相定交四十余年，虽中间出处稍异，交情固无所增损也。闻其高年寄迹海隅，此怀可知。但已往者更说何益?惟论其未然者而已。主上至仁至信，草木豚鱼所知。建中靖国之意可恃以安。所云穆卜反复究绎，必是误听。纷纷见及已多矣，得安此行为幸。见今病状，死生未可必。自半月来食米不半合，见食却饱。今且连归毗陵，聊自憩我里。庶几少休，不即死。书至此，困惫放笔，太息而已。”

苏轼不仅以德报怨，而且还把一本详细的海南岛的生活地图，以及注意事项都叮嘱给了章惇。呜呼，我不知道章惇闻听此言，做何感想?反正我看到这里是泪流满面。

在《东栏梨花》中苏轼写道：“梨花淡白柳深青，柳絮飞时花满城。惆怅东栏一株雪，人生看得几清明。”

这是苏轼和李白的不同。李白一辈子也不明白这个社会是怎么回事，他活在自己的世界里，完全不明白人世，所以他只能是谪仙人。苏轼却不然，高朋满座，不会昏眩；曲终人散，不会孤独；春去秋来，不闻于耳；盛衰荣枯，不萦于怀。他将人生看得太清明了，“且夫天地之间，物各有主。苟非吾之所有，虽一毫而莫取。惟江上之清风，与山间之明月，耳得之而为声，目遇之而成色。取之无禁，用之不竭。是造物者之无尽藏也，而吾与子之所共适。”因为懂得，所以通透。他还用自嘲的口吻，给自己的一生做了界定：“心似已灰之木，身如不系之舟。问汝平生功业，黄州惠州儋州。”

四、洞若观火、洞明一切的历史观

大凡诗人要超脱世俗的重压，常常有两个好去处，一个是看你能否与大自然融合，在自然中望峰息心，窥谷忘反；一个是在广阔的历史之中，能否找到知音，了然彻悟。

柳宗元就是这样的一个人。苏轼曾经说："宗元之论出，而诸子之论废矣，虽圣人复起，不能易也。"他对柳宗元的历史观给予了高度评价，实际上也反映了苏轼的历史观，既能在山水中得到陶醉，又能在历史中找到因果。

凡是具有史观和旷达的人，都能对盛衰、得失、成败抱有一种超然的通达看法。凡是具有这种看法的人，都能让历史人物分担他的这种感慨和悲苦。历史上那些超然于世俗荣辱、成败利害之外的伟人，他们对人生的意义和价值，都有一种真切认识。这份真切的认识又会很自然地融入后来者的心中，并使得他们具有一种后天的免疫力。因为凡能发生的，历史皆已发生；凡能承受的，前人皆已承受；凡能思考的，前人皆已思考。我们现在发生的一切，无非是历史的重新演绎和我们的重新承受，我们的苦思冥想，无非是对前人的重新思考，如此而已。我并不是天底下最倒霉的那一个，有很多前人和我们唱过"同一首歌"。历史的经验足够用来借鉴，未来之路还正漫长。

孟浩然仕途失意之后，曾写过一首诗，非常有代表性：

人事有代谢，往来成古今。
江山留胜迹，我辈复登临。
水落鱼梁浅，天寒梦泽深。
羊公碑尚在，读罢泪沾襟。

江山到处有胜迹，这些胜迹又能让我们借古人之酒杯，浇自己之块垒，从中获得激励，得大自在。我们千万不能忽视这种史观对苏轼人生的积极影响。苏轼很多咏怀诗都有这种意味。

从海南回来，到达常州，苏轼最好的学生秦少游突然去世，这对苏轼是一个巨大的打击，他曾把少游的名句"郴江幸自绕郴山，为谁流下潇湘去"写在扇子上，每读一遍，未尝不眼泪纵横，叹息说："少游已矣，百死莫赎。"今天，我花这么多时间来写苏轼，也有"为谁流下潇湘去"之叹。

郁达夫：佯狂难免假成真

《江南的冬景》，让我再一次走进郁达夫。过去我一直不喜欢他，那种敏感的尖锐，病态的歇斯底里，都让我感觉不舒服，我喜欢明朗的东西。

可能是时间的推移，我性子越来越慢，急躁的毛病也改了不少。我不再讨厌美声唱法了，甚至还喜欢上土得掉渣的二人转。那种咿咿呀呀的乡土气息，越来越让我迷恋。这其中就包括开始喜欢郁达夫的作品。读郁达夫是需要如水心境的，在袅袅的茶香之中涣散，而咖啡应该是不能佐读的。留洋的郁达夫骨子里还是中国旧文人的情调。

郁达夫的旧式诗歌，应该算是现代作家的翘楚吧。又有人评，要画江南的水墨山水，必得读郁达夫的《江南的冬景》。于是，我用“诗画”来教授这篇文章，把四幅画面和诗人的散步，都看成是意象，然后结合郁达夫的生平，来探究这些意象背后所折射出来的色彩和情调。效果也还不错。

达夫自然是一个很感性的人，读他的作品，常常禁不住要忧郁，这种人性深处的忧郁，不是张爱玲小资式的情调和疲倦，而是人性深处的那种痛苦，那种无助，满是血与泪的交融。

达夫一贯主张“文学作品都是作者的自传”，他的小说如此，散文和诗歌更是如此。郭沫若在《论郁达夫》中谈道：“他的作品中透露出一种真挚，似乎还有一个极其虚弱的声音在向你求救，那是灵魂的无奈在低吟浅唱。”真是不刊之论。郁达夫毁誉参半的《沉沦》，就彻底袒露自己的精神苦闷，简直比卢梭的《忏悔录》，还要来得直接。

“我真正不如变了矿物质的好，我大约没有开花的日子了。我所要求的就是这异性的爱情。苍天呀苍天，我并不要知识，我并不要名誉，我也不要那些无用的金钱，你若能赐我一个伊甸园里的‘伊扶’，使她的肉体与心灵全归于我，我就心满意足了。”这是作者情感的一种燃烧。那种压抑在内心中的对爱的渴望，像地狱中的魔鬼吞噬着诗人的生命，诗人的每一寸肌肤，都在燃烧，燃烧……

一、此情可待成追忆

郁达夫的第一任妻子是孙荃，虽是父母之命，但却正是达夫所喜。孙荃颇通文墨，旧体诗写得玲珑剔透，与郁达夫双剑合璧，龙飞凤舞。在达夫赴日留学中，两个有情人鸿雁传书，有很多的诗情和画意，流淌在盈盈一水间。

郁达夫甚至慨叹：“汝文字清简，已能压倒前清老秀才矣！”为了证明自己不是爱屋及乌，郁达夫把孙荃的两首小诗夹在自己诗作内发表，以假乱真，成为文坛佳话。由此可见当时郁达夫对孙荃的珍爱。1920年7月24日，两人正式结婚。随后的六七年时间，郁达夫尽管经历了丧子之痛，但夫妻二人的生活充满甜蜜。只是这种丧子之痛，无疑加深了郁达夫的颓废。在《一个人在途中》里他写道：“现在去北京远了，去龙儿更远了，自家只一个人，只是孤零丁的一个人。在这里继续此生中大约是完不了的漂泊。”我至今还记得《一个人在途中》里，郁达夫打酸枣，龙儿穿着棉袍，跑过来跑过去接，接到了就咯咯地笑，接不到也笑个不停的场景。

1922年春，郁达夫要回日本参加毕业考试，虽非死别，却是最痛苦的生离，郁达夫和孙荃两人携手和声填词《卖花声——送外东行》，没想到竟成为两人的绝唱：

> 梦里哭君行，疑已天明。（孙）
> 醒来却喜夜沉沉。（郁）
> 不是阿侬抛不了，郎太多情。（孙）
> 无语算邮程，暗自心惊。（郁）
> 途中千万莫多停，到得胡天安住后，寄个回音。（孙）

我每读至此，常常唏嘘不已。红尘背后难道真有一双翻云覆雨手，在制造人世间的爱恨情仇？

二、风雨茅庐安如山

郁达夫曾经对自己的好友孙百刚说："老孙！近来我寂寞得和一个人在沙漠中行路一样，满目荒沙，风尘蔽目，前无去路，后失归程，只希望有一个奇迹来临，有一片绿洲出现。"1927年1月14日，奇迹来临，绿洲出现，郁达夫恰好在孙百刚家邂逅了杭州第一美女王映霞，立刻坠入情网，不能自拔。

郁达夫和王映霞，一个是文坛才俊，风流倜傥；一个是西子再生，绰约多情。郁达夫自然一见倾心，再见倾倒，三见匍匐在地，于是上演了现代文坛一段轰轰烈烈的郁王传奇恋，世人称之为富春江上的神仙眷侣。杭州本来就是盛产爱情的地方，许仙和白娘子断桥的相会，就在那里。郁达夫初遇王映霞时，身上穿的正是孙荃从北平寄来的羊皮袍子，而孙荃，那个时候也正在北平呻吟于产褥之上。郁达夫，何其负心也！

郁达夫追求王映霞时的喜悦和热恋，忧郁和彷徨，放浪和坦白，简直超出了世人的想象。热恋期间，郁达夫突然出版《日记九种》，披露了他和王映霞相爱的种种细节，在上海滩引起轩然大波。平常人猜想，郁达夫此种作为，当是向世人申明，王映霞是我的，贴有郁达夫牌的专利商标。

《堂吉诃德》中有这样一句议论："一个正派女人的美貌好比一束独立的火焰或者一把利剑，如果不靠近它，它既不会烧人，也不会伤人。"真正祸水的是男人，张爱玲看得最为透彻。她说：男人总要把好女人教坏，又想方设法地把坏女人感化好。郁达夫是不是如此？

映霞：

两月以来，我把什么都忘掉。为了你我情愿把家庭、名誉、地位，甚而至于生命，也可以丢弃，我的爱你，总算是切而且挚了。我几次对你说，我从没有这样地爱过人，我的爱是无条件的，是可以牺牲一切的，是如猛火电光，非烧尽社会，烧尽己身不可的。

……

映霞，映霞，我写了这一封信，眼泪就忍不住地往下掉了，我我……

这样的语言和攻势，想来任何人都是不可抵挡的。

1927年郁达夫与王映霞在上海宣布同居，当年郁达夫38岁，王映霞23岁。这对孙荃的打击难以想象。“在长夜漫漫中，她只得断荤茹素，成了虔诚的佛教徒。”

1936年春天，郁达夫偕妻子王映霞奔赴杭州，建起寓所——风雨茅庐。

郁达夫的诤友鲁迅却对他说杭州不可居，并说湖上闷热、蚊虫多。也许是老道的鲁迅悟出了西湖“断桥”的谶语，因此特意作《阻郁达夫移家杭州》：

钱王登假仍如在，伍相随波不可寻。
平楚日和憎健翮，小山香满蔽高岑。
坟坛冷落将军岳，梅鹤凄凉处士林。
何似举家游旷远，风波浩荡足行吟。

温柔富贵乡里的郁达夫对此付之一笑，说：我只是作家，先生却是战士。纵是战士，在这“花态柳情、山容水意”之间，怕也会渐生惰性，甚至颓废不振的吧。

郁达夫的《寄映霞》可以窥见当时达夫的心情：

朝来风色暗高楼，
偕隐名山誓白头。
好事只愁天妒我，
为君先买五湖舟。

风雨茅庐建成后，郁达夫和妻子王映霞过了半年神仙眷侣的日子，半年后郁达夫远赴福建谋职。起初王映霞要跟随郁达夫离开，但郁达夫舍不得单身汉的逍遥自在，反复阻拦，引起王映霞的怀疑。后来王映霞携其母与三个儿子避难富阳、丽水。也许是郁达夫处处留情让王映霞恼火，也许是小女子孤枕寒被的辛酸，王映霞在达官贵人的勾引下，终于红杏出墙，给郁达夫戴绿帽子的就是达夫的好友浙江省教育厅厅长许绍棣。郁达夫匆忙赶回家，路上抽签内容为：

寒风阵阵雨潇潇，
千里行人去路遥。
不是有家归未得，
鸣鸠已占凤凰巢。

郁达夫感到大难临头。回家后，果然王映霞态度冷淡，郁达夫又在自己家中发现了许绍棣的信件，终于忍不住大怒，夫妻争吵，王映霞离家出走。窗外，王映霞洗涤晾晒的纱衫还挂在那儿，郁达夫越看越气，又毫无办法，竟然拿笔饱蘸浓墨在那纱衫上大写："下堂妾王氏改嫁前之遗留品！"不久，郁达夫又愤而在《大公报》刊登"启事"："王映霞女士鉴：乱世男女离合，本属寻常，汝与某君之关系，及搬去之细软衣饰、现银、款项、契据等，都不成问题，惟汝母及小孩等想念甚殷，乞告一地址。郁达夫谨启。"

王映霞看到后，气得花容失色，后经友人调解，郁达夫登报说明自己神经错乱，而王映霞则不公开地写下保证书。至此一场风波才告平息。然而感情的裂痕却愈来愈深，终至最后在南洋恶脸相向，郁达夫推出《毁家诗纪》详细叙说王映霞与许绍棣的"热恋情事"，而王映霞也以《一封长信的开始》和《请看事实》相对应。在报纸的推波助澜之下，这对"富春江上神仙侣"终于覆水难收，分道扬镳。王映霞只得从星洲孤身回国。晚年的王映霞这样回忆："我离开郁达夫，拎了一只小箱子走出了那幢房子。郁达夫也不送我出来，我知道他面子上还是放不下来。我真是一步三回头，当时我虽然怨他和恨他，但对他的感情仍割不断。我多么想出现奇迹：他突然从屋子里奔出来，夺下我的箱子，劝我回去，那就一切都改变了……"

王映霞走后，郁达夫带着儿子郁飞继续在南洋漂泊，直到1945年被日本宪兵秘密杀害。

早在1945年初，郁达夫已有一种不祥的预感。他立下遗嘱，把他在印尼的一切财产留给何丽有及其子女，而国内的稿费、版税、房产等，则全部留给王映霞所生的三个儿子。一代文豪，终于烟消云散，所有人生是非，都付与断壁残垣。

郁达夫好友刘海粟曾讲过一番话，最能反映郁达夫对王映霞的痴恋："自从王映霞离开新加坡回国，他一直抑郁寡欢，酒喝得更多，诗却写得没有过去好了。古人说诗文穷愁而后工，那是指精神面貌振奋的人而言。达夫在南洋，虽在印尼和何丽有结合，但是他们之间没有深厚的爱情，郁达夫直到死，心里只有王映霞。”

王映霞后来嫁于华中航业局经理钟贤道，2000年12月，92岁高龄的王映霞在上海安然去世。

郁达夫的好友郭沫若对郁王悲剧曾做过这样的评价：“达夫太多情，却又像妇人那样多愁善感并且疑心太重”，“达夫是始终挚爱着王映霞的，但他不知怎的，一举动起来便不免不顾前后，弄得王映霞十分难堪”。事实也确是如此，郁达夫1936年日记就这样写道：“晚上独坐无聊，更作霞信，对她的思慕，如在初恋时期，真也不知什么原因。”说明即便结婚十年之久，郁达夫对王映霞的感情依然浓烈。但也许爱之深，必然苛求切。实事求是地讲，婚姻的破裂达夫是负有主要责任的。

我们从以下可以看到一些痕迹。1931年3月，郁达夫与王映霞发生矛盾，就直接卷铺盖回到富阳老家，以此来刺激王映霞。见到久别的妻儿，郁达夫分外激动。孙荃真是一个个性的女人，她虽然精心服侍郁达夫的生活，但却在卧房门上贴出“卧室重地，闲人莫入”的告示。

还有就是郁达夫到福州谋职却阻止王映霞随同，是否有放浪形骸的某种隐秘需求，我们不得而知。但却让王映霞有被遗弃的感觉。王映霞甚至和普通女友交往，也要被郁达夫怀疑为同性恋，一旦像郁达夫一样离家出走，马上郁达夫就登报，闹得满城风雨。更何况在战乱时，郁达夫把妻儿一大堆丢在老家不闻不问，最后，更是自己当初附庸风雅所结交的不三不四的达官贵人，趁着乱世占去了凤凰巢，王映霞当然有错，但却是可原谅的错。

在郁达夫的眼睛里，所有的女性都是可亲可敬的，个个都值得男人们去追求、去怜悯、去爱恋。甜蜜的爱情和不幸的婚姻纠葛，给郁达夫带来了甜蜜的忧伤，更给他留下了许多难以启齿的苦痛。但这二者的混合交织却不期然地成就了他那光辉灿烂的文学大业。

郁达夫的一生最能浓缩在他的一首名诗中。

不是尊前爱惜身，佯狂难免假成真，
曾因酒醉鞭名马，生怕情多累美人。
劫数东南天作孽，鸡鸣风雨海扬尘，
悲歌痛哭终何补，义士纷纷说帝秦。

张爱玲：如朵云轩信笺上的一粒泪珠

“三十年前的上海，一个有月亮的晚上。我们也许没赶上看到三十年前的月亮。年轻人想着三十年前的月亮该是铜钱大的一个红黄湿晕，像朵云轩信笺上落了一滴泪珠……”

朵云轩信笺上落了一滴泪珠，陈旧而迷糊，这不仅是三十年前上海的旧月亮，恐怕也还是张爱玲自己。

贾平凹曾经感慨地说，读张爱玲总感觉老狐狸要上身。

这个软玉温香的女人，这个“民国世界的临水照花人”。那种绝对的敏感、放肆的才华、孤傲的暗香浮动，甚至女人味十足的尖刻，都只属于张爱玲。

张爱玲幽幽地说：“成名要趁早呀！来得太晚的话，快乐也不那么痛快。”这个三岁背唐诗，七岁写小说，十三岁写下《迟暮》，十四岁写《霸王别姬》的小女人，从上海滩的烟云迷茫中向我们走来，风姿绰约，华光万丈。战乱中的张爱玲，横空出世，一出手就是经典，一开始就是巅峰，一落笔就是高潮。《金锁记》《红玫瑰和白玫瑰》以及《倾城之恋》都是抗战时期的作品。

然而，造化弄人，冰雪聪明的张爱玲也逃不过爱情，她的爱情死穴是胡兰成，有名的江南大才子，汪伪政府的宣传次长，十恶不赦的大汉奸。这场惊世骇俗的爱情，不仅使得张爱玲半生孤苦，也毁掉了她一飞冲天的艺术生命。

出身名门的张爱玲，爷爷是晚清翰林院大学士，奶奶是李鸿章的女儿。但张爱玲却有一个不幸的童年，早年父母不和，不仅大打出手，终至于离婚。童年和少年时代的张爱玲，犹如孤魂野鬼，游荡在深宅大院里，满嘴都是烟云和沧桑。家庭的变故，亲情的失血，奠定了张爱玲作品的悲剧色调。她说：“我不喜欢壮烈。我是喜欢悲壮，更喜欢苍凉。壮烈只有力，没有美，似乎缺乏人性。悲壮则如大红大绿的配色，是一种强烈的对照。苍凉之所以有更深长的回味，就因为它像葱绿配桃红，是一种参差的对照。”没想到这种喜欢竟然运命成谶，张爱玲的人生竟然就是这样。前半生辉煌不羁，后半生没落忧伤，也许只有张爱玲才可以同时承受灿烂夺目的喧闹与极度的灰飞烟灭。她的笔宛若金针，貌似漫不经心地描龙绣凤，实际上却字字句句刺在了心上。

一直认为，张爱玲是看透了、体味了女人的，她以女人的视角，丝丝扣扣地展现女人心中最柔弱的一个部分，只要这个点一被触发，爱就像一支离弦之箭，再不回头。而这种不顾一切的尽头正是所有悲剧的起源。

1944年初，胡兰成在《天地》看到张爱玲的作品，惊为天人。于是从《天地》主编苏青那里找到张爱玲的地址并登门造访，但被生性漠然的张爱玲婉拒在外。不过，鬼使神差的张爱玲在第二天即回访了胡兰成，从此踏上贼船，“只做鸳鸯不羡仙”。

在送给胡兰成的第一张照片后，张爱玲写道：“见了他，她变得很低很低，低到尘埃里，但她心里是欢喜的，从尘埃里开出花来。”这种爱情那么惶恐和卑微。女人只有爱到极点才会卑微，而卑微是危险的，聪明如张爱玲未尝不懂得其中的玄机，但非如此表达，不足以表达自己的悸动和狂喜，不足以把一颗心和盘托出来。但男人都是贱的，你低到了尘埃里，他却没有了征服的挫败感，所以只是“端然地接受，没有神魂颠倒”（胡兰成语）。看来胡兰成“安与不安”的分析，确实一针见血。

“听到一些事，明明不相干的，也会在心中拐好几个弯想到你。”张爱玲简直把痴迷写绝了，因为喜欢，才会不在意他的家庭，甚至不在意他汉奸的身份。女人一旦爱上一个男人，爱就如赐予女人的一杯毒酒，被女人心甘情愿地以一种最美的姿势一饮而尽，一切的心都交了出去，生死度外。这还是那个把孤傲和冷艳都挥发到极致的张爱玲？

当然，张爱玲也曾想过要逃离，“我要你知道，在这个世界上总有一个人是等着你的，不管在什么时候，不管在什么地方，反正你知道，总有这么个人”。但她最终还是不能“学太上而忘情也”，而且这种逃离，简直就是一种死生契阔的表白。因为爱过，所以慈悲；因为懂得，所以宽容。

但生性风流的胡兰成注定还是要辜负她。

1944年，张爱玲与胡兰成签订终身。婚后的生活浪漫而平实，这是张爱玲一生最美的时光。次年，胡兰成即成为通缉犯，离开上海。处处留香的胡兰成，先后在武汉娶了护士周训德，又在温州与范秀美同居。

张爱玲不顾他通缉犯的身份，跋山涉水去温州看望他，她幽幽地说：“我从诸暨丽水来，路上想着这是你走过的，及在船上望得见温州城了，想你就住在那里，这温州城就含有宝珠在放光。”然而，今非昔比，情非所堪啊。胡兰成把张爱玲安置在小酒店里，白天陪她，晚上却和范秀美同居。

痛苦不堪的张爱玲，只得屈辱地请求胡兰成在她们两人之间作选择，胡兰成不肯，张爱玲叹道：“你是到底不肯。我想过，我倘使不得不离开你，亦不致寻短见，亦不能再爱别人，我将只是萎谢了。”在黯然离开温州的时候，张爱玲把一大堆稿费留给这个绝情的男人，我不知道胡兰成如何用张爱玲的钱来养女人和狎妓？

“生于这世上，没有一样东西不是千疮百孔的。”痛苦至极的张爱玲这样诉说，逻辑的链条断裂了，生命的热血在喷涌。因爱慈悲的张爱玲忍受着嫉妒的烟焰炙烤，内心的挣扎一览无余。“如果我不爱你，我就不会思念你，我就不会妒忌你身边的异性，我也不会失去自信心和斗志，我更不会痛苦。如果我能够不爱你，那该多好。”可是爱情不是水龙头，能够随时随地地拧上，醉里挑灯的张爱玲还是痛苦，借酒浇愁似乎也失去了效应，“酒在肚子里，事在心里，中间总好像隔着一层，无论喝多少酒，都淹不到心上去”。

在《半生缘》中，失散了十几年的恋人顾曼桢与沈世钧，别后重逢，竟然同时感叹：“我们再也回不去了。”是的，回不去了。这是古往今来的最苍凉的凄婉和最无可奈何的一声叹息。

温州别后大半年，胡兰成去上海看张爱玲。因为嫉妒周训德和范秀美，张爱玲态度冷淡，当夜二人分室而居。第二天清晨，胡兰成去张爱玲的床前，俯身吻她，张爱玲伸出双手紧抱着他，哽咽一句：兰成！一时哽咽难当，伤心落泪。

“如果情感和岁月也能轻轻撕碎，扔到海中，那么，我愿意从此就在海底沉默。你的言语，我爱听，却不懂得；我的沉默，你愿见，却不明白。”可是情感和岁月怎么能撕碎？它们不仅醒着，而且还高举着，在招摇。

又半年后，张爱玲给胡写信，说：“我已经不喜欢你了。你是早已不喜欢我了的。这次的决心，我是经过一年半长时间考虑的，彼惟时以小吉故，不欲增加你的困难。你不要来寻我，即或写信来，我亦是不看了的。”从此一段旷世奇缘，石沉大海。当年张爱玲就伤心赴美。在余下的整整半个世纪里，张爱玲都在四处漂泊中度过。后来她虽然还有一次与赖雅的婚姻，但没有爱情。1994年，张爱玲出版《对照记》，用相片叙说自己的故事，不仅没有赖雅一张相片，甚至对他只字不提，而且整本书没有一个爱字，张爱玲的字典里已经没有这个字的温度和湿度了。“执子之手，与子偕老”的梦想，早已经遗失在40年代的上海，“雨打风吹去”，赖雅不久病逝，张爱玲一个人孤单度过漫长的三十年。

张爱玲所有传世的作品几乎都在25岁之前完成，与胡兰成分手后，有好长一段时间她没有动笔。她的确如她所言，从此萎谢了。

李碧华说：“张爱玲是一口古井。文坛寂寞得恐怖，只出一位这样的奇女子。”

我在沉重的压力下，读张爱玲，一遍遍翻过，人，恍恍惚惚。

她的才华，是绝世的。

她从历史幽深中走来……

让我们这些俗人，都低，低到尘埃里去。

林徽因：一身诗意千寻瀑

林徽因，一个怦然心动的名字，一场无与伦比的美丽，一段惊世骇俗的传奇，一颗划过整个二十世纪都璀璨耀眼的明星，一个从黑夜的大海中滑过，但永不熄灭、永不沉没的神话。她是古典和现代天造地设的最后一个美人，浪漫和时尚和谐统一的最后一曲挽歌，中西合璧水乳交融最美的一则童话，举手投足集万千宠爱于一身才女淑女的最后一轮绝唱。

记忆永远不会苍白，谁也淡忘不了。曾经有这样一个女人，垄断了男人所有的想象和女人的奢望，她让男人们希望，又让女人们绝望。“自在飞花轻似梦，无边丝雨细如愁”，她跨越了百年的美丽，但却仍然徜徉在中国整个现当代的历史中，鲜活着，妩媚着，光彩着，闪亮着，眉目清新，温婉如玉。

从来不需要想起，永远也不会忘记。像奥黛丽·赫本，像莎朗·斯通，像苏菲·玛索，不！她比英国的戴安娜王妃还要迷人。

林徽因，的确就是这样的一个幸福女人。

中国布尔乔亚最后的一个大诗人徐志摩，中国最伟大的建筑学家梁思成，中国最宏大的逻辑学之父金岳霖，这三个男人，倾尽一生追慕她、呵护她、宠爱她，至死不渝，无怨无悔。

林徽因也得以分享了千百年来无人能解的真情，哪怕陆小曼，哪怕林洙，也从来没有说过她一个“不”字，这是怎样的一个奇女子啊！徐志摩、梁思成、金岳霖，交织在一起，成为一个难解之谜，这是决不能用世俗和常理来论断的爱情，滚滚红尘里，大音希声的呐喊和苍白无力的辩驳碾过的执着和坚守，硝烟散去，唯独剩下这份茕茕孑立的爱情，站立着，像一块恒久的钻石。

林徽因究竟有多美？

我以为冰心的评价最能切中肯綮，她认为林徽因是“俏”，是俏丽，不仅漂亮，更为可爱。

其实，陆小曼丰满靓丽，更令男人动心。但小曼的美丽别人说得出，天生丽质中混合着后天的雕琢，玲珑剔透，万种风情。而林徽因的美丽，却是从骨子里渗透出来的华丽和高贵，塑造不得也模仿不得，她比烟花更美丽！

不管是留学英伦还是迁居李庄，无论是她的课堂还是她的沙龙，林徽因都令男人仰视，都让女人保持着得体的距离和缄默。她眼波流转，顾盼生姿，妙语如珠，飞花溅玉。

岱峻在《发现李庄》中详细记载了林徽因在逼仄的李庄散发出来的女性光

辉："强大的母亲，温柔的妻子，严厉的老师，浪漫的女友，勤奋的学者，犀利的沙龙女主人——一个大写的女人，清清爽爽地从历史深处走出来。"

林徽因51岁死于肺结核，跟茶花女一样，这病加深了她的风雅。即便生病，在金岳霖眼里，她依然"迷人、活泼、表情生动和光彩照人"，而梁思成则感慨："我迷人的病妻啊……"

俏，可能还有刁钻和臭美。

香山月夜中。林徽因穿着一袭白纱睡衣，宛若嫦娥仙子，点一炷清香，采一朵莲花，坐在银色的月光下写诗。月光，花影，袅袅青烟……淡雅极了，美艳极了，那是和王小波把情书写在五线谱上一样的浪漫。她臭美说："男子见了一定会晕倒。"梁思成说："你看，我还站着呢，没有晕倒。"于是，两个人相视而笑。

还有一次，林徽因和梁思成到太庙约会，梁思成想逗林徽因开心，突然从后面溜走，偷偷爬上了树梢。从此梁思成就有了一个"梁上君子"的雅号，朋友们也给林徽因起了个"林间美人"来对仗。"林间美人"当是林黛玉的雅称，谁知道林徽因最终也死于肺病，这究竟是一语成谶，还是造化弄人？

更为经典的是，林徽因在香山上养病，就说：吾想吃东安市场的梨，谁要是最先为吾买到，吾便爱他。顿时与座的青年才俊纷纷飞奔而去，梁思成也蹬着自行车去买，不料途中为车所撞，做手术后腿短了几厘米，变成了跛足。尽管如此，他还是第一个给林徽因买到梨，从而大获美人的芳心。这或许只是一则野史，但为什么会发生在林徽因身上呢？我相信这就是她的真性情。

无独有偶，在英伦留学期间，林徽因突然给徐志摩发来电报，说自己在英国寂寞，让他发一段长长的电文，给自己破愁解闷。徐志摩傻傻忙活了一个晚上，第二天到邮局，结果，已经有四个人抢先给林徽因发长电报了。原来，她在开玩笑，打趣他们呢！

才华卓著的林徽因，在许多领域都识见不凡，可惜她述而不作，似这般如花美眷，姹紫嫣红开遍，都付与断壁残垣，而这，只能是历史的捉弄和遗憾了。

1942年4月18日，傅斯年致函国民党教育部部长朱家骅，为梁思成恳求研究经费，信中提及林徽因，说"其夫人，今之女学士，才学至少在谢冰心辈之上"，这并非谬奖。李健吾与林徽因交谊颇深，对林徽因一流的口才和滔滔的雄辩自然多有领教，他在《林徽因》一文中用幽默的笔触写道："当着她的谈锋，人人低头。

叶公超在酒席上忽然沉默了，梁宗岱一进屋子就闭拢了嘴，因为他们都发现这位多才多艺的夫人在座。杨振声笑了，说：‘公超，你怎么尽吃菜？’公超放下筷子，指了指口若悬河的徽因……”徽因的健谈绝不是闲言碎语，而常是有学识、有见地、犀利敏捷的批评。从诙谐的轶事到尖锐的剖析，从明智的忠告到突发的愤怒，从狂野的热情到深刻的蔑视几乎无所不包，在众多文人雅士中谈锋机敏、一针见血、调笑无双、神韵飞动，所有人都为之倾倒。这一段沙龙生活，让岁月的干枯有了些许的生动，而陈旧的历史页面也开始芳香四溢。

闽侯林氏，百年家族，三代风华，最后到才貌双全的林徽因。从文艺界的“第一才女”到“中国现代建筑学的绝对先驱”，林徽因以天然的才气、“精致的洞察力”，在诗歌、小说、散文的文学创作领域，戏剧舞台美术设计的艺术领域以及建筑学领域均“留下自己的印痕”。要知道，当时林徽因去燕京大学演讲，时尚高傲的燕京大学女大学生们，听说林徽因来了，再也顾不得淑女的矜持和优越，奔走相告，从图书馆、教室、寝室蜂拥而来，鞋子跑掉的大有人在。

这个呆板的世界，有才华的女人多了去了，但林徽因，只有一个！

三十年代初，林徽因和梁思成用近代法式研究中国古代建筑，成为这个学术领域的开拓者，并获得了巨大的学术成就。林徽因以一娇弱之女子，走遍了全国15个省、200多个县，实地勘察了2000余处中国古代建筑遗构，为中国古代建筑研究奠定了坚实的科学基础。在文学方面，林徽因的散文、诗歌、小说、剧本、译文和书信等作品，均出手不凡。其中代表作为《你是人间四月天》、小说《九十九度中》等。此外，1949年以后，林徽因在美术方面曾做过三件大事：第一是参与国徽设计，第二是改造传统景泰蓝，第三是参加天安门人民英雄纪念碑设计。

梁思成和金岳霖，两个最优秀的男人都决定让出自己的最爱——在我看来，他们不仅因为爱情的高贵，还因为爱情的压力。梁思成在和林洙的谈话中就说：“做她的丈夫很不容易……我不否认和林徽因在一起有时很累，因为她的思想太活跃，和她在一起必须和她同样反应敏捷才行，不然就跟不上她。”梁思成也透露，反而是和林洙在一起感到宁静。当林洙让梁思成比比自己和他的前妻，梁思成含混地说，你们的美，是两种类型，不好比。也就是这个林洙回忆起自己第一次看见林徽因时的悸动，她说：“我完全被她的风采淹没了。”而那个时候林徽因已经四十多岁，病入膏肓了。

当然，林徽因最为让人着迷的还是她坦荡的性情。

有两句话，足见她的风骨。

在抗战的兵荒马乱中，她给从文的信中说："二哥，你想，我们该怎样活着，才有法子安顿这一副还未死透的良心？"还有，当她的儿子梁从诫问她，日寇来了怎么办。她镇定地说，你难道没有看见，我们家门口就是扬子江吗？

这就是林徽因，爱与恨都是那么坦荡，就像满地的青草，自然地生长。

志摩死后，她曾经痛悔地说："理想的我，老希望着生活有点浪漫发生。或是有个人叩下门走进来坐在我对面同我谈话，或是同我同坐在楼上炉边给我讲故事，最要紧的还是有个人要来爱我。我做着所有女孩做的梦。"而这个人，不是浪漫多情的志摩，还能是谁呢？

她还说："我所谓极端的、浪漫的或实际的都无关系，反正我的主义是要生活，没有情感的生活简直是死！……如果在'横溢情感'和'僵死麻木的无情感'中叫我来拣一个，我毫无问题要拣上面的一个，不管是为我自己或是为别人。人活着的意义基本的是能体验情感。能体验情感还得有智慧有思想来分别了解那情感——自己的或别人的！"

这是志摩去世几年后，林徽因对自己内心真实的触摸。其实，在徐志摩殉难两个多月后，她就写信给胡适，推心置腹地讲出一篇伤心裂肺的话：

"实说，我也不会以诗人的美谀为荣，也不会以被人恋爱为辱。我永是'我'，被诗人恭维了也不会增美增能，有过一段不幸的曲折的旧历史也没有什么可羞惭。……我的教育是旧的，我变不出什么新的人来，我只要'对得起'人——爹娘、丈夫（一个爱我的人，待我极好的人）、儿子、家族等等，后来更要对得起另一个爱我的人，我自己有时的心，我的性情便弄得十分为难。前几年不管对得起他不，倒容易——现在结果，也许我谁都没有对得起，您看多冤！……"

除了欣赏志摩显而易见的才华之外，林徽因还欣赏他的为人，在《纪念志摩逝世四周年》中，她说："你的心情永远是那么洁净；头老是抬得那么高；胸中老是那么完整地诚挚；臂上老有那么许多不折不挠的勇气。"

在《悼志摩》中，她又说："志摩认真的诗情，绝不含有丝毫矫伪，他那种痴，那种孩子似的天真实能令人惊讶。"愈是认清了这一点，林徽因便愈是珍重徐志摩的那份无价的情，无价的真！也正是因为这个原因，明艳高贵不可方物的徽因，会为了志摩的两本“康桥日记”，与自己的好友凌叔华大动肝火，大伤元气。

她只是想知道，当年的自己在徐志摩的心中是怎样的幼稚？而今，她又有多少来不及的追悔和恰如其分的失意？为了这，林徽因甚至请出了胡适，结果仍然未能从凌叔华那里拿回志摩的日记。这是历史的悲剧，可谁又能否认，这个悲剧加深了历史情感苍凉的美感呢？

徐志摩飞机失事后，梁思成给妻子带回了一块飞机残骸上烧焦的木片。这块焦黑的木片，被林徽因悬挂在自己卧室之中，整整悬挂了二十四年，直到她告别苍凉的人世。

二十四年啊，这是一段客观的物理时间，这也是一段难以跨越的心理时间。二十四年，有多少风、多少雨、多少人、多少事，就那样静静地滑过慢慢地经历过，而它就那样悬挂着，悬挂着……这，究竟是忏悔，还是追忆？是爱情，还是友情？甄别和分辨这些，对我们真的还有那么重要吗？

晚年的林徽因常常要吟唱徐志摩的那首《偶然》，可是，我们永远也无法揣摩她吟唱时的心情了。

我是天空里的一片云，
偶尔投影在你的波心——
你不必讶异，
更无须欢喜——
在转瞬间消失了踪影。

你我相逢在黑夜的海上，
你有你的，我有我的，方向；
你记得也好，
最好你忘掉，
在这交会时互放的光亮！

这是徐志摩为了能让心爱的徽因过上安定的生活，了结他们两人的感情，告慰徽因，写的一首超脱的诗。然而，他真的能“挥一挥衣袖，不带走一片云彩”吗?

1931年11月19日，徐志摩从香港赶往北京听林徽因的演讲，飞机因大雾撞山坠毁，徐志摩终于能够为林徽因死一回了。我一直觉得徐志摩是幸福的，他的死，是一个真正诗人的死，化为轻烟，随风而逝，最重要的是，能够让自己的所爱永远记得自己。

在林徽因西山养病期间，因为是独自一人，徐志摩就常常去看望她，并且诗歌唱和，林徽因的心再度有了波澜，更多的人认为这段时间，他们已经越过了男女大防。而我，宁肯不相信这种观点，宁肯残忍一点。

丢掉一些世俗，还徽因和诗人一个洁净吧!

这个时候的徐志摩，沉浸在失而复得的山中云雾里，他的《山中》一诗，写得风光旖旎：

庭院是一片静，
听市谣围抱，
织成一地松影——
看当头月好!

不知今夜山中，
是何等光景，
想也有月，有松，
有更深的静。

我想攀附月色，
化一阵清风，
吹醒群松春醉，
去山中浮动;

吹下一针新碧，
掉在你窗前；
轻柔如同叹息——
不惊你安眠！

而此时的林徽因也深情得像一个小姑娘一样，羞答答地回应一首《深夜里听到乐声》：

这一定又是你的手指，
轻弹着，
在这深夜，稠密的悲思。

我不禁颊边泛上了红，
静听着，
这深夜里弦子的生动。

一声听从我心底穿过，
忒凄凉，
我懂得，但我怎能应和？

生命早描定她的式样，
太薄弱，
是人们的美丽的想象。

除非在梦里有这么一天，
你和我，
同来攀动那根希望的弦。

而当徐志摩终于离去，西山的林徽因终于压抑不住自己的感情，写下了一首泣血之作《别丢掉》。

别丢掉
这一把过往的热情，
现在流水似的，
轻轻
在幽冷的山泉底，
在黑夜，在松林，
叹息似的渺茫，
你仍要保存着那真！

一样是月明，
一样是隔山灯火，
满天的星，
只有人不见，
梦似的挂起，
你问黑夜要回，
那一句话——
你仍得相信，山谷中留着，有那回音。

最后一句简直就是火辣辣的表白，“志摩，往日的一切都还在，只是形式上的变化，本质没有改变，也永远不会改变。你在山谷中并不寂寞，你的‘回音’（徽因）仍然与你永在。因此……因此啊，我求你‘别丢掉’那 把过往的热情，还要‘保存着那真’”。

这让我想起了夏绿蒂，曾经对痴情的维特唯一的一次表白。“每当我一个人走在月光下，我就会想起我逝去的亲人，我说维特，我们都会死的呀！死了之后，我们还能见面吗？见面了还能互相认识吗？你会对我说些什么呢？”

夏绿蒂和林徽因一样感到爱情的美好，因而对死亡就有了一种大容量的惧怕。她不但想拥有今生，还担心来世。一开始夏绿蒂只是担心他们能否见到面，只要能见到面，那就是天底下最美妙的事了。但是，夏绿蒂毕竟还是女人，接着又担心不能互相认识，“纵使相逢应不识，尘满面，鬓如霜”，那么美好的情感不能再续前缘，该是多么凄凉啊！而最重要的是——你会对我说些什么呢？这句话里有一个深情的女孩子的关切，还有一个女子今生命运不能自主的挣扎，潜台词十分清楚，那就是你还会像现在这么爱我吗？其实质就是林徽因说的“别丢掉”。

逻辑学之父，大智大哲大慧大愚的金岳霖，为了林徽因，终身未娶。林徽因就送给他一只大斗鸡，陪伴老金。冰雪聪明的林徽因送老金一只斗鸡，是不是鼓励老金要勇敢点，把自己夺过去？这种戏谑，大哲当然了然于心。

而林徽因也终于撑不住了，她告诉丈夫：“思成，我痛苦极了，我现在同时爱上了两个人，我拿不定主意，不知道该怎么办才好”梁思成闻言，经过彻夜苦思，第二天一早对林徽因说：“你是自由的，如果你挑选金岳霖，我将祝你们永远幸福!”林徽因将这话向金岳霖原原本本复述了一遍，没想到这位普天之下第一痴情的种子金岳霖，竟然选择了放弃，他说：“徽因，看来思成是真正爱你的。我不能去伤害一个真正爱你的人，我应该退出。”

想想看，仅仅是因为别人真正爱自己的所爱，因了这一份共同的情感，哪怕是自己的情敌，自己也决不肯去伤害他。这是一种怎样的高贵的感情？绝顶聪明的金岳霖，不可能不知道这是一场没有结局的等候。但他明知不可为而为之，明知已可而不为，知难而不退，能进而不进，最终选择了一辈子默默地坚守，这是一种飞蛾投火的决绝之美、悲壮之美、凄凉之美。因其美到极点，也就悲到极点。

事后，这三个人心中全无芥蒂，金岳霖一辈子和林徽因比邻而居，是梁家客厅中的常客，每天中午金家厨子做西餐，林家厨子做中餐，然后，都端到公用的客厅里，中西合璧。金岳霖非但是梁林的挚友，而且成为梁林偶发争端的唯一具有权威的仲裁。林徽因多病，脾气不好，发起火来，梁思成只能变成“烟囱”。金岳霖同情弱者，倒是偏袒他为多。至于他们夫妇合作论文时互相改来改去，常常各执一端，互不相让，一方只好趁另一方睡着后偷偷改定，这档子事金岳霖就懒得管，也管不着了。

林徽因在写给美国费正清夫妇的信中有十分传神的片断。

“思成是个慢性子，愿意一次只做一件事，最不善处理杂七杂八的家务。但杂七杂八的家务却像纽约中央车站任何时候都会到达的各线火车一样冲他驶来。我也许仍是站长，但他却是车站！我也许会被辗死，他却永远不会。老金（正在这里休假）是那样一种过客，他或是来送客，或是来接人，对交通略有干扰，却总能使车站显得更有趣，使站长更高兴些。”

信后有金岳霖的附笔：

“当着站长和正在打字的车站，旅客除了眼看一列列火车通过外，竟茫然不知所云，也不知所措。我曾不知多少次经过纽约中央车站，却从未见过那站长。而在这里既见到了车站又见到了站长。要不然我很可能会把他们两个搞混。”

这封信的结尾处当然也少不了梁思成的结案陈词：

“现在轮到车站了：其主梁因构造不佳而严重倾斜，加以协和医院设计和施工的丑陋的钢铁支架经过七年服务已经严重损耗，从我下面经过的繁忙的战时交通看来已经动摇了我的基础。”

三人分别自比为“车站”（梁思成）、“站长”（林徽因）和“过客”（金岳霖），调侃对方也调侃自己。梁思成早年因车祸脊椎受伤，落下残疾，对此他本人毫不避讳，自嘲时显示出建筑学家的当行特色。在消极厌世的情绪四处弥漫的战乱时期，大家的幽默和爱情，的确是他们精神赖以存活的最后一把救命粮草。

晚年的金岳霖和林徽因的儿子梁从诫生活在一起，梁从诫为他养老送终，一辈子称他为金爸。

古往今来，如此光风霁月胸襟坦荡之人，宇宙之大，人情之广，能有几人欤？

林徽因俏丽，多才，重情，爱美，情怀坦荡，快意通透……由此可见一斑。三个惊世大家心甘情愿拜倒在她石榴裙下，以此为荣，最为难能的是后世也并不为忤，反而欣羡不已，津津乐道，成为千古爱情的佳话。

徐志摩给自己的恩师、林徽因的公公梁启超去信说：“我将于茫茫人海中访我灵魂之唯一伴侣，得之，我幸；不得，我命。”其实，命与不命，幸与不幸，都是一种幸运。

而金岳霖在林徽因去世后，把自己一个人关在房中，孩子般放声大哭，想爱却不能爱的煎熬，终于演化为想见而不能见的撕痛，这是心灵的巨大摧残，这是灵魂之最大的落魄。很多年之后，老金突然在北京饭店宴请至交好友，众人均大惑不解。开席前，老金才说："今天是徽因的生日啊！"所有的老友都掩面流泪，座中泣下谁最多，老金教授青衫湿。我每读至此，都要潸然泪下，一种极美好的情愫弥漫开来，竟至于要崩溃。

结婚后，梁思成曾经问林徽因："有一句话，我只问你一次，以后也不会再问，为什么是我？"林徽因回答说："答案很长，我得用一生回答你，你准备好听我说了吗？"多么美丽的女人，多么聪明的回答。

1947年病榻上的林徽因给费正清夫妇写信说："老金和思成真好……"她是把金岳霖放在前面的，我们固然可以理解成礼貌，但我宁愿认为这是一种感情，一种爱情，对这位大哥陪伴自己一生的血浓于水的深厚爱情。

1955年4月1日，林徽因闭上了眼睛。痛彻心扉的金岳霖颤巍巍地写下：

一身诗意千寻瀑
万古人间四月天

歌德说，永恒之女性，引领我们提升。今天，我在这阴雨的雷声里感触这一段情感，未免有一点自作多情，要知道林徽因的可爱就在于她坦然接受一切，还生活本来之真实面目。大惊小怪，本就是她最不喜欢的。

细雨中，我仿佛听见她，这位绝代佳人的轻轻吟唱：

我情愿化成一片落叶
让风吹雨打到处飘零
或流云一朵
在湛蓝天
和大地再没有牵连

凡·高：像向日葵一样明亮

第一次看凡·高的《向日葵》，满眼都是亮色，金黄色喷涌而出，粗犷、奔放、扎眼、纠缠，那种内在的动荡，让我感到了焦躁不安，我害怕生命力过于蓬勃的宣泄。而那个时候，我还不知道凡·高，不知道《向日葵》，后来知道了，也只在心里嘲笑自己菜。

后来是读《凡·高传》。

感觉凡·高走进我生命里来了。那个被海子称为“我的瘦哥哥”的凡·高，那个悲伤时握不住一颗泪滴的凡·高，有着怎样一颗敏感善良高贵而易于破碎的心？

他是一个画家，但他从来不关心世界是什么样子，他也几乎不画外部真实的世界，除了农民、矿工，真实的农村和纯粹得像凡·高一样的自然，凡·高把自己的触角伸到了自己灵魂的最深处。天地在“我”心，凡·高所画的是“我”的世界，他画的是他心中的图景。一个个性张扬的世界，一个充满深情、充满对自由生命渴望的世界。哪怕这个世界只有他一个人能读懂和热爱。凡·高，莫非是天生的印象派？

凡·高还常常让我想起尼采，尼采在几乎失去视力之后，也彻底摒弃了外部世界，而只专注于自己的内心。听自己的脉搏和心跳，成了这两个人的常态。与尼采不同的是，凡·高永远都是生活的强者，向日葵在那里灼灼燃烧，激励着我们。在尼采的虚无主义笼罩世界后，是凡·高，用一种绝望的毁灭，鼓舞着我们这些陷入绝望的俗人。

然而，可悲的是我们这个世界，有谁能听懂这两个天才的喃喃私语？

凡·高的长相很难看，甚至说很丑，但这也许是上帝的公平，任何一个智慧丰盈的人，任何一个上帝的选民，都会被赐予一个几乎不被关注的皮囊，还有那一份挣扎无助的破碎人生。因为你是上帝的儿子，你就得承担起人类的苦难和厄运。这是你的职责所在。凡·高也不例外。

他的一生如此瘦削，如此坎坷：书商工作被开除、传教事业失败、失恋、失和、与妓女生活、恋爱得不到回报、惊世骇俗的工作也无人理解、精神崩溃、贫困、伤病、饥饿……他如此执着地奋斗、如此艰苦地学习、如此卓越的才华、如此充满激情的艺术却因买不起“绘画材料”而孤寂终身。不知道这是凡·高的苦涩，还是我们的抑郁?

博里纳日的传教活动和失败使凡·高经历了一次信仰危机。凡·高穿着麻衣，赤着脚，在矿工中奔走，他的毁灭般的炽热吓坏了主教，凡·高又被解职了。在绝望中凡·高明白了“上帝已死”的残酷。之后不久绘画抓住了他，成了凡·高救命的稻草。大自然的真替代了上帝的善。凡·高——这个生在农村，长在农村，奋斗在农村的孩子——在大自然的怀抱中找到了新的人生根基。上帝退隐了，大自然还在，广袤的天空还在，黑色的泥土还在，金黄色的向日葵还在，凡·高隐形的翅膀还在。

正是这种大自然的真和深入骨髓的对苦难近乎本能的同情和怜悯，成就了凡·高的审美底蕴。我一直以为凡·高是在用爱上帝的宗教情怀从事自己刻骨铭心的艺术，他给自己的艺术以生命的性灵祭礼，凡·高的笔下流淌的哪里是颜料，流淌的都是他的生命和热血。他的作品中，充满着深刻的人生体验、基督悲悯和人性感悟。

不屈不挠，挣扎向上，悬梁刺股的勤奋，对丑陋痛哭流泪的悲悯，对劳动者无以复加的痴狂的爱。和海子一样，凡·高能够为任何一个陌生人祈祷，却没有人愿意给他一口爱的气息，一滴同情。这是凡·高的悲哀，还是我们的悲哀?

弥留之际，37岁的凡·高躺在病榻上，说：“人生便是痛苦。”如今那幅价值8000多万美金生机勃勃的《向日葵》，不断拷问着我们现代人，为什么我们对天才总是那样冷酷无情?

像安徒生笔下的丑小鸭，虽然凡·高终生竭尽所能，但却仍然没有变成白天鹅，甚至没有一次踏实地握住属于自己的完整爱情。

他深爱着厄修拉，他爱得那么执着，那么虔诚，那么软弱无助，他用整个灵魂的百分之三百来爱她。厄修拉却说："走开。"然后"砰"地将大门关上了。那天正好是圣诞节，到处都是圣诞老人带来的快乐和笑声。整整一夜，凡·高一个人靠在厄修拉房外的一棵树上，我们不知道他对那棵树倾诉了什么，实际上，一棵树又能知道多少呢？月亮从他的额头上走过，还有杂乱无章深蓝色的星星，凡·高痛楚地看着厄修拉家客厅的灯光，终于在深夜里熄灭。凡·高的世界也随之熄灭了，他心痛如绞，精疲力竭，踉踉跄跄地远离了那间房子。我们知道一场悲剧的重量，但有谁知道，一个男人的尊严被绞杀是什么重量？初恋失败之后，凡·高整整八年都把爱字杜绝在外。

后来他又爱上了他的表姐凯，他爱得那么疯狂，那么固执，那么不顾一切。其实凡·高是一个极其理性的人，他不可能不知道表姐的门第出身，但对表姐的同情和悲悯战胜了这个可怜人的残存理智，他高擎着卑微生命的燃烧，因为凯，他的生命鲜活了起来，舒展了起来。那个时候凯的丈夫英年早逝，痴情的凡·高一心一意想让爱情之火温暖凯悲伤欲绝的心，恰好这个时候，为了抚慰丧夫之痛的凯来到了凡·高家，被压抑爱情的凡·高蠢蠢欲动，直至翻江倒海再也控制不住。一次午饭后，当凡·高与凯在小溪旁的树荫下休息，凡·高终于忍不住向凯吐露自己的心声。但是凯却说："不，决不，决不！"然后，凯穿过田野，向大路上奔跑而去，凯躲到家中再也不愿见到他，第二天就离开了凡·高的家。巨大的悲伤充塞着凡·高的心胸，使他的心灵备受摧残。他一个人留在了空旷的田野上。那一整夜，他没有合眼，他的眼睛里闪动着凯的影子，闪动着那个惨痛的场面。他的心里飞扬着绝望的忧伤，痛苦啮咬着他，他已经麻木得像一条狗，丧家的狗。我后来常常要感怀海子的姐姐情结，是不是来源于凡·高的精神谱系，是不是女人的狠心给我们造就了一个伟大诗人？

姐姐
今天我不关心人类
我只想你

后来，凡·高在弟弟面前借了20法郎，赶上了去凯家的漫漫求婚路，为了凯，为了排解这份苦痛，凡·高将自己的手背放在烛火上燃烧，烛焰把他手背烤成了黑色。凡·高以为他的表白和痴诚能够感动他人，而凯的父亲、凡·高的姨夫斯特里克牧师惊愕地目睹了这个场面之后却疯狂地吼道："快滚，再也不要来这里！"苦涩的巨浪淹没了凡·高，他捂住嘴，将哭声扼杀在手心里。

后来，悲天悯人的凡·高遇到了憔悴不堪、被侮辱被损害的妓女克莉斯蒂娜。凡·高用他的高贵包容了克莉斯蒂娜的缺点，同时用那颗基督的心挖掘她的善良、温柔，鼓励她过正常的生活。他叫她做自己的模特，把她当作正常的人，忘记她的过去，让她复活。那个时候，她拖着5个孩子，肚子里还怀着一个孩子，这些孩子的父亲都是陌生人。两个被社会遗弃的人走到了一起，彼此取暖。凡·高曾经给克莉斯蒂娜画过速写，画上题了米歇勒的话："世上怎么会有一个如此孤独绝望的女人？"我不知道这是出于爱情，还是出于同情？但他们终于还是分开了，因为凡·高每个月挣不到150法郎，还因为凡·高把弟弟辛苦寄来的钱都用做了颜料和色彩。

分手后，凡·高给自己的弟弟写信："我时常伤心地想起西恩和孩子——只要他们能够活下去就好了。唉，人们或许要说，这是西恩自己的过失，但是我担心他们遭受的不幸会大于她的过失。"

这就是凡·高，始终把过错一个人背的凡·高。

我常常想，假如尼采没有那个始终陪伴他的妹妹，假如凡·高没有那个不离不弃的弟弟，那么，这个世界上还有谁来温暖这两个孤独的灵魂？

读过《凡·高传》的人都深深知道，凡·高是一位多么可爱的人。他善良得让人心疼，他宁愿四五天不吃饭也要将自己的一点钱物分给那些矿工，那些穷人。他经常许多天吃不上饭，饿着肚子拼命作画，他常常饿得头晕目眩，甚至饿得一病不起。这个世界几乎没有人理解他、关心他，只有他的弟弟泰奥像兄长像父亲像恋人一样地疼爱着他、帮助他，只有他的弟弟让我们有了一丝一毫人性的安慰。

在自杀之前，凡·高也有过挣扎，他一定不甘心，因为世界冷落了他。在精神接近崩溃的时候，凡·高用剃须刀片割下了自己的一只耳朵。不知道他是不是试图用这个举动唤醒自己，来制止内心愈演愈烈的疯狂？

凡·高开枪自杀了，世界随之暗淡，并逐渐熄灭。《向日葵》中的黄色就是太阳，那么，谁说凡·高不是太阳呢？

普希金：俄罗斯的花朵和十二月党人的春天

在俄罗斯没有一个人不尊敬普希金。普希金是这个民族的太阳。有意思的是，一个在严寒中峭拔和坚韧的民族，会把一个浪漫的诗人，奉为民族的精神象征。这确实是一个难解之谜。

文学史上，从来没有一个诗人，获得过这么大的声誉，就算是拜伦、惠特曼、泰戈尔，在他们各自的民族，也没有这么大的号召力。那么，普希金究竟用什么攻占了俄罗斯人的心脏，并且在那里长久不息地跳动？

我以为是普希金的天才和气质。今天的学界这样评价普希金：俄罗斯近代文学的开创者，俄国浪漫主义文学的杰出代表，现代标准化俄语的创始人。俄国诗人丘特切夫甚至这样赞颂他："俄罗斯人铭记你，就像铭记自己的初恋。"

此外，普希金还具有致命的浪漫，吸引着刚强外表下俄罗斯人柔软的心。

我记得那美妙的一瞬：
在我的面前出现了你，
有如昙花一现的幻想，
有如纯洁之美的天仙。

在一次舞会上，普希金结识了莫斯科第一美女冈察洛娃，于是，展开猛烈攻势，经过3年恋爱，32岁的普希金与21岁的冈察洛娃结婚。这场盛大的婚礼轰动了整个俄罗斯，他们被人们誉为老金童小玉女。在结婚仪式上，普希金给冈察洛娃戴戒指，不小心把戒指掉在地上，他慌忙俯身去捡，结果，碰落了诵经台上的十字架和《圣经》，向来迷信的普希金面色苍白。几天后，他给妹妹写信，说这起婚姻未必善终。不幸的是，这个预言最终变成了现实。

结婚后不久，普希金就与岳母红了脸，不得不搬回圣彼得堡沙皇村。这是他们矛盾的起点，而生性浪漫的普希金婚后，竟然无所顾忌地告诉妻子，她是他的第113位恋人。这也让小玉女痛苦不堪。一天，普希金夫妇散步时，正好被沙皇尼古拉一世看见，沙皇被风姿绰约的冈察洛娃迷住，马上坠入情网，于是不断邀请普希金夫妇进宫，参加盛大舞会。面对至高无上沙皇的热情邀请，22岁的冈察洛娃兴奋异常，她一下子攀爬为上流社会最耀眼的明星。所有的人都不再关注普希金的诗歌，而关注他美貌的妻子的身段和风韵。天真的诗人无疑遭受了深深的打击，并感到了惶恐不安。

1833年普希金被外交部录用，不久，又被沙皇赐予御前初级侍卫一职。沙皇这样做，其目的就是为了更便于接近冈察洛娃。35岁“高龄”的普希金和一大堆青年侍卫待在一起，感到莫大的耻辱。他愤然地说：“我可以做一个臣民，可以做一个奴隶，却永远不愿做一个弄臣，哪怕是在上帝那里。”

但普希金还是忍受住了屈辱，为了俄罗斯的命运，他准备撰写心目中的英雄彼得大帝传，呼吁沙皇要开创彼得大帝一样的基业。而写作要查阅国家档案，必须要得到沙皇尼古拉一世的批准。普希金留了下来，其代价就是冈察洛娃随时都有红杏出墙的风险。24岁的冈察洛娃，沉迷在沙皇的关注和宠爱之中，她哪里知道阴谋正在靠近。1834年夏天，忍无可忍的普希金决心辞职，沙皇当然不同意，但却给了普希金半年假期，还给予3万卢布，让他自由旅行。这个决定简直就是司马昭之心，但骑虎难下的普希金还是负气出走了。

老奸巨猾的沙皇并不肯善罢甘休，又借普希金和十二月党人的牵连，不断从精神上打压他。沙皇曾经虎视眈眈地问普希金：“如果十二月党人起义时，你在彼得堡将会怎么办?”普希金毫不犹豫地说：“我将在参政院的广场上，在起义者的队伍中。”这既是一个诗人的坚贞，也是一个诗人的意气。

1834年法国波旁王朝的亡命者丹特士，跟随他的干爹荷兰公使来到彼得堡，在俄罗斯禁卫军供职。历史上的丹特士，并非像很多书中所说的那样不堪，他英俊浪漫，幽默睿智，才智过人，到了彼得堡之后，他很快展开了对冈察洛娃的追逐，而冈察洛娃对此似乎并不讨厌，甚至还眉来眼去，半推半就。整个彼得堡沸腾了，流言纷纷，满城风雨。普希金的诗歌坠落了，冈察洛娃的风流韵事喧嚣尘上。

1836年11月4日，普希金突然收到一封匿名信，说绿帽子协会一致推举他做副会长，并隆重颁给他“绿帽子荣誉勋章”。单纯的诗人被激怒了，决心和丹特士决斗，以维护自己的荣誉和妻子的清白。

当时的上流社会，男人为女人决斗，是一种强势文化，普希金也不能免俗。一方如果挑战，一般是脱下一只白手套扔到地上，另一方拾起来，就表示应战。在那个时代风俗的约束下，鲜有男子不拾起挑战的手套，更鲜有男子临场退缩的。

1837年2月8日，普希金起床后，喝完一杯黑咖啡，乘马车前往小黑河参加决斗。这场决斗，从一开始就决定了胜负，一方是职业军人，是护卫沙皇的禁军上尉，另一方是诗人，尽管普希金也玩过枪，但充其量只能算是票友。

在丹特士干爹荷兰公使的监督下，丹特士不听指令，先开了两枪，第一枪打偏了，第二枪打碎了普希金胸前的铜扣进入身体。普希金忍住剧痛，在公使发令后打出第一枪，丹特士应声倒地。普希金高兴地说：打中了，打中了。他以为上尉死了，宣布放弃第二枪。谁知道上尉只是被打中胳膊，却十分专业地躺下装死。荷兰公使立刻宣布决斗结束，丹特士从地上一跃而起，普希金要求补上第二枪，但却被公使冷漠地拒绝。

普希金被送回家中，无数俄罗斯人伫立门外，手擎烛光，日夜为他祈祷，三天后，普希金还是死了。2月9日，还在呻吟中的普希金安慰冈察洛娃说：“你没有任何过错。”并且叮嘱她，“我死后，你带着孩子们，去农村住，为我服丧两年，然后就转嫁，一定要嫁给正派的男人。”可怜的普希金还是渴望，自己死后，妻子能躲开社交圈，用两年时间来给予他一个诗人最后的尊严。临终前，普希金神志清醒，妻子喂他吃果酱，他每吃一口，便重复说：啊，好吃，真好吃。短暂的回光返照后，普希金的目光便渐渐暗淡下来了。38岁的一代文豪就这样离开了人世。

普希金死后，俄罗斯的一家报纸说：“一颗罪恶的子弹击中了俄罗斯的胸膛，诗人倒下了，整个俄罗斯一片黑暗。”

很多人认为普希金是死于尼古拉一世的阴谋。想想看，沙皇对冈察洛娃觊觎不已，可谓世人皆知，沙皇的卫士丹特士何以敢和沙皇争抢一个女子？比较合理的解释是沙皇既垂涎冈察洛娃的美貌，又对普希金同情十二月党人，不断讥讽和嘲弄自己，心怀愤恨，但又碍于他的名声，不敢妄动，于是借助丹特士，利用各种各样的谣言，挑动诗人决斗，并设下陷阱，让普希金自取灭亡。俄国诗人莱蒙托夫就持这种观点，遗憾的是，莱蒙托夫在写下《诗人之死》，揭露事件真相之后，也在四年后的决斗中丧生，年仅27岁。

但令人莫名其妙的是，普希金死后，丹特士逃回了法国老家，沙皇也没敢对冈察洛娃采取进一步行动，是否是俄罗斯人民的怒火到达了顶点我们不得而知，但我们能确信的是，冈察洛娃看透了沙皇，七年之后，即1844年6月，由于生活所迫，冈察洛娃嫁给了45岁的单身汉兰斯柯伊。沙皇尼古拉一世主动提出愿当主婚人，但冈察洛娃庄重地谢绝了这种“荣誉”。

丹特士隐姓埋名，很多年过去了。他以为历史也会打盹。然而他最喜欢的孙女，一天天长大，她非常喜欢普希金，简直痴迷到了极点。她诅咒那个杀害诗人的凶手，诅咒他卑鄙无耻。终于有一天，她发现她的祖父也曾用名丹特士，并且去过俄罗斯，她震惊不已，她简直不敢设想，她的一个爱竟然会被另一个爱杀害。她心惊胆战地向丹特士求证。老丹特士忏悔了，泪流满面。第二天，女孩跳进塞纳河自杀了，诗人的阳光哺育了她，也带走了她。苟活的丹特士，终于承受不了心灵的重压，挥枪结束了自己的生命。诗人的光芒穿越了民族的界限，这就是文学永恒的力量。

然而，普希金也有其局限。他一辈子歌颂爱情，但却未必钟情；一辈子歌颂革命，但却未必能为革命献身。

2000年12月5日，俄罗斯政府为纪念十二月党人起义175周年，在普希金的故乡米哈依洛夫斯克村，特意为曾经拯救过天才诗人的一只兔子建造了一座纪念碑。

关于这只兔子，有这样一个故事。1825年12月末，流放的普希金心血来潮，自作主张，决定独自一人前往彼得堡看望十二月党人。在马车疾驰的过程中，突然从草丛里跳出一只兔子拦住去路。迷信的诗人大吃一惊，慌忙掉转车头回去了。十年后普希金在彼得堡的沙龙里向朋友们回忆：“我要是在12月24日深夜来到彼得堡，肯定会先赶到普欣或雷烈耶夫家去，这样就刚好撞上策反者，次日我或许会站在起义队伍的最前列，今天也就不可能和你们坐在一起了。”说这番话时，普希金竟然一脸的庆幸。因为靠了兔子的挡道，才使诗人幸免于难，也才有了不久后新上台的尼古拉一世对他的流放解除令。

然而，我们不知道，这对于诗人究竟是幸，抑或是不幸。

说到这里，不能不提十二月党人。

十二月党人，每当想起他们，我的心都特别男人，笼罩在一种悲壮而圣洁的光辉之中。十二月党人是俄罗斯农奴制度的受益者。他们是年轻的贵族，是沙皇制度的支柱，他们每个人都前程似锦。但是，他们却认为农奴制度是可耻的，自己所享有的特权是一种罪孽。于是，他们挺身而出，为废除农奴制和沙皇专制而斗争。

可以说，在人类文明史上，这样大规模的贵族革命，不仅空前，而且绝后。一位政客这样说：“欧洲有个鞋匠想当贵族，他起来造反这理所当然，而我们的贵族闹革命，难道是想当鞋匠？”

起义最终还是失败了。尼古拉一世调集大炮，轰击圣彼得堡参议院广场，血流成河，尸横遍野。时间是12月26日，也就在兔子挡住普希金道路的第三天早晨。五个卓越的领袖被绞死；一百多名十二月党人，戴着沉重的镣铐，被流放到西伯利亚，并将在苦役和囚禁之下终其一生。他们的罪证是，对祖国不可遏止的忧虑和挚爱，对奴隶悲天悯人的关注与同情。

俄国历史上最动人的一幕产生了。

在那条被他们镣铐敲击过的驿道上，那条漫长的、永无终了的驿道上，远远追踪而来的，是他们年轻的妻子。

这些在玫瑰花园和牛奶中长大的贵族小姐们，她们没有听从尼古拉一世允许改嫁的谕令，也没有被种种恫吓吓倒。几乎所有的十二月党人的妻子、情人都不肯与十二月党人离婚、分手，她们义无反顾、坚贞不屈，并且心甘情愿选择了与自己的丈夫、情人一道前往遥远的西伯利亚服苦役。她们宁愿放弃堆积如山的黄金，宁可在拿着武器的哥萨克卫兵的押送下被铁链捆锁着行走，也要到那苦寒的野兽出没的地方去，守在自己的丈夫身旁。义无反顾的妻子们令铁石心肠的阻拦者也不由得泪雨滂沱。很多人还没有走到丈夫和情人的身边，就长眠在蛮荒的冰雪之中，但历史记得她们。当然，更多的人，陪伴着年轻的十二月党人，永远长眠在西伯利亚。

特鲁别茨卡雅公爵夫人，是第一个冒着风雪严寒动身到西伯利亚去的勇敢女性，她一生追随她英雄的丈夫，并因此病死在那里。法国姑娘唐狄，在巴黎一听说昔日的情人伊瓦谢夫被判刑，流放到西伯利亚去，立刻以最快的速度赶到俄国，并向沙皇要求批准她到西伯利亚与情人结婚。沙皇尼古拉一世虽然愤怒不已，却也为这位法国女郎的坚贞爱情所折服，破例批准了唐狄的结婚申请。伊瓦谢夫和唐狄这对年轻的情侣最后双双死在西伯利亚。

历史在这里驻足，怅惘低回。十二月党人，因为他们自己而高贵，因为他们的女人而圆满。这些高贵的女人们，虽然不一定都能理解丈夫的政治理想，但她们对爱的执着，对苦难的超越，是人类文明史上最感人肺腑的篇章之一。

我一直在想，普希金在讴歌十二月党人妻子的时候，他是否想到了自己的妻子，那个时候他是怎么想的？是不是我只是赢得了一朵花，而他们则获得了春天？

尼采：人类是应当被超越的

今天还是在读尼采，读他早年失去父亲的抹不去的忧伤，读他狂傲背后的累累伤痕。

我以为，尼采身上最动人的地方，就在于他的孤独。

尼采活在无光的世界里。他的视力是一堵墙，把他和世界上所有物化的经典作品隔离开来。

早年的尼采患有近视病，后来视力急剧衰退。这对于一个学者来说，简直无法容忍，但却恰好成全了尼采，使得他摆脱了人世间的众生喧哗，只能一心一意倾听自己灵魂里发出的声音。这些天籁，如此雄浑和动听，以至卓绝千古。尼采曾经这样表述："突然间，我可以很确切地看到和听到一些非常震撼的东西。我听到，但不寻觅；我获取，但不知由来。一种思想如闪电一样涌现，不由选择。我喜极而泣，失去了自我控制而浑身颤抖……"

尼采还活在没有朋友的世界里。

尼采24岁就担任巴塞尔大学的语言学教授，被他的导师李契尔赞誉为"莱比锡青年语言学界的偶像"。但他没有多少朋友，在孤独中我行我素。1873年，尼采的《悲剧的诞生》横空出现。整个莱比锡的语言学界惊慌失措，他们对尼采围追堵截，疯狂打压，尼采被排挤出了语言学界。同事们的疏远和冷落使尼采的精神受到极度的刺激，一度得了胡言乱语症。这是尼采未来发疯病灶的最初原因。

尼采渴望朋友，这种念头没有谁有他强烈。1886年7月，已经发疯的尼采给妹妹写信说："我的健康其实是完全正常的，唯有我的灵魂十分敏感而且渴望志同道合的好友，如果让我得到一个小圈子里的人，能听取我的话并理解我，我的病就会好的。"但终于没有一个追随者。

尼采还活在和人类对立的世界里。

尼采的孤独来源于自己不被别人理解。他认为，凡是一个与自己的时代的同胞所奉行的价值观念彻底决裂的人，那么他就得准备寂寞和孤独。孤独是他必然的命运。在高傲的微笑里，在轻蔑的斥责中，尼采体验到了与糊涂的芸芸众生的距离感。这种傲慢和偏见的超人感，使得尼采获得了巨大的满足，但更多的还是孤独的死寂感。尼采渴望与人沟通，他自费出版自己的作品，可怜巴巴的，希望诱惑到一些人，追随自己。然而他等了十几年，终于绝望。1887年，尼采给欧弗贝克的信中写道："从我的灵魂深处发出这样的乞求，却没有听到一声回音。那是一种可怕的经验，它使我断绝了和一切活人的纽带。"

尼采最伟大的作品《查拉图斯特拉如是说》印发十五年，只卖出去40本。尼采伤心欲绝，他说："我用《查拉图斯特拉如是说》给人类以空前的大赠礼。这本书，声音响彻千古，它不仅是世界上最高迈的书，最真实的书——整个现象和世界都在它的下面——而且也是最深邃的书，从最丰富的真理中产生；一个永不枯竭的源泉，满载宝藏，放下汲桶唾手可得。"但是，大道如青天，高处不胜寒。尼采尝到了鲁迅所说的无物之阵的伤害。

失望到极点的尼采这样告诉朋友："它伤得我极深，在这十五年里没有一个人发现我，需要我，爱我。""我很少听到一些友谊的声音，我现在很孤独，荒谬的孤独，好几年来没有一丝新鲜感，没有一滴人性，没有一口爱的气息。"

最为难忍的是，尼采还活在没有爱的世界里。

尼采5岁失去了父亲，这是他第一次失去血缘上的爱。尼采的祖父和父亲都是牧师，家庭的宗教气氛十分浓厚，因此当1864年进入波恩大学的时候，尼采选择了攻读神学和语言学，一度准备为上帝奋斗一生。但很快他就放弃了神学，背叛了基督教。上帝已死，这是尼采在信仰上的断乳。

后来，尼采偶然读到叔本华的《作为意志和表象的世界》，兴奋得发狂。尼采疯狂自语："在这里，我看见世界人生和自己的个性被描述得如此惊人的雄壮。"1868年，尼采又结识了浪漫主义的音乐大师瓦格纳。在叔本华和瓦格纳双管齐下的影响下，尼采彻底抛弃了自己的基督教信仰。但是，很快他就反对叔本华的悲观哲学。他把叔本华的"求生意志"换成了"权力意志"，因而一扫叔本华的悲观色彩，而成为一种积极进取的哲学。在这里，是尼采自己彻底割断了和历史的脐带，把自己还给了自己。像中国的庄子，尼采只代表他自己。因为真实，所以不信，因为荒谬，所以相信。尼采自己推翻了自己的精神导师，权力意志和酒神精神就像狂飙从天而落。

尼采一生中只有一次不成功的恋爱。他也因此而留下一句名言。"当你接近女人的世界，别忘了你的鞭子。"这很难说是尼采对女人的仇视。尼采所反对的是男女平等和男女混同的潮流。他要求女人更有魅力，男人更有丈夫的气概。如果我们要把女人男化，便可能发生把男人女化的危险，这样便危及人类的前途。尼采终身只有一次恋爱，不知道那次有没有带上鞭子，总之是失败了的。失去了爱情，失去了世俗的爱，尼采彻底生活在黑暗之中。尼采死的时候，陪伴他的只有一个比他小两岁的妹妹。

1889年1月3日，尼采在都灵的大街上，看到一个马车夫疯狂地鞭打牲口。他扑上去抱住马脖子，放声痛哭，马啊，我的受苦受难的兄弟啊！尼采疯了。这是人类历史上一次最伟大的发疯。一个认为"上帝明察一切，不能不死"的人，一个崇尚超人理论，视平庸为寇仇的反道德者，这一刻为一口陌生的畜生而哭，似乎几百年后我们的耳边还隐约可闻。

尼采的深沉的孤独感，使得他能对社会，甚至对历史保持一种“远距离感”，这种距离感是任何时代的思想家考察自己的时代，或解剖自己的时代的先决条件。尼采在远距离的地方，冷眼看穿，却又热肠挂住。反道德的尼采其实只是反旧道德，在他看来，一切阻遏、束缚、压制生命力蓬勃向上的，均是不道德的。而现存的道德只是教人平庸、逆来顺受、顺从，因而是有害的、虚伪的道德。尼采反对永恒的善恶的观点，认为它只是一种“古老的迷妄”，而非真知。

尼采的孤独感还弥漫在他的作品中，他的作品诗意浓郁，时而愤世嫉俗，时而嬉笑怒骂，时而孤傲冷峻，时而恣肆汪洋，时而飘逸如流水行云，时而峭拔如孤峰直立，时而猛烈如秋风卷落叶。尼采的孤独，使他行走在消逝中，却能保持着人类的本真。

上帝死了，但尼采还活着。

人类是应当被超越的，尼采这样告诉我们。

李镇西：平民教育家的一个传奇

我知道这篇文章一出来，说不定又会有风波。因为，批评李镇西是危险的，表扬李镇西更危险。

——题记

李镇西的《做最好的家长》《做最好的老师》风靡一时。漓江出版社的《做最好的家长》，半年之内，甚至重印七次。现在，李镇西在武侯“做最好的校长”，他的学生还强烈要求他写《做最好的学生》，李镇西似乎和“最好的”紧紧联系到了一起。

李镇西对“最好的”诉求，给我很大的启发。

2004年我到张家港的时候，还是一个文学青年，我热衷于微型小说和散文。在我的眼里教育类论文根本称不上文章，充其量只是职称评定的砝码而已。

那时候，每学期我只写一篇教育文章，但几乎每篇文章都是一等奖。尤其是在和教研员成为好朋友之后，更是如此。到张家港的当天晚上，我搜查朋友的书柜，看到了李镇西的两本《爱心与教育》。我觉得很奇怪，就问他们（他们是夫妻，都是我的同学，当时都是教师），朋友很诧异，你难道不知道李镇西？这书是张家港教育系统发的，要求老师们集中学习的，所以有两本。这是我第一次听到李镇西，感觉很赧颜。于是，晚上一口气读完了《爱心与教育》，自然有一些感触，有一些共鸣，也有很多共识。但同时还有一个强烈的感觉，李镇西离我很近，也并不陌生和高大。我甚至觉得李镇西很普通，他做的很多东西，我也在做，也会做。那么，何以李镇西这么蛊惑人心呢？

后来，就是到苏州来，和皮鼓等人成了最好的朋友。皮鼓在李镇西身边学习了两年，应该是最有发言权的人了。于是，我就咨询皮鼓，皮鼓说，他对李镇西经历了“仰视，到平视，再到仰视”的过程。最后，皮鼓总结说，有一天你会亲身感受到李镇西的不平凡。

下一次是在《教师之友》上，读到了李镇西的课案《给女儿的信》，因为有了这个掌故，我认真研读了李老师的那个课堂。那堂课确实上得不错，行云流水，但给我留下更深印象的却是后面李海林老师的点评。李老师的特别到底在哪呢？

李镇西对皮鼓有一种偏执的喜爱，他从不讳言这一点，以至于常常要贬低自己，抬高皮鼓。尤其是举荐皮鼓到苏州之后，李镇西甚至婆婆妈妈地写下了《梦里泪拥铁皮鼓》这样的文字。其真其情可见一斑，也就在那个时候，李镇西在我的眼里开始鲜活起来。

李镇西如此看中皮鼓的原因，我以为，除了皮鼓雄厚的专业基础，更重要的还是皮鼓的精神品格。李镇西常常感叹，铁皮鼓是唯一没有被世俗沾染的人。后来，皮鼓跟李老师胡说，说我比他还要单纯。李镇西因此大跌眼镜，可能也因此对我有了好感。皮鼓哪里知道，我其实是用外表的朴拙来掩饰内在的狡猾。或者这样说，我敬畏高尚，并从内心和实际上付诸我的尊敬。凡是认定我很好的人，一定首先是来自他们自己的品格，这和我是否单纯无关。

2006年的时候，漓江出版社要出《做最好的家长》，皮鼓忙得焦头烂额，没有空帮助李老师写书评，于是，就把这个任务推给了我。李老师于是给我发来书稿，这是我和李老师的直接交流。

我后来写了《晴空一“雁”排云上》，洋洋洒洒七千多字，点评了李老师的书，李老师很高兴。我记得他首先称赞我的一个论断：“毋庸置疑，在学校教育这一块，李镇西是影响较大的一块，但也仅仅是一块，或者是一派而已。还有很多‘教育的花儿’在幸福地开放，只是或辉煌，或黯淡，或孤寂而已，但无论如何，中国教育还是‘痛并发展着’。”这些年李老师受过的质疑不少，得到的表扬更多，但李镇西仍然表现出了他的清醒性，这种清醒来源于李老师的真诚！李老师的优点和缺点同样袒露于光天化日，比如教育研究的深度问题，比如理论探索的原创等，李老师从不讳言自己的局限和不足。因此，当我贸然地判定李镇西仅仅是百花中的一朵小花时，李老师却异常高兴，并由此觉得我是一个真诚的人。

犹记当年李镇西亲自到乾县一中礼聘铁皮鼓，然而，铁皮鼓却在盐外第一次教师见面会上，就毫不客气地批评李镇西的一些观点。让盐外的老师惊诧莫名，而主席台上海纳百川的李镇西，就一直微笑着用目光示意皮鼓继续批评。人以群分，真诚的李镇西遇见真诚的铁皮鼓，当然相见恨晚，当然一见如故。因为出版时间仓促，自己又不好校对出自己的错字，我后来还帮李老师校对了一次。因为时值模拟考试，我是请另外一个朋友来帮我的，她一夜之间校对了20万字，弄伤了眼睛，在此我也对她表示深深的歉意。不久，我就收到了李老师的赠书，遗憾的是出版社寄来的，光秃秃的没有痕迹。

北京会议的时候，我第一次看见李镇西。皮鼓介绍完，李老师就紧紧握住我的手，镜片上闪烁着光。与别人寒暄完，李老师就和我拍照留影。

待了一会儿，人少了。李老师拉住我，去六一中学找饭吃。我没有报名，自然人家不会管我的伙食。李老师汗流满面地说，我有的是饭票。走在路上，李老师问我：“开东，你有没有注意过，我们俩的名字构成了绝对：王开东——李镇西。”我不好意思地笑了，论坛上曾有人做过这样的对联，我当时不以为意，这时候却觉得特别亲切。

一路闲聊着，突然，我们的面前横了两个学生，一男一女，背着书包，十六七岁的样子。他们说很饿，喊我们老师，找我们要点钱吃饭，他们可怜巴巴的，盯着我们的口袋。李老师走在前面，下意识地把手伸进口袋，一下子慌了手脚，他没有带钱。我于是给了那两个孩子20元。那一刻，我想起了干干的名作《当教育遭遇乞丐》。后来，皮鼓告诉我，李老师出门，口袋里是从来不揣钱的。想想看，走遍天下的李老师，口袋里竟然无须一文钱，这是怎样的魄力和自信啊！暑假看《恰同学少年》，毛泽东和萧子升结伴游学，也是不带一文钱，行走万里路的。

李老师第二天有一节公开课，当天晚上，李老师还看了很久材料，然而，天一亮，李老师就托皮鼓送来了两本书。一本是魏书生的《班主任的工作艺术》，还有一本是《做最好的家长》，扉页上，李老师写道：开东，我为认识你这样真诚的朋友而感到高兴，你一定能成为真正的最好的老师。李镇西。

当天，我聆听了李老师的报告，还有激情澎湃的《一碗阳春面》，深受教益。有关李镇西的传奇，终于得到了解答。我后来给李老师这节课写了课评，这是我第一次写课评。李海林老师在看完我的《非常语文课堂》后，曾经和我说："开东，你的课上得很聪明，很精彩，但也毫无章法。"可能是没有章法，也可能是一些人的别有用心，总之，课评一出来，就被嘲讽得一塌糊涂。我之所以认为表扬李镇西和批评李镇西都是一种冒险，原因就在这里。

李镇西的伟大，在于平凡中的伟大，或者就是一种平民创造的伟大。钱梦龙老师说得好："人人都可以学李镇西，但人人都成不了李镇西。"李镇西的成功在于日积月累，水滴石穿。到今天，李老师还保存着他初中的作文；做了20多年班主任，李老师记下了班级里数不清的有意义的事情，保存了绝大多数和学生还有家长的谈话，还记载下女儿成长的每一段经历，为女儿提供了两代人日记的长跑。李镇西也许称不上中国教师第一人，但在积累材料方面，李老师绝对是中国教师的典范。如果你能做到这些的话，我敢大胆地说，你就能做李镇西，最起码能做最好的自己。有人说，什么叫绝招，把普通的招式练到了极致，就是绝招。李镇西的成功，还常常让我联想到中国的革命，陈毅说，淮海大战的胜利，是人民用独轮车推出来的；还有人说，中国革命的成功，是用小米加步枪打出来的，而李老师，却用自己平凡的实践和爱心，改变了自己的人生和命运，也推动了中国很多教师精神面貌的更新。

元旦的时候，我到苏州参加朱永新老师的朱门聚会。李老师给我们讲了一个故事，他在武侯实验学校，为了搬走门口废旧的吊车（对学生安全造成重大隐患），李老师在校会上誓言，宁肯校长不做，也要搬走吊车，这是对官僚主义的宣战。最终吊车事件获得了圆满的解决，搬吊车对武侯全校教师是一个巨大的教育。只有不跪着的老师，才能培养出不跪着的学生。

这次，李镇西老师上书温家宝总理，畅谈平民教育。因为是谈感想，不是谈建设，所以，有网友认为李镇西的上书，没有李凤平先生的上书有价值。但我明白这是李镇西用这种方式来表达对总理的敬意，是两个具有平民情怀的人一次惺惺相惜，而总理也明显感受到了这一点，两个真性情的人，在这里有了碰撞。所以，才有总理的那个批示。

不虚美，不隐恶，是李镇西最为突出的个性。对一切丑恶疾恶如仇，自然就会对平民情怀的温总理充满了好感。

去年春节，我的老父亲患了重病，我在网上写下了《我拿什么来拯救你，我的父亲》，李老师在武侯中学的语文组的会议上，谈了我的语文学习的经历，谈了我父亲的病情，很快我就收到了武侯语文组老师们的一封集体信：

开东老师：

寒假前，我们有幸得以拜读大作《非常语文课堂》，在川西平原凛冽的寒风中，我们感受到了来自江南水乡深厚的文化底蕴和你飘逸的文采，更体悟到你作为一位优秀的语文老师的纵横捭阖的阔大胸襟，指点江山激扬文字的课堂风范。我们深为折服，并已经把你的大作作为我们的案前读物，随时从你身上汲取营养。

开东老师，你的文章，你的课堂，给了我们冬日的暖阳，给了我们春天的畅想。

由于开学以来，各种事务繁杂，我们之中又有许多老师担任班主任，无暇上网，也就不能在教育在线上与各位同仁适时交流，直到今天上午，我们才从李镇西老师口中知道你的父亲的一些事情。

随后，我们在教育在线上细读了你的文章《我拿什么拯救你，我的父亲》。感动我们的，是你的父亲，可亲、可敬但现在却在病痛的折磨下日渐消瘦的父亲，还有你的拳拳赤子之心。是啊，开东老师，你的父母，我的父母，我们的父母，都是我们的至亲啊！他们为了我们，付出的，又岂是辛劳？我们从他们那里得到的，又岂是爱？父母的眼，哪一分，哪一秒，不是在关注着我们？父母的心，哪一分，哪一秒，不是在为我们而跳动？可我们，又有什么，又做了什么？为了一双双日渐布满褶皱的手，为了那一双双日渐失去光华的眼，为了那一张张日渐堆满皱纹的脸，更为了那一颗颗写满爱意的心。可我们，又有什么，又做了什么？可我们，能做的，又是什么？

前一段时间，成都的气温陡降，我们不得不拿出了已蛰归衣橱的冬衣。今天气温回暖，久违的阳光重回我们身边。而此刻，我们却无暇敞开胸怀，迎接驱赶寒意的霞光——因为你，我们远方的朋友，时刻关注着我们的、给我们无私帮助的远方的朋友，正受着苦痛的煎熬；因为你的父亲，一位养育了一位优秀的儿子的父亲，一位可亲、可敬的老人，在病魔的摧残下，却仍然恬淡、从容的可亲更可敬的老人！

好人，总会平安的，我们深信！

开东老师，病魔在无情地折磨着你的父亲，但，你不能倒下！因为，每一个父亲，都希望自己的孩子坚强！

开东老师，病魔虽然在无情地折磨着你的父亲，但，你不能倒下！因为，在远方，还有几十位你认识的和不认识的朋友，在默默地祝福，默默地祈祷，在默默地分担你的苦痛！

开东老师，何以解忧，唯有健康。病榻上的老人，最大的期望，莫过于你的健康。而你的坚强，你的健康，才是老人战胜病魔的唯一的精神支柱，才是老人最大的心愿。

武侯实验中学语文教研组

2007-3-8

现在，我的父亲已经过世了，但是，每当看到这些过往的文字，仍然让人怀念人世间的友谊和美好。记得李老师常常鼓励学生两句话，一句是“做最好的自己”，一句是“让他人因我的存在而感到幸福”。他自己首先就是这两条的践行者。每当想起李老师，我也会感到幸福，并获得持久的力量。

XUSHI

叙事——没有一片树叶，独自变黄

所有的故事都曾经发生过，所有的故事都是同一个故事，所有的故事都是“我”的故事。

——铁皮鼓

我旅行的时间很长，旅途也是很长的。

天刚破晓，我就驱车起行，穿遍广漠的世界，在许多星球之上，留下辙痕。

离你最近的地方，路途最远；最简单的音调，需要最艰苦的练习。

旅客要在每个生人门口敲叩，才能敲到自己的家门，人要在外面到处漂流，最后才能走到最深的内殿。

我的眼睛向空阔处四望，最后才合上眼说：“你原来住在这里！”

——泰戈尔《吉檀迦利》

“不要脸”的风波

一大早，班主任小潭就跑过来，让我们鉴定笔迹。一个学生在市报涉及我校的报道上写了一个批语——不要脸！

其实，要不要脸问题并不大，关键是高考前夕，大敌当前，兵临城下，有了这种愤激的思想，失去了平和的心态，问题就大了。所以，潭老师决定查个水落石出。

几个老师七嘴八舌地作判断。他们调动了各种想象力，给出了许多佐证，提供了好几个“犯罪嫌疑人”。后来，潭老师问到我，因为我是语文老师，对笔迹可能会有一些敏感吧。

我这才详细看了一下那则报道。

报道称：“我校国际班共39人参加雅思考试，取得辉煌成绩，通过了38人，其中6分以上高分的就有24人。他们获得了进入世界一流大学的直通车。”文章说：“我校和澳洲联合办学，成效显著，国际班主要招收思想进步、成绩优良、有志于海外留学的学子。”

学生正是在成绩优良的下面画了一条横线，上面的点评是“不要脸”！

我是一个教师，一个语文教师，我像孔乙己一样受到科举的毒害，而且很严重。我每天都想着考试，我现在正在讲现代文阅读。我敏感地觉得这是一个现代文阅读的好材料。于是，我说，好啊，这真是好东东啊。

快下课时，我把这个话题抛给学生，我说，这是现代文阅读的好材料。请同学们分析这里的“不要脸”究竟有多少层含义。

学生哈哈大笑，兴致盎然。

我找了两个学生回答了一下，感觉比较乱。我开始循循善诱了，我说，同学们，你们要坚持对象分析法，找出这起事件中涉及的所有对象，然后，做出你们的分析和评价。

这下，同学们的思路打开了。

有人说，“不要脸”可以指那些国际班的学生，说他们成绩优良，天知道，这简直就是开国际玩笑。

这一点不能说没有道理，国际班的这些孩子，绝大多数都是在高考此路不通的情况下，选择出国这条道路的。可以说，他们大多原本是我们学校里成绩最不好的学生。

还有人说，“不要脸”可以指这则报道的宣传人员，他们报喜不报忧，让人特恶心。

我评价，岂止是我们报道人员，我们的官员，我们的报纸，我们的很多新闻都是报喜不报忧的，这也是中国特色。学生大笑。

有人说，“不要脸”还可以指学校，当初，为了自己的升学率，不断动员这些差生报考国际班，现在，一旦他们出息了，有利用价值了，又往自己脸上贴金。

还有人说，“不要脸”的，还可能是报社，很多宣传文章，都是有偿新闻。

不少学生貌似两耳不闻窗外事，其实鬼得很呢！

我问同学们，还有吗？有没有遗漏？

后来，有一个学生说，还有评论者，就是那个写“不要脸”的人，我们没有涉及。

我们接下来分析他（她）的心理。我说，这是一道开放性的好题目，我觉得。学生更加来劲。

有学生说，如果这里的“不要脸”是骂报社，那说明评论者关心社会，不是书呆子，有正义感，有良知，有指点江山的豪情，还有认识社会的敏锐。

还有学生说，如果这里的“不要脸”，骂的是国际班的学生，那么，这种酸葡萄心理就要不得了。首先，国际班的学生过去成绩不好是事实，但是，经过不懈的努力，他们现在取得了巨大的成功也是事实，作为同学和校友，我们应该把最真诚的祝福送给他们，并且从他们身上获得启发。其次，更何况“成绩优良”，并非国际班学生的自我评价，我们当然不能给人乱戴帽子。最后，骂国际班的学生

“不要脸”，近似于社会上的“仇富”心理，它降低了我们自己的品位，甚至，在某种程度上，等同于我们自己“不要脸”。

如果“不要脸”骂的是教师，那也不对。首先，教师有过错，学生当然可以批评，但“不要脸”明显带有人身攻击。其次，老师做的这个宣传，未必就是他自己的本意，我们怎能不分青红皂白，一棍子打死呢？最后，还有一种可能，当老师做这个宣传的时候，很可能不是为了宣传，而是表达对学生进步的一种欣喜，一种快慰！那么，这样的老师，何罪之有？

如果，“不要脸”骂的是学校，也要一分为二来看。首先，学校也是从学生的发展角度考虑，学生的利益就是学校的利益啊。

还有，学校的宣传既是对学校的赞美，又何尝不是对你们的一种刺激，一种鞭策呢？

看看，人家努力之后，名校的直通车打通了。我们呢，我们该何去何从呢？我想，同学所要表达的绝不是谁谁“不要脸”，而是借说人家“不要脸”，来表达我们一定要“要脸”，也就是我们一定要“挣面子”，为自己呐喊，为父母添彩，为母校争光！为自己的人生挣足面子！

掌声，欢呼声，笑声……

教师猛于虎

我一直害怕监考，我本能地拒绝担任一个监工，为了维护公正，像警察抓小偷一样，在讲台上寻寻觅觅。可是，我没有办法脱身，监考成了我的噩梦。在一次监考阅读报刊被警告之后，我更加厌恶监考了。

我就这样漫无目的地看过来、看过去，我上看下看左看右看，看不到一个作弊的人。曾经有很多老师对抓作弊很有心得，有一个老师，可以从学生的一声咳嗽，甚至一次屁股的调整中发现端倪，屡试不爽，而且乐此不疲。

无聊中，我就看看讲台，看看粉笔。

讲台上很脏，这是高三特色，市报横七竖八地躺在上面。粉笔名字叫“微尘”，我的眼睛一亮，从过去的“无尘”粉笔，到现在的“微尘”粉笔，我觉得中国的企业越来越走向真实。微尘还有多层含义。可以说粉笔的含尘量很低，也可以反映教师的谦逊和奉献精神，好似当年的歌曲：“没有花香，没有树高，我是一棵无人知道的小草。”我觉得无论做企业还是做人还是低调一点好，可是，中国的企业全都好大喜功，比如“巨人集团”“恒大集团”等等，都是又“恒”又“大”，而世界第一龙头老大，美国的“微软”，却是又“微”又“软”。

我就这样胡乱地想着，时间并不因为人的着急而着急。

就在这时，我头脑一震，我看到“微尘”粉笔的厂家是江苏金坛市雪梅粉笔厂。我静静看着那两个字，直到眼睛前有了薄雾。

去年3月31日，金坛市城南小学的学生去观看教育影片。中午12时10分，殷雪梅站在斑马线中央，护送学生过马路。

突然，一辆汽车疾驶而来，向孩子们冲去，殷雪梅见状张开双臂，奋力将6名学生推向路旁，自己被车子撞出老远。学生们得救了，殷雪梅却倒在了血泊之中！据交警部门确认，肇事车的时速为120公里，殷雪梅被撞出25米之远。

殷雪梅去世后，自发到灵堂吊唁的各界人士达5万之多。4月7日，全市举行追悼大会，挽联为：“永恒的瞬间，瞬间的永恒。”灵车所到之处，沿途送别的群众达10万人之多！

10万人像一条河流，公道自在人心，殷雪梅是我们的骄傲。她用自己的血肉之躯，掩护了祖国脆嫩的花朵，也赢得了人民发自内心的爱。

要知道，近些年来，教师的形象越来越差，甚至已经沦落为贬义词了。有人说，社会上有三条毒蛇，警察是黑蛇，医生是白蛇，教师是眼镜蛇。前些年一场“非典”，成就了医生，他们重新成了救死扶伤的标兵。但愿殷雪梅老师之死，也能启发社会重新认识老师，同时，我们老师也应该自我对照，反省社会恶劣评价的原因。

鲁迅曾经说过：“我们自古以来，就有埋头苦干的人，有为民请命的人，有舍身求法的人，这就是中国的脊梁。”教师也当作如是观。于是，我又想起了克拉玛依友谊馆的那场大火。

在此次火灾中，除了可耻的“让领导先走”的特大丑闻，还有那些用血肉之躯掩护孩子的教师。据报道：

“克市第八小学三年（2）班的老师孟翠芬是一位已经办了退休又返聘的白发苍苍的老人，人们在扑灭大火后发现她时，孟老师的头和背已被烧焦。但是，她的两只臂肘下一边护着一名学生，其中一名学生的心脏还在微弱跳动，他还活着！”

“第八小学校长张莉和市一中副校长倪振性，都是几次把学生推出火海，自己最后被大火烧得面目全非。然而他们的遗体都是张开双臂，还像母鸡护着小鸡一样，在墙边围护着几位死去的学生。”

“市第七中学的周健老师，在大火袭来时，正用力撑着往下落的卷帘门。”他只要向前跨一步，就可以脱离火海，可是他一直坚持着站在原地用肩膀撑起铁门，“活着的学生看见他最后三次用一只手往外推出三位学生，最后倒了下去”。

第一小学的大队辅导员李平老师，“戴着眼镜，瘦弱的身影好几次冲进火场救出十几名学生，直到再也无法靠近猛烈的火焰时，这位老师才一下子身体一软靠到墙上，她大喊了一声：‘我的孩子还没出来！’接着就昏倒在地”。

人们后来发现许多老师的遗体，不是张开双手拉学生，就是扑在学生的身上——老师们在危难时刻，分明是在以自己的血肉之躯，在最后保护孩子！

这次火灾中，那么多的领导无一人罹难，而40多位老师，就有36位壮烈牺牲！他们，在烈火中永生！他们，平时可能也有一些缺点，毕竟人无完人，可是，在灾难来临的时候，烈火锻炼出了真金，他们，无愧太阳底下最光辉的人！在汶川特大地震中，以谭千秋为代表的教师群体，又向我们展示了教师灵魂的高贵。

写到这里，我突然想起了我的一个校友，他高我一届。当年在学校里，打架、斗殴、盗窃、欺负女生……简直无恶不作，被很多人视为社会的渣滓，有人甚至断言，这个家伙是帮公安局里养的。然而，让人始料不及的是他考了师范，并且做了生物教师。前几年，我回家的时候，曾经打听过他，他竟然每年都是优秀教师，而且辅导学生竞赛，屡屡获奖，名声大噪。我还是不大相信，求证我家门口他的一个学生，他告诉我：“生物老师有爱心，敬业，特棒，是我们的偶像！”

呜呼，教师行业对人的塑造到了这个地步，它简直就是一个熔炉，能把顽铁锻造成好钢。这就难怪当年南方某市领导扬言："来年谁考核不合格，就把他发配去当教师。"结果让人瞠目结舌，当年该市所有的领导全成了"孔繁森"、老黄牛，拼命工作，政府效能运转飞速。他们实在怕啊，老师猛于虎！

教育要警惕黑猫白猫论

当年痛感解放思想的困难，小平同志大胆地提出了"不管白猫黑猫，抓住老鼠就是好猫"的论断，应该说，这个观点，在特定的背景下，有巨大的历史意义和价值。但是，毋庸讳言，这个观点也具有极大的片面性，尤其是在教育领域。

之所以想起这个问题，是因为夏丏尊的散文《弘一法师之出家》中记载了一则逸事，引发了我诸多想法。

当时，夏丏尊和李叔同（弘一法师）在浙江第一师范教书，有一次学生的宿舍里失窃了很多财物，大家都猜测是某个学生偷的。身为舍监的夏丏尊很是苦恼，苦于没有证据，只能干着急。后来求助于李叔同先生，李先生却真诚地劝告夏丏尊自杀。他说："你若出一告示，说作贼者速来自首。如果三日后没有人自首，足见舍监诚信未孚，誓一死以殉教育。果能这样，一定可以感动人，一定会有人来自首。"李先生真情流露，但是由于风险太高，夏丏尊自然不肯践行。

我所思考的是，假如夏丏尊果真如此，并且又获得了成功，这是否就是好的教育呢？我看未必。

在我看来，感动不一定是最好的教育。

果然不久之后，我就听到了一件实例。

我校的一个老师介绍教育经验，说了这样一个案例。

她是一个女教师，担任班主任，她的身体很差，常常要生病，但是，她的课很精彩。学生也很爱戴她。

她的班上有一个学生，是从外面学校转过来的，行为习惯很差，常常要干坏事。有一天，那个男孩又打架了。

她实在气坏了，按照班规，要罚跑的。男孩很生气，但是仍然跑了，她那天发着烧，但是，也罚自己跟在他后面跑。她的脸潮红，气喘得厉害，她拼命咬着牙支撑。男孩终于忍不住了，他劝班主任停下来，但她就是不理他，她继续跑，当跑到第五圈的时候，她一头栽在地上。学生哭喊着，老师，我错了，我永远不犯错了。

据她介绍，男孩终于被她收服了，从此之后，没有犯过一次错误。她的爱心激起了一阵一阵的掌声。

感动之余，我对此做法很是怀疑。

在这个案例中，有几个问题值得考虑。

第一，教师按照班规惩罚学生跑步，这是否合理？

第二，学生因为过错受到惩罚，老师有没有必要惩罚自己，尽管这种自我惩罚的效果很显著。

第三，这种教育的效果的最终获得，是因为学生真正认识到自己的错误了，还是良心的谴责和愧疚的结果。也就是说，当这个学生离开了这个老师之后，他还能坚持多久？

第四，正如法律中的程序正义和实质正义一样，他们绝对不能为了完成一件实质正义的事情，而用非程序正义的手段。也就是说，他们不能用违法的方式来执法。哪怕这种执法是多么必要，多么有价值和意义。回到教育上来，我们也要紧急呼吁，我们不能为了简单的教育效果而不择手段。教育的效果只能在合理的教育方式中产生，教育是和谐的成长，千万不能下猛药。

不管白猫还是黑猫，抓到老鼠就是好猫，在教育领域，可以休矣！

绝不培养告密者

今天还是批阅学生周记，杨冬艳的《间谍之哀》，让我唏嘘不已。我再次在内心警醒自己：绝不培养告密者，而且还要对学生进行一次必要的教育——告密可耻。她的原文是这样的：

间谍之哀

杨冬艳

我曾经是一个“间谍”，不要不相信，我真的是老师亲自任命的“间谍”，我的目标是上课说话、自修课搅乱喧哗的同学，然后，把他们的“罪行”记下来，一一呈报给班主任。

班主任那天偷偷任命我的时候，我竟然还没有完全明白过来，就糊里糊涂地答应了，等回到座位才明白是怎么回事。唉，也只有硬着头皮干了。

第一天晚自修，同学们真的很“配合”，我很顺利地开始了我的工作，不忍心之余，我还是睁只眼闭只眼的，看着他们一张一闭的嘴，真想冲上去告诉他们我的“光荣”使命，让他们小心提防。

以后的事情更加困难了，班主任还要我把小纸条亲自交过去，那我不得不频繁进出办公室，这可不像我的风格，所以，还是不要交好了。没想到班主任竟然亲自来向我要，我只好在大庭广众之下硬着头皮交了出去，当然会引起学生怀疑了，不过，因为我的根基好，颇受同学们信任，所以也就混过去了。接下来的几次虽然我都勉强蒙混过关，但心里总不是滋味。

至今都不能忘记这个可怕的回忆，如果能回到从前，我绝对会毫不考虑地拒绝，并且认为这个做法本身就是一个错误，很可能会使得当"间谍"的人被孤立，并且不会有好朋友，在这里，我严厉指责班主任的做法，因为这是对我和同学们所犯下的错。

我能在这篇文章中看到学生的挣扎，看到一种愧疚，看到她告密之后内心的失衡。多纯洁的孩子啊，是我们老师陷她于不义，并给她心理深深的折磨。如果我们今天孜孜不倦地培养告密者，难保我们有一天不会成为告密的对象。

事实离我们并不遥远。

吉林艺术学院教研室的卢雪松，就因为和学生探讨《寻找林昭的灵魂》，被学生中的积极分子告发，故而被学校停课，离开了自己钟爱的教育岗位。学生在阴暗的角落里，写告密信，告发自己的老师，"文化大革命"的一幕又一次重演了。这种轻蔑和惨痛，我们不能不记取，培养告密者就是培养小人，就是培养奴才。

就算是告密文化的拥护者武则天，对告密者的人格也是蔑视的。

公元692年，武则天为了表示虔心礼佛，心血来潮，下令禁屠。右拾遗张德因为喜得贵子，违禁杀了一只羊，做成肉饼子，宴请同僚，前来赴宴的杜肃偷偷藏了一个肉饼子，当天晚上就屁滚尿流地摸入皇宫，去告发。没想到，第二天武则天却在朝会上当众揭露杜肃，将告密信交给张德观看，还对他说：以后请客，最好先看清人头，不要把好酒好菜拿去喂了背后咬人的狗。众目睽睽之下，告密者杜肃当众挨了一记耳光，从此抬不起头来，再也没脸见人。

战争只能由战争来消灭，出卖也只能由出卖来遏制。杜肃从此被钉在告密的耻辱柱上，成了卑劣无耻的代名词。

告密也是一种文化，并且与国家的文化有千丝万缕的联系。

《北京青年报》曾经报道：为了严肃班级纪律，哈尔滨市香坊区轴承厂子弟中学某班的老师竟然想出了一个刺激学生举报的"高招"：重金奖励举报者，凡举报一名违反班级纪律的同学，被举报者罚款5元，举报者提成3元，留下2元做班费。在金钱的刺激下，该班举报者骤然增多，很多同学因为举报而发了一笔小财。

在美国影片《闻香识女人》里，导演马丁·布雷斯特讲了这样一个校园故事。

学生查理无意间目睹了几个学生准备戏弄校长的过程，校长逼他说出谁是恶作剧的主谋，否则他将被开除学籍。

影片的结尾将这个故事推向了高潮。查理的朋友史法兰，在学校对着一群伪善的校方官员，发表了一场义正词严的演讲，谴责校方正在毁灭这个孩子纯真的灵魂，坚持查理有理由拒绝校长的询问，他认为在紧要关头出卖同学与良心，是懦夫所为。

史法兰这个脏话连篇的演讲，博得众人暴雨般的掌声，挽救了查理被校方开除的命运。

这就是两个国家的文化。当朋友是被用来出卖的，这个集体和世界还有一丝一毫的脉脉温情吗？

可能不少班主任认为，安插间谍，并非是培养学生告密，只是及时找出违纪学生，好帮助他们，同时，可以更有效地管理班级，防患未然。但我仍然不能苟同。

其一，作为教师如果失去了对学生的信任，对学生进行“有罪推定”，像周厉王一样培养告密者，让人道路以目，那就根本谈不上对学生的任何教育；其二，老是用挑剔的目光寻找“丑恶”，“告密者”的阴暗心态会不会扭曲他们的性格；其三，会使学生失去应有的信任，彼此提防，互相猜疑，人心惶惶。

如果是我，我会培养学生做阳光天使，让他们专门记录班级里的友爱和光明，让他们寻找美、发现美、创造美。然后，我会经常性地表扬这些散失在我们生活中的美好，使这些美好在阳光下溢彩流光，也使美好的创造者获得道德上的满足感和愉悦感，我会鼓励所有的孩子都来种花，而不是挑刺。我以为，这种无痕教育，才是纠偏纠误的最好方式。

美国作家海伦·姆罗斯拉曾写过《珍贵的评语》一文，文中描述了这样一个故事：一段时间以来，班上学生一直闹着别扭、相互抵触。一天，老师让同学们把其他同学的名字写在纸上，想一想每个同学的最大优点，填在名字后面，然后交给老师。老师归纳整理，用一句话概括学生们给每个同学所写的优点，再将评语分发到每个学生手中。多年以后，一个叫马克的人战死在越南战场。清点遗物的时候，人们从马克身上找到一只皮夹。皮夹里有一张破旧的、多次用胶条贴补过的练习本纸，这正是老师当年写的评语。前来参加葬礼的马克的同学也都一直保存着这样的评语，有的夹在结婚相册里，有的放在写字台最上面的抽屉里，更多的是像马克一样随身携带。

学会发现别人的美好吧，唤醒每个人内心的向真、向善、向美的强烈愿望，在他们的内心种下友爱和保护的种子，照亮他们的心灵，使得他们在风雨中彼此温暖。

假如学生不喜欢学校

本月20号，学校将有两大盛会，第一是十周年庆典，第二是全国外语学校25届年会。于是，学校组织了学生征文——《我与外校共成长》，很多学生的征文都让人感动不已，学校某种层面上等同于人的第二故乡。

由于是比赛，我也要挑选一些学生，我开始浏览学生的文章。我的心里突然跳过一个名字，她虽然娇小，但语言却极老练，说不定她能写出好文章来。我赶紧找到她的文章。

她是这样写的：

当从校长的口中听到学校已成立10周年了，我很诧异。诧异到这所学校居然已存在10年而不倒，就好像听到了哪位腐败的政治家存在于政坛上好几年还没有被赶下台一样。

总之，我很诧异。

我想，要是每一个对这个学校愤懑的学生吐一口口水的话，这个学校其实早已淹没了。

我在这所学校已经5年了，其实一开始也没有厌恶这所学校，可是，过程中的种种，让我不得不对这所学校产生反感。

势利，呃，记得小学的时候，看着女教师每天打扮得花枝招展地来上课，每天上课暗地里数着这是我们班主任的第几双鞋，呃，一直不知道她们是来选美还是来上课的。

种种的种种，我已不想再提，不想损坏她的尊严和形象，可至今我还是恨她。

食堂，我已经吃了5年，从一楼吃到三楼，饭菜实在不能让我恭维。我有一位很神奇的朋友，她在饭菜里吃到过一块塑料、一根绳、一些小章鱼、一只臭虫，听说还有人吃到过一只钩子。于是，每天的吃饭就好像买了彩票一般，看看今天谁会吃到什么。

记得我六年级的时候，曾有一次大型的饭菜中毒风波，幸好我的抵抗力强，免于一劫。后来好像这件事也被学校掩盖过去，不过，我爸爸说，他在报上看到过报道。

老师们很猛，一节课不知道要讲什么，都可以拖很久，特别是晚饭前那节，能拖到5点10分。那时，窗前只有零落几人，轮到我们时，只见打饭的很有气势地把窗一关，“没菜了”，就一走了之。可后来看到烧菜师傅一人端着一盒满满的饭菜，整个盆都快要装不下的时候，那时，我真想上前示威一场，可现实和道德还是阻止了我，唯一的下场就是挨饿到9点多，回家狂吃。

学校很没有道德，中考时，为了让好学生留下，就故意让他们学高中的课程，不让他们考其他学校。我对此很不满，觉得这种做法其实也是从侧面反映出此学校的自私和恐惧。害怕好学生全走了，没有人给学校争取荣誉，从而减少新生生源。呵呵，我从心里鄙视它。

友好的老师，完美的师生关系，漂亮的校园，快乐的学生，那都是在领导来时才这样。

也许就是在这种不满的环境下，和同学们创造出来的快乐，才最为快乐。小心翼翼地在老师眼皮底下活动，不时发出啧啧笑声，庆幸没有引起老师的察觉，好不自在。

外校10周年了。

还是要作为一名学生来恭喜它。

10周年快乐。

我利用晚自习的时间找到她。可能她早已有了预感，因为我在她周记上有留言。

我先从她这次考试说起，因为她发挥得还不错，气氛开始缓和起来，我在意一种谈话的氛围。

我说，这次征文比赛，因为我太忙了，只准备有选择性地看几篇，我第一个就挑选了你的文章，过去你的文章给我留下了深刻印象。但这次我看过你的文章，却大吃一惊。

她好像有一点局促不安。

我继续说，我不能同意你的观点，但你的文章也给了我很多启示。

第一，我敢肯定，你所说的都是心里话，尽管这种话很刺耳。第二，我很感谢你，因为我敢肯定，你是因为相信我，才把最真实的话告诉我。换个老师，你可能就不这样写了，对不对？

她点点头，我说，下面，我们来归纳一下你文章的主要内容。

于是，我们共同归纳：

第一，先情感铺垫，用了一个类比，学校不倒塌，和腐败分子不倒台一样，让你莫名惊诧。

我说，从写作的角度来说，你这种讽刺和类比手法不可谓不好，但要注意匕首和投枪投掷向哪里啊！她不好意思地笑了。

第二，小学的时候，你常常数班主任换了多少双鞋子。老师打扮得花枝招展，像选美。这让你很生气。

我说，老师来考考你，除了你刚才讲的之外，小学部老师还有哪些特点？她想了想说，小学部绝大多数是女教师，比较年轻。

我说，对啊，首先她们是女教师，还是年轻的女教师。爱美是女人的天性，女人永远缺一件衣服。爱打扮简直就是女人的专利嘛。街上大大小小商店的时装和化妆品，几乎就是为女人量身打造的。这个世界因女人而美丽。我再问，如果换成是你，你工作了，你年轻，钱也不是问题，而且你还是一个年轻的女孩子，你是不是也爱美，是不是也希望把自己打扮得好看一点？她笑了，因为这一点毋庸置疑。我说，这就对了，女人都喜欢臭美嘛，男人有时候也不例外，所以说，爱美之心，人皆有之。当然，如果她们光打扮不认真教书，那就是她们的不对了。你感觉她们教书认真吗？她没有回答。但我可以肯定地说，外国语学校的老师都是非常敬业的，这不仅是老师师德高尚的问题，还是这所学校的特殊性所决定的。

她点头，表示同意。我还想讲，很可能问题就出在她自己的身上，因为上课老是要数老师换多少鞋子和衣服嘛。明显上课的注意力不够集中，兴奋点和关注点都存在着问题。但是，想了想，还是免了。

第三，你说，你有一个神奇的同学，他在食堂里吃到了臭虫、绳子、小章鱼、塑料……

我问，你这个同学果真很神奇，但是不是真有这样的一个学生，还是你自己的杜撰？或者是把其他人身上发生过的截取到一个人身上，就像鲁迅描写人物一样？还有，有没有可能是把别人的玩笑话也当真了？

她说，兼而有之吧。我告诉她，文学允许这样，但注意，这里是对学校的回顾，需要冷静客观，我们既拒绝不真实的褒扬，也反对不真实的讽刺。当然，你说的中毒事件，这是学校历史上的真实事件，是学校的一个教育事故。这是学校之痛，这个批评很好，很尖锐，但你也要看到，从那之后，学校下定决心，决不让饭菜过夜，不论是什么贵重的菜肴，只要没有卖出，一律倒掉。十年过去了，还有过类似的事件吗？特别是上次台风到来的时候，你们突然放假了，学校倒掉了几千斤大米和数不清的菜，学校承担这样的损失，不但没有怨言，而且没让你们知道。没有哪个学校不爱护自己的学生，就像没有哪个家长不爱自己的孩子一样，学校和你们的目标都是一样的。你们收获喜悦的人生，学校收获成功的快乐。

我问，我这样的回答，你还满意吧？她笑着说，满意。

第四，你说老师上课拖堂，影响了你吃饭。这件事我是这么看的，首先是老师不对，不应该拖堂，比如我就坚决杜绝拖堂的。但你也应该体谅老师，毕竟老师拖堂也是为了你们好啊。食堂里的师傅的做法应该批评，但能够原谅的尽量还要原谅，毕竟我们是文化人，不和他们一般见识，但能够向上反映的还是要坚决反映，下次他就不敢欺负你了，我们也要学会勇敢地捍卫自己的权利。我说，在这一点上，我完全同意你的观点。

第五，你说，学校为了生源考虑，不想学生考其他学校，并且还有先上高中课程的措施。

我说，这个问题比较复杂。

我想问你一个问题。

你觉得我们学校的教育质量怎么样？

她回答说，听说很好。

我说，这就对了。学校教育质量很好，为什么不让自己的学生留在自己的学校？让学生省去了适应，省去了磨合，而且还能充分发挥我们学校十二年一贯制的整体办学的优势，事实证明这种教育是成功的。家长不是傻子，否则他们也绝不会让孩子留下来的。

而且现在的其他学校，制定优惠政策，根本不看分数，只要是外国语学校实验班的学生，就免试录取。为什么？这也从侧面充分证明，我们学校的教育是成功的。

我敢说，你要和其他学校的学生站在一起，你一定觉得自己鹤立鸡群，这就是我们学校培养出来的独特气质。包括你今天这一笔批判性的文章，就不是一般学校的学生能写出的。

还有，在其他学校这样的诱惑之下，我们的学生都留下来了，说明了什么？我以为，除了热爱母校，更重要的就是对母校有信心。

我说的是心里话，相信她也感觉到了。我喜欢真诚，相信她也是，我们的交流很愉快。

还有，我说，学校就像是父母，学生就像是孩子，哪怕有着更好的条件，父母还是舍不得把孩子送给别人，因为父母坚信自己的爱和耐心能够弥补一切。学校五届高考，五个状元，五届辉煌，就是证明。

她笑着说，能理解。

我说，那你就用事实告诉未来，你留在外校，是你正确的选择，我们也会尽我们最大的努力，我们共同努力，好吗？

她重重地点点头。

我想开个玩笑，比如，当然，我一定会注意不多换鞋子，不花枝招展，不拖堂……

但自习铃响了，于是，我让她走了。

捡起一张纸，奖励1000元

这是我非常尊敬的卢志文校长的一则案例，非常有味道，值得再三咀嚼。

李老师：

您好！

今晨在学校餐厅门口，目睹一幕，感慨万千：整洁的道路上，一张废纸赫然在目，特别刺眼，成群结队的学生从旁走过，或者从上踏过，竟无一人弯腰捡起，其中不乏干部和老师。我远远看在眼里，却痛在心头。早读前夕，从餐厅里走出来的师生越来越多，成百的人过去了，我的心情随着走过人数的增加，变得越来越沉重。

平时见到这种情况，我会直接将这张废纸捡起。但今天我忽然有一种欲望，想看看，这张废纸，到底会有谁将它捡起。“一举为善，天下为善”；“文明，从随手捡起地上的一张废纸开始”；“校园无小事，件件育人；教师无小节，处处立则”……道理我们讲得已经够多了，为什么收效不显？我在问我自己。

每一双踩踏那张纸的脚，都像是踩在我的心上。我多么希望这时候能有一个人，弯腰把那张纸捡起来。

一批又一批学生走过去了，我在心里想，如果哪位同学能捡起这张纸，我一定要奖励他。那张纸继续被践踏着，我心里设定的奖励标准也在提高着。一支钢笔，一部词典，一笔奖金……当我把这笔奖金的标准提到1000元的时候，我看到一位女老师，很自然地弯腰捡起了那张纸，抬起头来的时候，我知道是你——李斯凤老师。很快，你便随着匆匆的人群，向教学区走去。在教学楼之间的果壳箱旁，你把那张纸丢进了标有“可回收”一边的桶里。我心里充满着感动。

我知道学校里有好些人一直在坚持这样做——他们已经形成习惯，但这样的人并不多。我一直希望这些星星之火能够燎原。我认为，一个能够自觉弯腰捡起地上废纸的人，他断不会乱丢乱扔，他一定是一个热爱生活、热爱环境、热爱集体的人，也一定是一个文明的人。如果，每一个人都能这么做，那么，我们的校园将会更加整洁、和美，我们的社会也将更加文明、和谐。所以，我一直主张，解决校园乱扔乱弃现象，需要管理和惩罚，更需要倡导和激励。

上午，市督导组的领导专家们在学校里调研，我照理应该陪他们，但我没有心思。我要兑现我心中的承诺，并给你写这封信。

请不要推辞这份奖金。我知道，你从没想到过这样做会赢得奖励，这也正是我坚持要兑现我心中的这个不为人知的承诺的原因。

一切美好的东西，都应该褒扬。做一件好事的时候，人们并不在乎能否获得好报，更不在乎别人是否知道，但，看到别人做好事的时候，不去鼓励，是不可饶恕的！

谢你，李老师！

并颂

教祺！

卢志文

2006年10月10日10：30

以下是卢志文校长在网友热评之后的回复整理。

1. 任何管理问题，都不是群众问题，而是领导问题！

学生的问题，实际上是老师的问题；老师的问题，实际上是干部的问题！

今天，学校主管德育的副校长向我保证："在我走过的地方，地上不会有垃圾。"

"在我走过的地方，地上不会有垃圾。"——这是这几天我最想听到的一句话。这句话由主管德育的副校长口中说出，我感到特别欣慰。他告诉我，他和德育处的同志看到这封信，心里很难过。我知道，奖给老师的那1000元，起了另外一个作用——惩罚。

领导做到了，就不愁老师做不到；老师做到了，就不愁学生做不到！

2. 关于奖励。

奖励有两种——制度性奖励和非制度性奖励。这是一则典型的非制度性奖励。因为，随手捡废纸这件事永远无法纳入制度性奖励的范畴。显然，很多人把这个1000元的奖励纳入"制度性奖励"了，当然会有许多质疑：学校有这个制度吗？日后捡废纸有没有奖励啊？是不是太随意了？我们学校可没有这么多钱！……

制度性奖励应该是学校奖励体系中的主体。既明确，又稳定，具有持续的激励和导向功能。但我们不能无视非制度性奖励在管理中的价值和意义。

制度性奖励，有明确的标准，精准的考评，并可以预期。因此，应该制度在先，考核在中，奖励在后。并且，制度性奖励具有后续一贯性，不能朝令夕改，应该言信行果。

非制度性奖励，并不需要明确的标准，精准的考评，也不可以预期。因此，它一定在制度之外，更无须考核。非制度性奖励也不具有后续一贯性。大多是一次性的，意料之外的。

非制度性奖励，也具有一定的激励性和导向性，除此之外，它还具有唤醒功能，可以引起注意，吸引关注，触发思考。

3. 关于1000元。

有人提出，因为奖励了1000元，大家日后反而有心理顾忌，不愿再去自觉捡纸了，好像捡纸是为了获得奖励。

这只看到问题的表面。

其实，稍加思考大家都会明白，这1000元，是一个非制度性的一次性奖励，目的是激起大家对这个问题的重视。没有人会傻到因为期待奖励1000元而去捡纸。

现在的问题是，因为1000元的存在，给那些惯于说风凉话的人，多了一份谈资。“你捡纸是不是还想拿1000元啊?”

其实，这样说话的人，其恶劣跟1000元并无关系。因为，不奖励1000元，他也会说的。你哪怕仅仅表扬一下捡纸的行为，他也会说：“你是不是想让领导表扬啊?”甚至你什么都不做，他也有得说：“你是不是想当劳模啊？”“怎么就你积极啊?”……

一个真正有德有为的人，断不会理会这些风凉话，更不会因为这些改变自己的行为。

如今，翔宇校园里主动捡纸的人大大地增多了，而不是减少了。校园本来就很干净，如今，更清洁，更美丽了。

4. 1000元，是多了还是少了?

仅仅因为弯腰捡一张废纸，就获得1000元奖励，当然是多了。很多人目光聚焦在这1000元上。质疑“多了”的人，当然最多，铺天盖地。

有一位做银行行长的翔宇家长跟我表达的却是另一个观点，他说：“1000元，少了，太少了!”

这是关于此事的众多评论中，唯一“正合我心”的。

其实，从我的理性上说，也不应该只奖励1000元。但是，那天，我头脑中确实是在想到要奖励1000元的时候，碰到李斯凤老师的。

如果可以重新决定，我应该奖励李老师10000元，甚至更多!

为此，我一直在后悔。

面对卢志文校长这个案例，我可能会有三个发问。

第一，该不该奖励？

我的观点是应该奖励。

一张废纸，躺在整洁的道路上，从每个人的眼角飘过，上百人从上面踩过，干部、老师、学生什么人都有。

本来捡拾一张废纸，只是一件小事，举手之劳，但当所有的人都视若无睹，都天经地义，都一瞥而过，那么，这件事的性质就发生变化了，最起码是象征意义发生了变化。

事因难能，所以可贵。当李老师弯腰捡拾的时候，这种平凡中的自然，自然中的博大，都体现得淋漓尽致。这一幕甚至成了校园里的一道风景，一道最美丽的风景。

所以，应该奖励。1000元不是多了，而是少了，而且实在是太少了。

第二，能不能奖励？

我的观点是不能奖励。

卢校长认为应该奖励，原因有三：

（1）卢校长认为奖励的另一面是惩罚，能够一举两得。

奖励的另一面是惩罚，我很赞同这种说法，但这里惩罚的对象是谁？是主管德育的副校长、走过的学生、老师和干部，还是丢废纸的人？我以为这里更应该包括校长。校长在这里首先要反思，自己平常是不是也特别关注地上的废纸？为什么今天地上的废纸显得如此刺眼？还有，平常看到老师捡起一张废纸，自己还有没有这种非制度奖励的冲动？

特别重要的是，李老师的这种行为，在校长的眼里，是不是因为市督导组的领导们来学校里调研才显得格外突出？因为我在案例中看到，卢校长曾不止一次看到捡起纸屑的行为啊，我以为这样的反思是有意义的。

当然，这种奖励，确实达到了惩罚目的。但是这种含蓄的委婉的惩罚，是不是只有通过奖励这种达成方式，有没有更巧妙的办法？我认为有待商榷。

（2）卢校长认为这是一种非制度性奖励，具有一定的激励性和导向性，除此之外，还具有唤醒功能，可以引起注意，吸引关注，触发思考。并且以翔宇的后续表现来证明。

我以为这可能只是卢校长的一种美好的愿望，这个奖励，确实能引起注意，吸引关注，触发思考，但能否具有激励性和导向性，还不得而知。

翔宇的后续表现也不足为据。因为分管德育的副校长曾经向卢校长保证，“在我走过的地方，地上肯定不会有垃圾”。那么，也就是说，在此之前，翔宇学校的地上已经很干净了。也就是说上次的废纸很可能只是“天外来客”，或者只是一个偶然的错误，谁也不敢保证校园现在没有纸屑了，就与上面的奖励有着必然的逻辑关系。

而且这种奖励有没有可能带来弊端，我是很担心的。

如果我是捡起纸片的李老师，我肯定不会接受这1000元钱，我甚至会为这种奖励感到脸红。

我捡起纸片只是我一种自然的行为，我觉得要捡，该捡，就捡了。但当这种行为兑换成了1000元钞票，我下次弯腰就不那么自然了，我甚至会害怕纸片，甚至会绕道，因为一切高尚的东西都不能用金钱来衡量啊。

如果，我是旁观者，我或许感觉到这个故事有趣，或许我真的受到了教益，但是我还是害怕捡起废纸。我最好的办法可能还是绕道，或者假装没有看见，为什么过去横眉冷对一废纸，现在却“俯首甘心捡起来”呢？我害怕被别人嘲笑，我感觉四周都有目光，而且每种目光都很尖锐，包括卢校长的目光。特别是在卢校长的目光之下，我是断然不会捡纸的。

如果我是一个道德不高者我会坚持走自己的路，让别人捡去吧，并且没有丝毫的扭捏。因为他们高尚的行为已经获得了收益，我和他们扯平了。

如果我是一个捕风捉影的人，我甚至还嘲弄那些跟风捡纸的人，是不是想得1000元，是不是想评劳模，是不是……我可能什么都嘲弄，就是不会去捡纸。

为什么会发生这样一些咄咄怪事？

因为当利用利益来激发并引导人的行为时，一切都有可能走向反面。比如，某市公交车为了弘扬尊老爱幼的美德，规定所有的主动让座者都可以获得奖励。结果让人大跌眼镜，过去不让座但内心动摇的人，就此理直气壮了。而那些过去让座的人，反而骑虎难下。还有，最后让座的人，绝大多数都拒绝奖励，因为人不是为奖励而让座的。

中国有一种很不好的现象。比如说，上车让座、拾金不昧、尊老爱幼，这本来是每一个正常人都会去做的事情，是基本常识，而我们的社会却常常把这些行为宣传成了一种了不起的壮举。久而久之，常识就被人们不知不觉地遗忘了。这种将常识盲目升华，从而造成真正的常识从我们的生活中蜕化的宣传方式，正在把越来越多的人带入一种不健康的心态之中：大家都在呼唤道德英雄、精神典范，希望所有的事都由他们来承担，而自己却躲避一个正常人应该尽的基本责任。由此看来，一个以表扬好人来支撑自己的道德体系的社会，表面上是在提升民众的道德水平，实际上是使每个人都在降低自己的道德要求，并使他们丧失履行自身道德义务的热情。

（3）卢校长认为："一切美好的东西，都应该褒扬。做一件好事的时候，人们并不在乎能否获得好报，更不在乎别人是否知道，但，看到别人做好事的时候，不去鼓励，是不可饶恕的！"

很赞成卢校长的这个做法，但是，鼓励不一定要物质鼓励，在一切鼓励中，我认为物质的鼓励最为低下。实在要物质奖励，也应该是制度性的物质奖励，以保护被奖励者的道德优越感和道德热情，我们不能因为自己感觉到不鼓励，就是不可饶恕，就去影响到别人的权利和心境。

而且有些看似高尚的行为，却未必都有激动人心的结果，前文提到的孔子的案例可谓佐证。

春秋时代，鲁国有一条法规：凡是鲁国人到其他国家旅行，看到有鲁国人沦为奴隶，可以自己垫钱把他先赎回来，待回到鲁国后再到官府去报销，官府还给予一定的奖励。后来，孔子有个学生到国外去，恰好碰到一个沦为奴隶的鲁国人，就掏钱赎出了他。回国后这个学生既没有张扬，也没有到官府去报销垫付的赎金。那个被赎回的人感激涕零，就把这个情况讲给众人听，人们都称赞这个学生人格高尚，一时间，街头巷尾都把这件事当作美谈。

孔子知道后指出，由于这个学生没到官府去报销赎金而被人们称赞为品格高尚，那么其他人在国外看到鲁国人沦为奴隶，就会对是否垫钱赎人产生犹豫。因为垫钱把人赎出来再去官府报销领奖，就会被人说成不高尚；而不去官府报销，不但领不到奖励，而且连自己的损失也得不到补偿。于是乎，多一事不如少一事，只好假装没看见。这个学生的高尚行为，客观上妨碍了更多的在外国做奴隶的鲁国人被赎买回来。

孔子之所以主张给予奖励，应该是一种制度性的奖励，建立在不伤害被奖励者道德优越感的基础上，而且有助于唤醒旁观者的道德热情和道德诉求。

第三，应该怎么办？

我赞成卢校长的说法，看到了美好，视而不见，不去奖励，是不可饶恕的。

但我会选择精神上的鼓励，对于一个精神高贵的人，只有精神上的鼓励才能匹配。

我们会调动全校的师生开校会，展开一场大讨论，辨析“一张废纸引起的疑案”，这张废纸怎么来的？它或许是一个可爱的小孩剥开糖后摇摇晃晃扔掉的糖纸，有着天真的童心；可能是一个孩子跌倒了，老师给她擦干眼泪的纸巾，有着爱的温度；或许什么也不是，只是从垃圾箱里被风卷出来的一张废纸……

但是，它不合时宜地躺在那里，拷问着翔宇的良心。每个人从它身边经过，都经历了一场特殊的考试，麻木和敏感的测试，主人和过客的衡量，贫乏和高贵的甄别。

很遗憾的，我今天看到了多少个学生，多少个老师，多少个干部，从这张废纸旁走过，他们也许没有看见，但很多人就从废纸上踩过，他们没有翔宇的主人意识。

好在还有我们的李老师，她静静地弯下腰，自然地捡起废纸，送到可回收的垃圾桶里。这是翔宇的精神所在，我们之所以能够“翱翔天宇”，是从捡起地上的一张废纸开始。

因此，我，作为你们的校长，我承诺，我保证，“在我走过翔宇后的每一寸地上，永远不会有垃圾。如果有，我愿意接受你们的惩罚。罚款1000元”。当然，我不可能对你们做出惩罚性的要求，但我希望你们也会有我一样的承诺，“我走过翔宇的每一寸土地，都没有垃圾”。因为李老师在那里，她不仅送给我们整洁的校园，还带给我们久违的感动。

我相信这样的教育活动不仅让学生以后不再乱扔纸屑，而且说不定会让学生爱校蔚然成风。因为，真正好的教育，是用高尚的情操陶冶人，而李老师无疑就是这种榜样。

闲话江苏省优课评比

前几天，去江苏沭阳高级中学，参加江苏省优课观摩活动。在一天半的时间里我听了11节课。多可喜，亦多可悲。

沭阳中学是一所老学校，有近百年历史。非常奇怪的是这所学校知名校友中有好多个将军，是不是沭阳是个尚武的地方？优课评比某种程度上也充满了刀光剑影，一种看不见的硝烟和较量。好在沭阳中学的行政楼前有一片圆形的沙地，沙地里有无数的白鸽子飞来飞去，人与自然的和谐一览无余。

主办者为了提高赛课的精彩程度，让选手自带课，这种选择一开始就背离了比赛规律。如果课堂变成了一种演示，那么学生岂不是道具？这样的课堂就算精彩绝伦，也会不伦不类啊！

更重要的是，不少老师为了所谓的课堂完整，为了节省时间，不断打断学生发言，焦灼地提醒学生课堂的走向和答案；还有老师在黑板上写的字比蚂蚁还要小，学生就算端起望远镜也看不清。暴露问题最多的还是文本解读的严重缺失。这种缺失必然导致课堂教学浮光掠影，课上热热闹闹，皆大欢喜，课后风卷残云，有没有收获，有多少收获，只有天知道。一位女教师上舒婷的《祖国啊，我亲爱的祖国》，老师们普遍反映上得精彩，结果却让人大跌眼镜，居然是倒数第一。而有一个男教师上杜甫的《登高》，他成功地把杜甫的这首诗给糟蹋了，居然高居第二名。这是可悲的地方。

当然也有可喜的地方，南京的刘洪伟老师的《念奴娇·赤壁怀古》，确实上得不错，第一名也算实至名归。

以下是我的简述。

老师出场，先活跃气氛，拉近师生距离。因为沭阳中学的学生刚刚跑操回来。刘老师顺势引导他们高呼跑操的口号，调动现场的气氛。

（王按：这个环节很好。不仅是课堂气氛的调节，关键是能给下面的豪放诗预热。）

但老师却没有把上课的课题、文本事先呈现给学生。临时分发课文，反面朝上。老师说，所有的学生什么都不需要，需要的是和老师共同来一场精神之旅。

（王按：学生总是喜欢好奇的。这里的设计打破常规，让学生有一种新奇感。但我觉得老师的想法不仅在这里，他还在事实上指向评委。他的诉求是我不让学生做任何准备。那么，最后我的课堂前后学生的落差，就是我的教学效率。）

一切准备就绪，老师开始导入课文。这是迄今为止我看到过的最好的导入：

老师说，中国著名作家林语堂曾经评价过一个人。我们今天就上他的课，猜猜他是谁：

他是一个无可救药的乐天派
一个伟大的人道主义者
一个百姓的朋友
一个大文豪
一个大书法家
一个创新的画家
一个造酒试验家
一个工程师
一个憎恨清教徒主义的人
一位瑜伽修行者佛教徒
一个巨儒政治家
一个皇帝的秘书
一个酒仙
一个厚道的法官
一位在政治上专唱反调的人
一个月夜徘徊者
一个诗人

一个小丑。

他是谁？

学生不断修正，最后异口同声地高呼——苏东坡。

老师说，对，苏东坡，今天我们就来上苏东坡的经典巨著——《念奴娇·赤壁怀古》。

（王按：这个导语，精彩至极。它可不仅仅是以一种有趣的形式导入文本，还有效地帮助学生评价了苏东坡，使学生心中有了无限的敬仰之情，学好文本的冲动油然而生。这个导语的成功，一半也要归功于林语堂，写得太精彩了。最后的缺憾是，如果课文再回到这个导语，推荐学生课后阅读林语堂的《苏东坡传》，善莫大焉。）

音乐随之响起，好像有金戈铁马之声。老师激情吟诵：

大江东去，浪淘尽，千古风流人物。
故垒西边，人道是，三国周郎赤壁。
乱石穿空，惊涛拍岸，卷起千堆雪。
江山如画，一时多少豪杰。
遥想公瑾当年，小乔初嫁了，雄姿英发。
羽扇纶巾，谈笑间、樯橹灰飞烟灭。
故国神游，多情应笑我，早生华发。
人生如梦，一樽还酹江月。

波澜壮阔矣，气壮山河矣，不逊色于濮存昕矣。吟诵罢，全场掌声雷动，如醉如痴。然后，老师引导学生诵读。

（王按：刘老师的朗诵水平一流。写到这里，先鄙视一下自己。我的普通话一点也不普通。老师趁热打铁，让学生在初步感知的基础上，模拟老师的诵读。这里既是指导诵读，也是初步熟悉文本，为后面深入文本铺垫。）

在熟悉文本的基础上，老师开始切入诗歌。先问《念奴娇·赤壁怀古》哪个是题目，学生说是“赤壁怀古”。老师追问这是什么体裁的诗歌？学生语焉不详。老师明确“赤壁怀古”自然是怀古诗。老师告诉学生怀古诗的特点，常常是“观眼前之景，写历史之事，抒一己之怀”。

（王按：至此，本课下面的脉络已经一目了然，紧抓怀古诗的写法特征教学，把诗词的鉴赏分成三部分，简洁、明了，切中肯綮，而且教了鉴赏的方法。但也剥夺了学生探究怀古诗的过程。但这是公开课公开的缺陷，可说是瑕不掩瑜。）

一、观眼前之景

要求学生用一个短语概括。学生回答是“江山如画”。老师问最具有画面感的句子是？学生回答“乱石穿空，惊涛拍岸，卷起千堆雪”。

“穿、拍、卷”几个动词用得有声有色。老师带领学生鉴赏了这几个词。

过渡语是“诗人写诗推敲揣摩，我们读诗也要咬文嚼字。下面我们就来尝试”。

比较苏版的“惊涛拍岸”和黄版的“惊涛裂岸”。

学生自主学习，小组交流。有人认为“裂好，理由是能显示动作气势”，有人认为“拍好，因为用了修辞”，还有人认为“裂好，能和上面的惊照应”。老师点评时把回答的角度界定为“动词的表意，修辞，上下文的关联”。老师自己也提出看法，用“拍”好，因为还能体现出震耳欲聋的声音。

接着老师问，这里的景色怎么样？学生说“美”，老师要求在美前面增添一个修饰语。学生回答是壮美。老师板书：

壮美之景。

（王按：这是观眼前之景的学习，可谓乏善可陈，最多只能说是中规中矩。因为只抓住景物这几句，未能充分体现苏轼的豪放风格。起首的“大江东去，浪淘尽，千古风流人物。故垒西边，人道是，三国周郎赤壁”更为精彩，这是唯有苏轼能驾驭的大开大阖之典型。“大江东去”，可见空间之阔大，“千古”可见时间之浩远，“千古风流人物”可见人物之众多。如此起笔，世所罕见，但苏轼挥起如椽巨笔，只轻轻一句，“人道是，三国周郎赤壁”，空间之阔大只聚焦于“赤壁”，时间之悠远只聚焦于“三国”，人物之众多只聚焦于“周郎”。没有这么一层铺垫，下面的景物就是空中楼阁，水中花，镜中月。所谓“观眼前之景”，只是一般怀古诗的鉴赏起步而已。苏轼又岂是一般人可比？两个版本的比较，实际上老师的目的在于诗歌炼字的赏析，遗憾的是老师没有告诉学生，没有单纯的“字”

用得好不好的问题，只有用得合适不合适的问题，最好的字都是对思想感情表达最合适的字。但角度的归纳是好的。我猜想这些归纳的方法下面还会有迁移，事实也证明了我的看法。）

二、思历史之事

老师说思历史上的赤壁之战，联想到了周瑜。那么，周瑜有什么特点？学生归纳：英俊潇洒，文武双全，年轻有为，镇定自若。

这里依旧比较了苏版和黄版，“谈笑间、强虏灰飞烟灭”和“谈笑间、樯橹灰飞烟灭”。正好用上了上文引导的方法。

此后，老师突然提出一个问题，“一时多少豪杰”的“一时”是指哪一时？学生回答是三国时。老师让学生一个个列举三国人物。一个人列举一个，一直往后列举。三国人物众多，自然信手拈来。老师要的就是这个效果。

果然老师的问题来了。既然有那么多人物，比如孙权，生子当如孙仲谋，比如神机妙算的孔明等等，比如曹操，现代的流行歌手还在唱《曹操》的歌。接着老师和同学们共同唱了《曹操》这首歌。

> 不是英雄
> 不读三国
> 若是英雄
> 怎么能不懂寂寞
> 独自走下长坂坡
> 月光太温柔
> 曹操不啰嗦
> 一心要拿荆州
> ……

既然有这么多的风流人物，为什么苏轼想到的却是周瑜？学生众说纷纭，莫衷一是。

老师说，为了让同学们更清楚看清，我帮你们列了一个表格，看看周瑜有什么样的特点。你们填一填。

人物	周瑜
年龄	34 岁
生活	幸福美满(小乔初嫁)
外表	英俊潇洒
职位	东吴大都督
成就	功成名就

那么，苏轼和周瑜有哪些人生的关联？老师出示苏轼的生平。

苏轼因与王安石政见不合，反对推行新法，自请外任，出为杭州通判。迁知密州，移知徐州。元丰二年，罹“乌台诗案”，责授黄州团练副使，本州安置，不得签书公文。元祐八年哲宗亲政，被远贬惠州，再贬儋州。徽宗即位，遇赦北归，建中靖国元年卒于常州，年六十六，葬于汝州郏城县。

苏轼晚年对自己的一生总结为：“问汝平生功业，黄州、惠州、儋州。”

学生再填表格，豁然开朗。苏轼原来是用周瑜之酒杯，浇自己之块垒。

人物	周瑜	苏轼
年龄	34 岁	47 岁
生活	幸福美满(小乔初嫁)	贫困潦倒(妻子早死)
外表	英俊潇洒	早生华发
职位	东吴大都督	黄州团练副使
成就	功成名就	一事无成

老师觉得还不够，在此又拟了一副对联来强化两个人的人生况味的比照。周瑜是“情场、官场、战场，场场得意”，苏轼是“黄州、惠州、儋州，州州潦倒”。第二部分至此圆满完成。

（王按：此段最为精彩，为什么写的是周郎？这个问题提得好。这是咏史诗的重中之重。“古”只是一种依托，真正的是要“伤已”，是要“讽今”。比如苏洵的《六国论》，作为研究六国的专家，苏洵的观点岂是“六国破灭，弊在赂秦”这么简单？之所以这样立论，完全是借古讽今而已。刘老师的铺垫也好，唱《曹操》流行歌曲，实际上还能起到对三国这段历史的介绍。最经典的是两次用表格，先填周郎，再巧妙地介绍苏轼，最后两相对比，一目了然，直观地揭示出了苏轼隐秘的内心世界。）

老师板书：风流之人。

三、述一己之怀

解读文本，突出了苏轼的释怀、旷达、乐观，最后选择旷达。老师板书为：旷达之心。

最后，师生合作朗诵诗歌结束。

（王按：由于时间关系，最后的结束有点草率。这个时候，除了板书揭示，还有必要对怀古诗的鉴赏有所归纳。最要命的是在这个时候，老师还犯了一个不应该犯的错误。有个学生回答，周瑜“神游故国”应笑我多情。老师马上稍带嘲讽地给这个学生纠正，怎么是周瑜？这个时候的周瑜在哪里？学生大笑。老师纠正说这是“苏轼神游故国”应笑自己多情。难道周瑜神游故国，就不能嘲笑苏轼啦？实际上究竟谁“神游故国”，史家至今还争论不休。刘老师既然前面引用了几个版本，告诉学生答案并不重要，要有自己的理由和观点，此处又为何求全责备？这个地方，让我大跌眼镜。但刘老师素质很好，这节课的处理，干净、整洁、大气磅礴，切合苏轼的豪放风格，获得江苏省一等奖，应该说是众望所归。）

一次华贵的生命体验

2007年5月7日，国务院下发《中共中央国务院关于加强青少年体育增强青少年体质的意见》，提出要让亿万学生走进大自然，走进阳光下。周济的愿景是，“每天锻炼一小时，健康工作五十年，幸福生活一辈子”。

2008年5月7号，在《意见》颁发一周年之际，在奥运举办前夕，教育部将在张家港“举行阳光大课间现场推进会”，教育部正副部长、国务委员、各个省的教育厅正副厅长，都将云集张家港，并极有可能把5月7号定为中国体育日。

前天，我受教育局的委托，主笔这次全市阳光大课间的调查报告。老实说，阳光大课间本来和我关系不大，但是，想到这次活动的意义和价值所在，我还是义无反顾，责无旁贷。毕竟我们的学生太苦、太累，需要阳光的灌溉，风的吹拂和自然的亲近。

于是，我开始接触这项活动的培训，并亲身体验了一场道德体验教育。

参加这次活动的大概有100多人，我们分成10个组，每组有12个人。我们被分成两部分，一组叫蒙眼者，一组叫帮扶者。在一个女教授的循循诱导下，我们进入了冥想的境界，然后，感觉礼堂里的灯一盏盏地熄灭，最后，完全进入黑暗，只有投影上的蓝色天幕、弯弯的月亮和星星。

所有蒙眼者都发了一个红色的布条，在教授的指导下，我们用红布条紧紧蒙住眼睛，我也是一个蒙眼者。她要求我们站起来，在原地转三个圈，我们都照着做了，感觉头有点昏，但意识却很清楚，我想这应该是先让我们进入黑暗，在黑暗之中，人几乎等同于瞎子，我们一下子脆弱无比。让我们起来转圈，应该是让我们失去方位感，让我们更加无能为力。

在教授的指令下，那一组的帮扶者，开始寻找对象，每一个帮扶者都要帮助一个蒙眼者，用身体语言和动作牵引，帮助蒙眼者越过重重障碍，并体验这个过程中的种种。

我其实还是一个怀疑主义者，我系眼罩的时候并不紧，还有一丝微弱的光，我害怕白天的黑暗。一只手伸过来，搀扶着我的胳膊，很细心，很轻。所有的指令都通过搀扶的手传过来，比如左右，比如快慢等。我们很慢很慢，突然，帮扶者慢下来，拿起了我的手，搭在了楼梯的扶手上，我从扶手的走向，发现是下楼梯，我们一个一个地往下走，反而是楼梯的时候，我走得比较快，因为手扶着扶手。但另一只手搀扶着我的胳膊，一直没有放下来，我感觉那只手的温度，一点点地渗透到我的胳膊上来，我突然想知道那个人的性别，我感到被帮助的温暖，这种温暖很强烈，像阳光一样明亮。我整理了一下眼罩，让自己完全沉入黑暗，把自己完全交付给对方，体验这个时候才真正开始。

我们一直下了两层楼梯，我在盘算，我还要上两层，才能回到原来的房间里去。突然前面有很多椅子放倒的声音，果然所有窸窸窣窣的队伍都停下来了。我们也停下来，那只手，开始握住我的小腿，告诉我在杂乱的椅缝中找到落脚的地方，每当我站稳一只脚，那只手再给我安排另一只脚停靠的地方，我们就这样互相配合，更是互相揣摩，顺利地走过了椅子阵。

再往前走，我们又停下来，那只手按住我的肩膀，我随着弯腰，弯腰，一直到那只手不再用力，我明白，我们是遇见了高一点的障碍，我们需要低头弯腰钻过去，这样重复了五个障碍，我还是弯着腰，那样子一定很狼狈。那只手轻轻地在我弯着的背上敲打，我似乎还听到了很轻微的一点笑声，我心领神会，赶快直起腰来。（看来，我还不是一个差生。）

又上了两层楼，我觉得快到原来的礼堂了，突然前面的人都停下来了。我们等着，一直到我们，我开始尝试着用脚摸索，顺着那只手的用力，我把脚提起来，最后落在一把椅子上，这，有一点危险了，因为我可是150多斤重啊，跌下来可不是闹着玩的。我尽量把脚放在中心，然后，另一脚再迈上去，谁知道这只是开始，那只手怂恿我继续抬高脚，我就继续抬高脚，原来前面是一张高高的桌子，我又上了桌子，然后，弯着腰，小心地往前摸索，那只手牵着我的衣襟，一直没有松开。从桌子上下到椅子上，再安全降落到地面，我终于感到曙光在前了。那只手一直搀扶着我，把我送到自己的座位上。我没有跳过舞，但，感觉这好像是把舞伴送回到原来的地方。

眼罩还是不允许揭开，因为要等帮扶者离开。因为不容许说话，蒙眼者连道谢的机会也没有，尽管心里充满着感谢，甚至还有温暖的依恋，我又不敢握那只手，也许是一个女人呢！那一刻，我下决心在下一次我做帮扶者时，把所有的温暖馈赠给下一个，是的，所有的温柔，让温暖传递，让爱心永恒。

等我们睁开眼睛，灯光次第亮起。教授告诉我们，因为时间关系，这样的活动，就结束了。

不让我们睁开眼睛，就是要让我们留满遗憾，因为在人生的过程中，我们永远不知道有谁曾经默默地帮扶过我们，并给我们传递过心灵的温暖，我们没有感谢的机会，甚至没有感谢的对象。让我们没有帮扶的机会，给我们的生命留下遗憾，而遗憾是一种美好，会更激发我们对生命和人生的体验。而这次活动本身就是体验教育啊。

由此，我们开始想到我们的教育，某种程度上，学生是蒙眼者，我们老师就是帮扶者，我们牵引、暗示、指导，充满了耐心，决不会撒手不管。而他们则两眼一片漆黑，但却把所有的信赖都给了我们，这种信赖又加强了我们的责任感。我们互相搀扶，荣辱与共。

作为一个蒙眼者，在体验的最后一刹那，我在感激、温暖之余，不仅下定决心，要把温暖传递下去，还在突然间悟出，帮扶者也应该感谢我们，因为当他们向我们伸出了帮扶的手时，我们其实是把安全和生命寄托给了他们。理解到这一点，我的内心充满了庄严感和使命感。对我们教师而言，陪伴学生所走过的这一段路，我们付出的仅仅是我们的职业时间，而我们的学生，付出的却是最华贵最灿烂最有决定意义的生命时间。也许，我们这一届不好，还可以从头再来，这些学生，只是我们无数学生中普通的一届，而我们，对所有的学生而言，却几乎等同于他们将来的人生和命运。

小白兔里的教育学

有一天，儿子和我们提出来，他希望养一双小白兔。

后来，有一天，我太太就去超级市场，和儿子一道搬回来两只小白兔。它们白得像雪，惹人怜爱。儿子高兴得手足无措，他很疼它们，给它们取名小白、小聪。

那段时间，儿子回家，对我们买的超大屏幕的液晶电视，失去了所有的兴趣，他的眼里只有那两个小东西。

两只小白球，在地上跑来跑去。每天回家，儿子做完作业，就会帮助两个小家伙，清理地上的秽物。好在小兔子的秽物很干燥，清理起来并不难，但是，我们家很宽大，仅下层就将近150平方米，而为了小兔子的自由，儿子是坚决不同意把兔子关押起来的。所以，要清理秽物，对儿子而言，实在是一项巨大的工程。好在儿子任劳任怨，在小白和小聪身上，儿子用尽了所有的力气。我们暗暗高兴，小白兔让儿子心甘情愿地参加劳动。

过了一段时间，两个小东西的身上有点脏了，儿子就帮它们洗澡，把它们洗得干干净净，然后，用电吹风把它们的毛吹干。

有一天早上，小白兔身上特别脏，儿子慌忙又帮它们洗，我们有早读，在我们的催促下，儿子没能把小兔身上吹干，结果酿成了大错。下午回来的时候，两只小兔躺在冰冷的大理石上，已经僵硬了。儿子不断地用手抚摸着它们，热泪吧嗒吧嗒地往下滴。

晚上我们过去看了他好几次，儿子睡熟了，但大大的眼泪，就粘在睫毛上。第二天，我们看到儿子，在睡梦中哭湿了枕头。

第二天，儿子躲在房间里，不出来。我去看他，他在房间里，盯着阳台上的小白小聪的房间，眼睛里蓄满了泪水。小白和小聪，在我们家只生活了两个星期。

我们说马上给他买，但倔强的儿子坚决不同意，他怕又把小白兔养死了。儿子多么善良，尽管他那么喜欢小兔兔，但却坚决拒绝了我们。

于是，某一天，我们突然给儿子买回了两只稍大一点的小白兔。儿子仍然惊喜，这次，我们不仅询问了小白兔所有的习性，还特意挑选了一个很大的笼子，两层的。有了秽物，下层抽出来就可以洗，儿子自告奋勇地给兔兔洗。洗好了之后，就晾晒在那里，晚上再换另一块。儿子这次给它们取名白白、绵绵。儿子开始科学养兔了，经常到网上查找一些科学信息。

我们改变了小兔的饮食结构。不仅让它们吃胡萝卜，还让它们吃干菜，因为它们害怕水分。我们上次给它们洗澡，是最大的误区。

小白兔，一天天长大了。茸毛在阳光下，温暖而闪烁。有时候，它们偷偷到我们的屋子里来，啃我的鞋。夏天快来了，我教育局的一个朋友，送了我们一箱子拖鞋，都是竹制的，或者是席草制作的，散发着泥土的清香，小兔子很喜欢咬，有时候追着我，抱着我的脚不放，惹得儿子哈哈大笑。

有一天，估计是儿子多喂了小兔子食物，晚上回家，我就感觉不对，因为小兔子拉肚子了。我们找来找去，终于找到了，绵绵已经死了。儿子失声痛哭，在家里到处跑，终于找到了白白，好在白白还好。儿子，把白白小心地捧在怀里，轻轻地吹着它。我们一家人都沉浸在悲痛中，我们下决心，一定要好好地、细致地对待白白。

可是，就在昨天，白白又死了。

最近学校里，感冒很严重，儿子也感染了。晚上，我在上课，太太带着儿子去人民医院输液。等我回家的时候，我很累，就躺在沙发上看《贞观长歌》，我忘记了白白。其实，就算我想起了它，也晚了。因为我打开门的时候，根本就没有看见它。

等到儿子回来了，就找不到白白了。儿子哭喊着到处找，跑遍了所有的地方，突然，儿子蒙住自己的脸，浑身抽搐。我们把白白弄出来，它的身体，已经软了，站不起来，但还是活的。

我们慌忙拿东西来喂它，但是，它已经不能吃东西了。我们又怀疑它是病了，喂了它一点药，感觉没有效果。我们最后还是推断它是饿的，于是，我们又给它喂了一点糖水。儿子担心它是冷的，不断给它吹热风，但是，它的力气，越来越微弱，终于，苍凉地闭上了眼睛。

儿子本来感冒已经好了，但是，第二天又坏了，因为伤心过度。儿子把小白兔埋在一个地方，上面还插上一根树枝，每天上学放学都能看到。后来我看到史铁生的一段话，大意是一个人死了，不应该用冰冷的墓碑，而应该在坟头种一棵树，让他的生命永远生长。

儿子下决心再也不养小兔兔了，但我知道，儿子一定还是忘记不了这些可爱的小兔，它们闪亮在儿子的生命里，那么纯洁，那么温暖，那么活力四射，儿子在它们身上寄托了爱和希望，同时，也面对了死亡和眼泪。

你的鸡蛋清是什么

从北京回来的时候，我去澳洋医院体检。那个时候，其他的老师都体检过了，我是补检。

我一向害怕体检，检不出问题，岂不是自讨苦吃？万一检出什么问题，还不是死路一条？每个老师，都扼守着自己一块重要的领域，课堂即战场，谁愿退缩？谁能退缩？谁又敢退缩？战士只能死在战场上，老师也只能死在课堂上。

在老家的时候，我们也体检过两次，分别体检出两个病人。一开始，他们也还都支撑着，直到支撑不下去了，才去医院。结果都没有回来了，最后回来的，是四四方方的两个骨灰盒。

其中一个是段夫绪老师，他是我们学校的工会主席，为人正直，能够为老师争取福利，很受我们的尊敬。他教初中英语，初三，也是毕业班啊！体检的时候，段老师已经被查出是癌症晚期，可是一个萝卜一个坑，没有人顶课，他就只有强撑着。经常我们从他教室外面走过，课堂之中，声音最小的那个人，一定就是段老师。我们还常常背后打趣他，我们哪里知道段老师已经是晚期了。那个时候，我们太年轻了，还不明白一个老教师的坚守意味着什么！

后来，段老师晕倒在讲台上，送到医院之后，就再也没有回来。校长把给段老师写挽联的任务交给了我，那个晚上，我彻夜难眠，泪流满面。很多年之后，我回想起来，也就在那个晚上，我才真正地成熟起来，才开始明白一个老师的悲哀和幸福，如何的纠缠而难以辨别。我制作的挽联是：

造化无情，夫子早逝，惠风和畅吹千古；

桃李同悲，绪风晚烈，阳光洒脱照后人。

这个挽联是一个藏头联，基本上概括了段夫绪老师的生平特征。斯人已矣，斯容宛在。我至今还保存着他的一张照片，在我们学校第一栋教学楼奠基的仪式上，我们同照的一张相片。他那么瘦，精神却好。

因为这些原因，我对体检充满了一种拒绝。

早上，我一个一个科室跑，饿得两眼发黑，在心电图的外面等了很久。后来等到了一张椅子，我终于舒舒服服地坐下了。然后，一张一张椅子地往前移。突然，我被钉在椅子的靠背上。啊，真倒霉，我最好的一件衣服被口香糖粘住了。

我把衣服脱下来弄，尴尬到了极点，前面的一个人也把衣服脱下来，他和我一样遭受糖祸。

我一点一点摘、刮、搓、揉，越弄越糟，内心充满着愤怒，肚子也更饿了，体检要空腹，早上什么也没有吃。好几个热心的大姐过来出谋划策，她们即便没有一种幸灾乐祸，至少也觉得这是一件有趣的事情。

方案一个个出来了。有人说，回去用84洗。我很快就否定了。因为84能够烧坏衣服，使得衣服的颜色脱落。我曾经用84成功地把一条蓝色的牛仔裤，变成白色的牛仔裤，而且是超现实的，有后现代主义的味道。

一个胖女人说，把衣服放在冰箱里冻，让口香糖凝固。然后，一剥就下来了。这是一个好主意，科技含量很高。可惜口香糖已经被我刮得差不多了，应该凝固不起来了。我肠子都悔青了，对自己充满了憎恶。

还有一个男人说："我有办法了。"我大喜过望，洗耳恭听。男人说："让你老婆重新买一件。"旁边一阵讪笑。我大怒，恨不得一拳揍碎他的那一张臭嘴。可是，可是，纵然如此，我的衣服还是不能还原。

终于体检完了，我领了几个面包和牛奶，草草吃了，就往回赶。到这种鬼地方来，没有病，也会气出病来的。

回到家，妻子也是无计可施。我突然想起，中国是口香糖大国，中国是低素质大国，应该有不少倒霉蛋和我有同样的遭遇，何不到网上搜索搜索。

上网一搜，果然有无数个求救。答案都指向一个——用鸡蛋清去洗。我将信将疑。

赶紧打一个鸡蛋，弄了一点蛋清，放在小碗里。当鸡蛋清涂上口香糖的污染区域，自然界最伟大的奇迹发生了。口香糖的黏性突然间没有了，然后迅速粗糙，迅速变成颗粒状，我轻轻一搓，清水一冲，干干净净。

柳暗花明，山重水复。这个皆大欢喜的结局给了我莫大的刺激和震撼。由此，我也悟到了很多教育学的问题。

自然和世界何等巧妙，何等神奇。

首先想到的是应声虫的典故。

唐·刘束《隋唐嘉话》记载："有个人患了一种病，嘴里讲一句话，肚子里就重复一声。患者感到特别难受，看了很多医生，都没有见效。后来去拜访大医师苏澄。苏澄说：'这种病自古就没有良方。好在我这里有一本《本草》，基本上网罗了天下的药方。你可以试着读读这些药方，应该能够找到方法。'患者如苏澄所说，一味药一味药地念下去。比如他说当归，肚子里也应声说当归。他说菟丝子，肚子里也马上应声说菟丝子。这个人每说一个药名，肚子里就重复一声。最后，患者说到一味药，连说多声，都没有听到回音，不由得大吃一惊。再往后说，虫子又开始应声。苏澄就此开出处方，以这味药为主，让患者吃下去，果然，他的病自然而然就好了。"

应声虫之病实在难以医治，不亚于口香糖粘上衣服。如何来治好这个病，关键是要找到鸡蛋清。这里的鸡蛋清就是那味肚子里不敢应声的药。

想到这里，我不由得心花怒放。

下午第一课我上的是试卷分析。我先秀了秀我的衣服，然后告诉他们鸡蛋清的故事。学生们啧啧赞叹，他们也喜欢吃口香糖，自然也可能有我这样的遭遇。在这里，口香糖并不重要，重要的是鸡蛋清。所以然者何？我想告诉我们的学生，任何问题，不管它是牛头马面，还是蜀道之难，之所以看上去不好对付，是因为我们还没有找到"鸡蛋清"。一旦找到了"鸡蛋清"，那么，再黏手的再难缠的问题，也会迎刃而解，清水一冲，干干净净。学生大笑，那节课我们找到了很多"鸡蛋清"，我们所向披靡，势如破竹，很多问题溃不成军。"鸡蛋清"成了我和学生之间一个有趣的语言密码，给我们带来很多快乐。

后来，我继续想，在我们的教育生涯中，我们不仅要面对复杂的问题，有时候还要面对难缠的学生。有时候他们就像口香糖一样，让我们束手无策，打不得，骂不得，甩不得，赏不得，笑不得，哭也不得，我们似乎黔驴技穷，眼前一片黑暗。在这样的阴霾中，我就会想到"鸡蛋清"，想到孩子的命门，想到总有一味药，是治愈孩子的独一无二。尽管暂时还没有找到，但这个药方一定在一个地方沉睡，需要老师用智慧来唤醒。一旦找到了“鸡蛋清”，孩子就会被漂洗得一干二净。而寻找“鸡蛋清”的过程，就是教师专业化的过程，就是一个艺术手法的诞生过程。但首先要我们教师寻找，执着地寻找，要坚定信心，知道那个秘方一定隐藏在某处。最终我们会妙手偶得，我们所有的努力都不会白费。

于是，又想到了作文，想到了我们难以跨越的语文教育的一个命门。于是，又想到了《十日谈》中一个美丽的爱情故事。

佛罗伦萨有一个贵族青年，爱上了一个贵夫人，而且是致命地爱上，无法解脱。青年倾家荡产，发疯般地追求她，贵夫人连正眼都不瞧他。贵族青年耗尽资财，终于心灰意冷，离开了这块伤心地，去了一个遥远的农场。为了排解自己的孤单和忧伤，青年养了一只鹰，每天青年都要通过放鹰来消磨时光。在长相厮守中，青年和鹰有了深厚的感情。后来，贵夫人的丈夫出了车祸，贵夫人带着她的孩子也到这家农场来散心，鬼使神差的，贵夫人的儿子一下子迷上了鹰，鹰飞走后，贵夫人的儿子就病了，睡梦中还在呼喊鹰，而且，病情越来越重。为了救儿子，贵夫人终于惴惴不安地上了青年家的门，看到自己的心上人来了，青年慌了神，他没有什么好招待她的，于是，他含着泪，杀死了朝夕相处的鹰……后来，鹰不在了，贵夫人的儿子当然没有好起来，但是有感于青年的这份情，贵夫人选择留了下来，与青年厮守终生。

这个故事如此庸俗！这个故事如此不凡！这是什么原因？没有了鹰，这个故事就是一个庸俗的故事，一个贵族青年有钱时追不到一个女人，没钱时反而获得了垂青的庸俗故事。

一切都因为有了鹰，这个故事才有了色彩，有了气息，有了惊奇，整个故事鲜活起来了。所以，德国有一个著名作家从这个故事里提炼出一种写作理论，叫作猎鹰理论。就是写作的时候，我们都要反复地问自己，你作品中的鹰在哪里？你作品的独特之处在哪里？这里的鹰我们也可以把它看成是“鸡蛋清”，那么，写作时，要想我们的作品打动人心，我们就可以发问，你的鸡蛋清是什么？它究竟在哪里？是什么让你的文章难题迎刃而解？是什么让它们独一无二，不可替代，无与伦比？答案是无论哪一个词，哪句话，哪个构思，哪种叙说，本质上都有一个最合适的在等你，关键是你要找到属于它们的“鸡蛋清”，尘埃落定，从而彻底地瓦解它们，把它们牢牢地握在手里。

SHIJIE

视界——没有一艘船能像一本书

懒鬼起来吧！别再浪费生命，将来在坟墓里有足够的时间让你睡觉。

——富兰克林

没有一艘船能像一本书
也没有一匹骏马能像
一页跳跃着的诗行那样——
把人带往远方。

——狄金森

最重要的东西是眼睛看不见的
——读《小王子》

一直不敢让我的学生阅读《小王子》，因为我自己也没有读透。第一次看的时候，很粗，很糙，还没有读完，就丢在一边了。当时心里想，我的正事太多了。我已经蜕变成小王子眼里不懂事的成人了。

下一次是一个朋友和我说，我们其实并不认识，但文字驯养了我们，于是，我们熟悉，并感到了无言的温暖。“驯养”这个词当时就把我震住了。回头再读，我的译文里却是“处熟”，简单的一个词，味道就差得远了。再后来，干干跟我说，他上了《小王子》的读书课，让我去看看。我看了，非常震惊，于是，重读《小王子》。在一个慵懒的周末，阳光铺在我旁边，我一口气看了两遍，小王子的金色头发弥漫在我的眼前，还有那个娇滴滴的玫瑰，在花蕊里长时间精心装扮，用咳嗽示弱的玫瑰。还有就是一个晚上，我一个人在苍白的灯光下，读《小王子》，眼泪不断流出来，我被一种巨大的忧伤击中了。

后两次重读，我都试图把自己还原成一个孩子，还原到我曾经是孩子的那个时代，成人成了我的对立面和参照物。因为我正处在成人的阶段，因为了解，所以痛恨，批判和谴责都具有一种毁灭感。

一、两个世界

《小王子》里面有两个世界，一个是孩子世界，还有一个是成人世界。成人世界里有“国王、虚荣的人、酒鬼、商人、点灯的人、地理学家、卖止渴药丸的人、旅客”，孩子世界里有“小王子、玫瑰、狐狸、蛇、扳道工”。

那么，作者呢？

献词里说，“所有的大人都曾经是个孩子，可是只有很少的大人还记得这一点”，而作者恰好就是记得这一点的人，记得自己曾经的作品1号和作品2号。这样的人，无形中就成了桥梁，成了连接孩子世界和成人世界的桥梁。

童话最鲜明的特征之一，就是它是超现实的，处处闪耀着现实世界的光，摇曳着俗世生活的影。童话的象征之美，几乎是与生俱来的美学特质。我怀疑，这一特质可能与童话和寓言同出一源有关。在中国古代，童话与寓言原本混淆，后来才将那些故事单纯、寓意鲜明的作品划归为寓言，而将那些故事性强的作品划归为童话，但寓言的象征隐喻之美却为童话所保留，成为童话的美学表征。因此，我们有必要先来研究两个世界里的象征意义。

国王是政治权力的象征，标志性的特征是统治，当然也包括普通人对权势的膜拜，甚至只是迷恋行使权势时的那一种感觉，比如他让小王子不断地判处老鼠死刑，又不断地赦免它。

商人自然是金融权势的膜拜者，为金钱所奴役，标志性的特征是占有，甚至连天上的星星也要拿来牟利。他的高论是：“如果你发现了一颗没有主人的钻石，那么这颗钻石就是属于你的。当你发现一个岛是没有主人的，那么这个岛就是你的。当你首先想出了一个办法，你就去领一个专利证，这个办法就是属于你的。既然在我之前不曾有任何人想到要占有这些星星，那我就占有这些星星。”占有它们，却对他们没有丝毫的益处，这就是成人世界里的占有法则。

地理学家是知识权力的象征，他所迷恋的只是知识本身，死板的不知变通的知识，脱离实际的孜孜以求才是地理学家所关注的。在他眼里只有永不过时的，永恒的东西才值得追求。

虚荣的人是名利的象征，请看他那顶不断拿起又放下的帽子，对，“帽子”就是虚荣人的标志性特征。他让小工了 定要钦佩他，“钦佩么，就是承认我是星球上最美的人，服饰最好的人，最富有的人，最聪明的人。”而这个星球上只有他一个人。

那个点灯人，可以看成是实干者的象征，他忠于职守，但因循守旧，像一头老黄牛一样，永远不知道为什么拉磨。小王子想：“本来这是我唯一可以和他交成朋友的人。可是他的星球确实太小了，住不下两个人……”小王子之所以认为可做他的朋友，因为他并不荒唐，他点灯是为了别人，他只是一个被光明和黑暗裹挟的普通人。

其他还有忠于职守的扳道工，他决定了火车的方向，让其他人来来往往，他是社会秩序的维护者。（这个可以看成孩子世界里的人。）而那些盲目的铁路乘客，则是我们日常生活中屡见不鲜的人，他们忙忙碌碌，永远行色匆匆，却又不知自己走向哪里。

再来看看孩子世界里的象征人物。“蛇”具有强大威力，是猜破一切谜底的死神，因此，他冰冷，充满着死亡气息。小王子说：“在沙漠上，真有点孤独……”“到了有人的地方，也一样孤独。”蛇说。小王子长时间地看着蛇。“你是个奇怪的动物，细得像个手指头。”小王子终于说道。“但我比一个国王的手指更有威力。”蛇这样回答。

“狐狸”狡猾美丽，是最智慧的动物，甩着一条美丽的长尾巴。是他教给小王子交往的秘诀：为了交朋友，就必须经过“驯养”，建立联系，树立责任感，本质的东西都是眼睛看不见的，必须“用心灵洞察一切”。

“玫瑰”是爱和幸福的象征，她置身大地，藏身花蕊，认为人是一种无根的，是风和命运的玩物。她娇弱而任性，用敏感多疑的虚荣心折磨着小王子，她始终想着要让小王子处于有过失的地位，但她又需要友谊的抚慰和爱的浇灌；“回声”反映了生活在地球上感到的孤寂和惶恐心情，在孤独的星球上，只能够听到自己的回声。

“水与井”寓意深刻：“水”可以给作者解渴，是其生命的源泉，但对小王子来说，“水”仅仅是他的精神食粮。他们在沙漠中经过长途跋涉，终于发现并“唤醒”了一眼“井”。飞行员于荒漠之中，用这纯净的神奇之水接受“洗礼”，水“像一件礼物似的慰藉心田”，从而得到了思想的净化。

小王子自然可以看成是保持真善美的孩子，世界在他的眼里如此简单，如此分明。

这是孩子世界和成人世界的对立，《红楼梦》也是这样一个寓言，大观园就是一个孩子世界，但孩子们终究会长大，傻大姐的绣春囊就是一个讯号，伴随着性的觉醒，孩子世界坍塌了，纯真的美好的像水一样清澈的孩子世界，注定是要断裂的。就像献词中作者的感叹，哪个大人不是从小孩过来的呢？但他们都忘记了，都忘记了，只有很少的人才记得。正是基于这样的事实，所以，《小王子》

中弥漫着忧伤。

二、孤独和驯养

《小王子》中，孤独是一个重要的主题。

故事把背景放在洪荒的宇宙之中，时间被有意剥离，空间因此显得渺茫和旷远。随着小王子的旅行，场景都在星球之间转换，空间距离感因此而生，这一方面会让人产生空旷的孤独感，另一方面也给人宽阔的心理空间活动提供了场所。

每个人都是一个孤独的星球。

是的，孤独，小王子说："我到过一个星球，上面住着一个红脸先生。他从来没闻过一朵花。他从来没有看过一颗星星。他什么人也没有喜欢过。除了算账以外，他什么也没有做过。他整天同你一样老是说：'我有正经事，我是个严肃的人。'这使他傲气十足。他简直不像是个人，他是个蘑菇。"

每个人都是一个星球，每个人也都是一个蘑菇！一个蘑菇对于它所生活过的世界又能知道多少呢？

"忘记一个朋友，这太叫人悲伤了。但并不是所有的人都有过一个朋友。"

想想那个国王和那只老耗子，虽然国王的领土狭小，但他却视一切为臣民。为了维护自己的统治，他不得不费尽心机按照万物本来的规律意愿来发布命令。那个爱慕虚荣的人，视一切人为自己的崇拜者，五分钟就让小王子厌烦了，他把自己的价值完全建立在别人的崇拜上。而那个荒唐的为了忘却喝酒的羞愧而不断喝酒的酒鬼，更是让我们啼笑皆非。

这个时候，那个商人正在孜孜不倦地数着星星，他这样做是为了占有星星，而占有的方式就是将写有星星数目的纸条锁在抽屉里。"锁"是占有最有效的方式。那个地理学家，只追求永恒，身边的"瞬息即逝"的美丽，却被轻视，被漠视，被忽略。

然而别忘了，"地球上面有一百一十个国王，七千个地理学家，九十万个商人，七百五十万个酒鬼，三亿一千一百万个爱慕虚荣的人，也就是说，大约有二十亿个大人。"至此，我们恍然大悟。

这些人虽然可笑，但哪个里面没有我们自己的影子呢？每个星球上单独的个体，都是地球人的寓言，他们在忙碌之中，何尝不是孤独的个体，一种叫作孤独的气息，弥漫着整个人类。我们近在咫尺，却又比星球更加遥远。

顾城在《我总觉得》中这样写道：

我总觉得，
星星曾生长在一起，
像一串绿葡萄，
因为天体的转动，
滚落到四方。

我总觉得，
人类曾聚集在一起，
像一碟小彩豆，
因为陆地的破裂，
迸溅到各方。

我总觉得，
心灵曾依恋在一起，
像一窝野蜜蜂，
因为生活的风暴，
飞散在远方。

正因为孤独，我们才需要驯养。

每当忧伤来临的时候，孤独的小王子，就坐在凳子上看落日。曾经，他一天看了四十三遍日落。后来，一朵玫瑰意外地闯进了他的生活。玫瑰有着沉静的柔情，她是一朵美丽且骄傲的小花。她爱逞强，爱撒可爱的小谎，因为害怕谎言被揭穿她还会反复咳嗽。

玫瑰恋着忧伤的小王子，小王子也真诚地爱着玫瑰。然而小王子最终还是离开她了。很多跋涉之后，小王子来到了地球，遇见了一只狐狸，请求小王子的驯养。

驯养，就是建立某种联系。而建立联系，该是消除孤独的一种方式吧？

小王子遇见狐狸，是他正在哭泣的时候，小王子因为难过请狐狸陪他玩。狐狸拒绝了，“我不能跟你玩，”狐狸说，“我还没有被驯养，对我而言，你只不过是个小男孩，就像其他千万个小男孩一样，我不需要你，你也同样用不着我；对你来说，我也不过是只狐狸，就跟其他千万只狐狸一样，然而，如果你驯养了我，我们将会彼此需要，对我而言，你将是宇宙间唯一的了，我对你来说，也是世界上唯一的了。”

狐狸还设想了驯养之后的种种美妙。

“如果你驯养了我，我的生活就一定会是欢快的。我会辨认出一种与众不同的脚步声。其他的脚步声会使我躲到地下去，而你的脚步声就会像音乐一样把我从洞里召唤出来。”“你如果四点钟到来，我从三点钟就会感到幸福……”

“你看见那边的麦田了吗？我从来都不吃面包，小麦对我毫无用处。麦田也不会使我产生任何的联想……可是，你的头发是金黄色的……看见那金黄色的小麦就会使我想起你来。于是就连那风吹麦浪的声音，也都让我喜欢……”

“只有被驯养了的事物，才会被了解。人不会再有时间去了解任何东西的。”

小王子再也不会为5000朵玫瑰花伤心得要死了，狐狸让小王子明白了，他的那朵玫瑰因为被他驯养过，他为她的咳嗽担心过，忧伤过，所以她是独一无二的，而对于这世上每一个人，只要你被驯养过，你便与以前不同。

小王子对那一大堆玫瑰说：

“你们外表很美，但心中却是空虚的。……没有人愿意为你们而死。没错，一个平凡的过路人，会觉得我的玫瑰和你们并没有什么不同，我的玫瑰长得和你们一模一样。然而，我的玫瑰本身却蕴含了一种你们千万朵玫瑰所无法比拟的特质。只有她得到我的灌溉，是我把她罩在玻璃罩里面，是我用屏风把她遮住，只有为了她，我才会打死毛毛虫（只留两三只变成蝴蝶），而且，我会倾听她一切声音。发牢骚也好，乱吹嘘也罢，甚至沉默不语，我都会倾听，因为，她是我的玫瑰。”

皮鼓对驯养的理解，非常有见地。“驯养”实际上就是把“我—它”关系，转为“我—你”关系。

他这样分析：“人与人之间，人与自然之间，人与世界之间，往往是‘我—

它'的关系。从某种角度来讲，'我—它'的关系是一种独白，而'我—你'的关系则是一种对话。所谓的'我—它'，就是将对象工具化，'它'被物化，是我利用、支配、控制的对象。而'我—你'，则是恢复'它'的主体性，变独白关系为对话关系。在对话中，每个人都不丧失自己，同时都在平等地表达自己，彼此之间建立起一种更为润泽的关系。"这让我想起了2005年上海高考作文题"我想握住你的手"，其实表达的也就是"我—你"的关系，不仅是对话，而且还要握住，无非是对建立驯养的价值期待。

小王子最后离开了狐狸，因为他要对他驯养过的玫瑰负责，要对他驯养过的一切负责，狐狸流下了眼泪，但好在还可以拥有麦子的颜色。只有花费了时间，花费了心血，付出了爱，这样才叫作"驯养"。而一旦驯养了，一切都有了色彩，一切都与众不同了。然而，也并非什么人都能驯养，比如那六个星球上的人，比如那些看不出大象蟒蛇的人，只有经历过、体验过、得到过、失落过、孤独过、绝望过的人，才能够深深地体悟。

三、忧伤正在弥漫

小王子对我说："当你的忧伤抚平以后，你将会因为曾经认识我而感到快乐。"然而，忧伤正在弥漫。

圣·埃克絮佩里在这部童话小说里，通过一颗小星球上的小王子旅行宇宙的经历，表达了对人类"童年"消逝的无限感叹。小王子到过六个星球，碰到过一个目空一切的国王，一个爱慕虚荣的人，一个消磨光阴的酒鬼，一个唯利是图的商人，一个循规蹈矩的点灯人和一个学究式的地理学家，最后才到达地球。作者以一个孩子的眼光，透视出这些大人们的空虚、盲目和愚妄，用天真的语言写出了人类世故的孤独寂寞，还有没有根基随风流浪的孤苦命运。所有的这一切都源于我们童真的失去，以及抛弃童真之后的自以为是。

那个有着太阳头发的小王子，看待世界的方式，让我感动不已。他忧伤，孤独，但却孤傲，他从来不对自己所做的事作任何解释。他天真、幼稚，真诚、善良，能够对一朵花长久地保持真诚。在现实生活中，我们整天忙忙碌碌，像一群没有灵魂的苍蝇，喧闹着，躁动着，挥舞着，挣扎着，却听不到灵魂深处的低语，更不会在意天上的某一颗星星，还有一朵小花鲜艳的倾诉。

时光流逝，童年不再，我们长大了，岁月淡退了许许多多的记忆，也坍圮了我们曾经拥有的那份稚嫩的纯真。我们沉溺于人世浮华，专注于利益法则，算计起功名利禄，欲望、异化和梦魇纠缠着我们，我们举步维艰，却又乐此不疲，完全不顾心灵的黑暗沉闷，然而，愈走到最后，愈感到自己的委琐和卑劣，愈体验到人生意义的虚无。我们就像那个酒鬼一样，为了忘记自己酗酒的羞愧而不断地酗酒。

作者以为，人类童真的质素在孩子那里是天然的，在成人这里是可以还原的。真的可以还原吗？为什么那么多人看到的都是帽子呢？忧伤正在弥漫……

生命中最美丽的课程

——读《相约星期二》

看到余秋雨和余华都不遗余力地推介这本书，我终于坐不住了。利用两个晚自习时间，我看完了这本薄薄的只有181页的书。

我看得很慢，我舍不得，每看一点，我就要停下来，揉揉酸肿的眼睛。时间停止了，一切都成了背景，教室里的白炽灯显得如此呆板、苍白，没有血色。时间的嚓嚓声，就像生命流逝的影子。外面的风，正在吹过，黑夜的羽毛和骨骼，生活的滋味，哪怕是苍凉，是酸苦，都涌到鼻尖，那些过去患得患失的生生死死的东西，刹那间失去了颜色，轻飘飘的像一片坠落的枯叶。

一个老人，一个年轻人，一堂人生的课。

如此简单，如此单调，如此朴实，却又如此不同寻常。

老人的名字叫莫里，一个社会心理学教授，他教了一辈子书，是最受学生欢迎的老师。莫里热爱生活，最喜欢的是吃鸭子和跳舞，他给他的学生带来那么多的知识和快乐，或许可以这样说，他自己本身就是快乐。

在七十多岁时莫里患上了一种叫作ALS的病。（这个世界，是好人倒霉的世界，外国人也不例外。）这种病从腿部神经麻痹开始，一点点地向上蔓延，直到人窒息。这是一种残酷的绝症——因为灵魂醒着，眼睁睁地看着躯体一点点死去。莫里这样反问自己："我就这样枯竭下去直到消亡，还是不虚度剩下的时光?"莫里不甘心枯竭而死，他要勇敢地面对死亡。一个真正的老师，从自己的职业中产生了力量，他要把死亡作为他最后的一门课程，让死亡成为人的教科书，好让自己死有所值。莫里决定带着尊严、勇气、幽默和平静活下去。"研究我缓慢而耐心的死亡过程。观察在我身上发生的一切，从我这儿学到一点什么。"这成了莫里最大的愿望。

采访莫里的一个夜线节目，引起了巨大的轰动，也引起了他16年前的一个学生的关注，他叫米奇，一个专栏作家和记者，他赶了过来。因为他的老教授，还缺少一个学生，于是，相约星期二，死亡之旅开始了，谁说不是人生之旅开始了呢?

那个时候的米奇，忘记了对老师保持联系的承诺，走出校园的米奇，发现生活并不吸引人，梦想逐渐堆积，发酵，贬值，直至一钱不值。特别是最亲近的舅舅的死亡，让米奇感到人生的虚无和无能为力，他始终认为舅舅的厄运，就像树叶必然发黄一样，终究有一天会降临到自己的头上。米奇感到了时间的可贵，他开始和时间赛跑，岁月似水，他怕自己追赶不上。米奇终于取得了所谓的成功。他热衷于工作上的成就，因为成就感能让人产生主宰自己的信心，这样可以在末日来临之前享受到最后的快乐。但最后厄运却降临到了米奇弟弟的身上，那个米奇全家最引以为傲的弟弟，被厄运折磨，倔强的弟弟搬到国外去了，并且掐断了和全家的联系。这种自私让米奇疯狂，因为他剥夺了米奇的知情权和照顾弟弟的义务。就在人生的重重烦恼之中，在生活的压迫下呻吟流汗的疲倦时刻，米奇和自己的老师猝然相逢。

在"必修课程"里，米奇这样写道："我的老教授一生中的最后一课每星期上一次，授课的地点在他家里，就在书房的窗前，他在那儿可以看到淡红色树叶从一棵小木槿上掉落下来。课在每个星期二上，吃了早餐后就开始。课的内容是讨论生活的意义，是用他的亲身经历来教授的。

不打分数，也没有成绩，但每星期都有口试。你得准备口答问题，还得准备提出问题。你还要不时干一些体力活，比如把教授的头在枕头上挪动一下，或者把眼镜架到他的鼻梁上。跟他吻别能得到附加的学分。

“课堂上不需要书本，但讨论的题目很多，涉及爱情、工作、社会、年龄、原谅，以及死亡。最后一节课很简短，只有几句话。

“毕业典礼由葬礼替代了。

“虽然没有课程终结考试，但你必须就所学的内容写出一篇长长的论文。这篇论文就在这里呈交。

“我的老教授一生中的最后一门课只有一个学生，我就是那个学生。”

每个星期二，他们一起讨论“生活的意义”，包括“死亡”“恐惧”“衰老”“欲望”“婚姻”“家庭”“社会”“原谅”“有意义的人生”这些重要的课题。从第一次相约到最后一次见面，这样的讨论持续了14个星期。米奇眼看着他的老师一次比一次衰弱，直到葬礼来临。这是一个真实的故事，对米奇而言，这最后的课程，是一个重新审视自己、重读人生必修课的过程。这门人生课震撼着作者，也借由米奇的妙笔，感动了整个世界。

一、与生活讲和

健康的时候，莫里每天都在跳舞，散发着活力。莫里认为：“人们总是认为，拥有越多越好，钱越多越好，财富越多越好，商业行为也是越多越好。越多越好，越多越好。我们反复地对别人这么说——别人又反复地对我们这么说——一遍又一遍，直到人人都认为这是真理。大多数人会受它迷惑而失去自己的判断能力。”

但真的是越多越好吗？

我们的文化不鼓励人们思考真正的大问题，而是吸引人们关注一大堆实利琐事。上学、考试、就业，升迁、赚钱、结婚、贷款、抵押、买车、买房、装修……层层叠叠，一切都是为了活下去，而且，总是企图按照世俗的标准活得像样一些，大家似乎已经很不习惯在这样的思维惯性中后退一步，审视一下自己，问：难道这就是我一生所需要的一切？

由于文化不鼓励这种后退一步的发问，因此每个人真实的需要被掩盖了，“需要”变成了“想要”，而“想要”的则来自左顾右盼后与别人的盲目比赛……大家都像马拉松比赛一样竞争，跑得气喘吁吁，劳累和压力远远超过了需要，也超过了享受本身。

躲避这种文化的灌输不是办法，实际上也无法躲开，人总是社会的人质。躲不开还在躲，那就是虚伪。生活中应该建立起自己的文化。莫里认为这种文化就是和生活讲和。

真正在死亡即将到来的时候，人们才豁然开朗，与生活讲和不是屈服和倒退，而是一种豁达和平静。莫里说："死亡是一种自然，人平常总觉得自己高于自然，其实只是自然的一部分罢了。那么，就在自然的怀抱里讲和吧。"

"当我应该是个孩子时，我乐于做个孩子；当我应该是个聪明的老头时，我也乐于做个聪明的老头。我乐于接受自己赋予我的一切权力。我属于任何一个年龄，直到现在的我。你能理解吗？我不会羡慕你的人生阶段——因为我也有过这个人生阶段。"

二、相爱或者死亡

在莫里看来，只要明白了什么是真实的需要，就会走向关爱和奉献，他在最后的课程中一遍遍重申：爱是唯一的理性行为。相爱，或者死亡。没有了爱，我们便成了折断翅膀的小鸟。

莫里说："你要使生活有意义，你就得献身于爱，献身于你周围的群体，去创造一种能给你目标和意义的价值观。"你要学会如何施爱于人，并去接受爱；要有同情心，要有责任感。只要我们学会了这两点，这个世界就会美好得多。身份和地位往往使你无所适从，唯有一颗坦诚的心方能使你悠悠然面对整个社会……

这里流露出的其实是一种超脱，但莫里很快又辩证地指出，超脱不是拒绝生活。所以还是要"接受所有的感情——对女人的爱恋，对亲人的悲伤，或者由疾病所引起的恐惧和痛苦。不让自己感受，经历——你就永远超脱不了，因为你始终心存恐惧。你害怕痛苦，害怕悲伤，害怕爱必须承受的感情伤害。只要投入进去，沉浸在感情的汪洋里，你就能体验它，知道了什么是痛苦，什么是悲伤，只有到那个时候你才能说，我已经经历了这个感情，我已经认识了这份感情，现在，我需要超越它。"

当你学会了怎么死，你也就学会了怎么活。

三、关于死亡

莫里说："死亡，是一件令人悲哀的事，米奇。可不幸活着的人也同样令人悲哀。许多来探望我的人并不幸福。我也许就要死去，但我周围有爱我、关心我的人们。有多少人能有这样的福分？"

这样的话肯定重重击中了米奇的心，可怜的米奇就生活在惶恐和无聊之中。

莫里用医生教的呼吸的方法判定自己的来日。莫里打趣说，火化的时候，千万不要把自己烧过了头。还是在参加一个朋友葬礼的时候，莫里就大发感慨，因为那么感人的场面，为死者朗诵的那么好听的诗和铭文，死者却永远也听不到，没有眼泪和刻骨铭心的交流，这样的葬礼简直就是一大罪过。于是，莫里提前亲自主持了自己的葬礼，并享受了生与死的互动。

在倾听自己的葬词中，莫里眼睛里闪动着火焰，那个时候，外面的木槿树的叶子正在安静地坠落，落在湖面上，没有一丝一毫的声音。

在米奇陪同看墓地的过程中，莫里没有忘记叮嘱米奇，他们的课程还要继续。米奇说："但那个时候，你不能说话了。"莫里耸耸肩："你说，我听。"莫里真正实现了他墓志铭上的评价——一个终生的教师。

但莫里从来也不讳言他的沮丧。他说："当我看见某些东西正在离我而去，便有一种恐惧感。我失去双手后怎么办？我不能说话怎么办？特别是我失去声音，失去手怎么办？我用声音说话，用手打手势。"

但很快莫里就找到了办法，因为"握住手，温度可以转递爱和语言。"

当莫里已经瘦骨嶙峋，病入膏肓，呼吸困难，痰常常堵住喉咙，可是，当他看到电视上那些非洲的难民，眼泪却偷偷常流不止。

莫里这样解释自己的眼泪："我当然在受罪。但给予他人，能使我感到自己还活着。"

这本书，能够赞助我们些许勇气，并且拾起火把，在暗夜里温暖我们的眼睛，让我们继续前行。

伤心岂独李斯人
——读《李斯列传》

司马迁曾经说：“人固有一死，或重于泰山，或轻于鸿毛。”当年在泰山刻石的李斯，很好地印证了司马迁的这一论断。

司马迁的《李斯列传》，不仅展示了李斯由贱而尊，由尊而亡的全过程，而且旁及秦王朝必然覆灭的历史原因。司马迁的如椽巨笔，不仅横扫千军万马，勾勒出历史风云，又能“轻风扶细柳，淡月失梅花”，在谈笑之间，轻轻点染，历史人物就栩栩如生，呼之欲出。

司马迁以五声叹息，牵连起李斯波谲云诡的一生，确乎是大手笔。难怪心高气傲的鲁迅，对司马迁也要顶礼膜拜的。“史家之绝唱，无韵之《离骚》”就是明证。对于《李斯列传》的写法，李景星说得极为切实：“《李斯传》以‘竟并天下’‘遂以亡天下’二句为前后关锁。‘竟并天下’是写其前之所以盛；‘遂以亡天下’是写其后之所以衰。盛衰在秦，所以盛衰之故，则皆由于斯。行文以五叹为筋节。‘于是李斯乃叹曰：人之贤不肖’云云，是其未遇时而叹不得富贵也；‘李斯喟然而叹曰：嗟乎’云云，是其志满而叹物极将衰也；‘斯乃仰天而叹，垂泪太息曰’云云，是已坠赵高计中不能自主而叹也；‘仰天而叹曰：嗟乎悲乎’云云，是已居囹圄之中不胜怨悔而叹也；‘顾谓其中子曰’云云，是临死时无可奈何以不叹为叹也。以上所谓‘五叹’也。”

文章一开头，司马迁就用李斯的一叹来统领全篇。正如叶玉麟在《批注史记》中所说的：“斯毕生得丧，在入仓观鼠一段，全罩通篇。”通过一个细微的情节或者一个极小的故事来表达主题，提炼出典型的人物性格，是《史记》极具特色的做法之一。例如，张汤幼年审鼠，使人们对这位汉代酷吏的审案本领留下了深刻印象；李广射石的故事，表现了这位汉代名将高超的射艺。还有，项羽和刘邦看到秦始皇出巡时，都说了一句话。项羽说："彼可取而代也!"刘邦则说："大丈夫当如是也!"项羽的勇而鲁莽，刘邦的雄而不露，据此一览无余。这种性格对比贯穿两个人的一生，并最终左右了楚汉相争的结局。

写李斯的老鼠哲学也是如此。

李斯年轻的时候，曾在郡里当小吏，看到厕所里的老鼠没得吃没得喝，瘦骨嶙峋，路都走不稳，每逢有人或狗走来时，就受惊逃跑，甚至落入粪坑。后来李斯走进粮仓，看到粮仓中的老鼠，吃的是囤积的粟米，住在大屋子之下，长得又肥又胖，还不用担心人或狗惊扰。通过对仓鼠和厕鼠的观察和比较，李斯感叹道："人之不肖譬如鼠矣，在所自处耳!"就是说："一个人有出息还是没出息，就如同老鼠一样，是由自己所处的环境决定的。"

这一感叹包含丰富的内涵：其一，人的高贵贤能和卑劣低俗和他所处的环境息息相关，人应当为自己创造能充分施展才能的环境；其二，人应当往上爬，跻身权贵之列，决不能甘于贫贱。至于是否像仓鼠"食积粟"那样损人，并不重要。不管黑鼠白鼠，能够搞到粮食的就是好鼠！这就是李斯的老鼠哲学。这一哲学既是李斯奋发向上的原动力，也是李斯由尊而亡的推动力。

在老鼠哲学的推动之下，李斯才师从荀卿学帝王之术，才厕身吕不韦门下，寻找接近秦的机会，最终凭借自己对六国的洞察和绝世才华，得宠于始皇，迈出走向权力顶峰的第一步。

此后的李斯，刻石于泰山之上，果断地推出千古雄文《谏逐客书》，"是以太山不让土壤，故能成其大；河海不择细流，故能就其深；王者不却众庶，故能明其德"。终于使秦王收回了逐客的主张，摆脱狭隘的出身论，英雄不问出身，从此成了人才任用的典范。李斯自己不仅官复原职，而且青云直上，先封廷尉，后拜丞相，终于登上了自己权力的最高峰。不久博士淳于越反对郡县制度，企图维护旧的分封制。李斯顺应历史潮流，指出淳于越以古非今，造成百姓思想混乱，致使中央集权受到损害，于是，提出"焚书"，进行思想钳制，并最终演变成了"坑儒"。"焚书坑儒"自然有利于思想的大一统，但却给中国历史投下了浓重的阴影和不祥的预兆。

就在李斯登上权力最高峰的时候，有一天，李斯的大儿子李由告假回家，李斯大摆宴席，满朝文武，悉来祝贺，车水马龙，络绎不绝。李斯却出人意料地发出第二声叹息："嗟乎！吾闻之荀卿曰'物禁大盛'。夫斯乃上蔡布衣，闾巷之黔首，上不知其驽下，遂擢至此。当今人臣之位无居臣上者，可谓富贵极矣。物极则衰，吾未知所税驾也！"如果说，李斯的第一次叹息包含着未遇时，对富贵权势的极度渴望，那么，李斯的第二次叹息则怀着得意时，对失去权势的深深恐惧。乐极生悲，盛极而衰，这是历史和自然的规律，对权势深深迷恋的李斯又怎么能逃得过？

公元前210年，秦始皇在沙丘病死，遗诏命公子扶苏回咸阳奔丧，以军属蒙恬。指鹿为马的赵高扣留诏书，想立胡亥为帝，以便自己篡权。但必须仰仗位高权重的李斯同意，阴谋才能得逞。因此，赵高施展全部本领，威胁利诱、软硬兼施，对李斯步步紧逼。李斯开始斥之为"亡国之言"，继之，责令曰："君反其位！"接着，劝说："君其勿复言，将令斯得罪。"然后告诫道："斯其犹人哉，安足为谋！"情绪由盛怒到平息，语气由严厉到软弱，心理变化的轨迹清晰可见。赵高最后说："君听臣之计，即长有封侯，世世称孤……令释此而不从，祸及子孙，足以为寒心。善者因祸为福，君何处焉？"贵贱穷通，全在"自处"，这正是李斯老鼠哲学的要义，赵高用它彻底击垮了李斯。李斯仰天长叹，垂泪太息道："嗟乎！独遭乱世，既以不能死，安托命哉！"至此为止，李斯已完全屈服了，并最终与赵高狼狈为奸，沆瀣一气，演出了一出篡权的丑剧。

李斯的第三声叹息是其人生旅程的转折点，标志着李斯一步步跌入为虎作伥、祸国殃民的罪恶深渊。这声叹息展示了李斯复杂而丰富的内心世界：一方面，李斯出色的政治智慧，使他清醒地看到赵高所作所为的性质和危害；另一方面，竭尽全力保住自己富贵权势的贪欲，又死死扼住他的良知和理智，并最终把自己钉上了历史的耻辱柱。这声叹息，源于厕鼠之思，又导向临刑之叹。

荀子曾经指出：理想的丞相应当是"抗君之命，窃君之重，反君之事，以安国之危"的"社稷之臣"。也就是说，丞相之"相"，当是"相道"之意，敢于直言进谏，守职不阿是丞相的必备。但李斯为了保住自己的荣华富贵，不顾国家危亡，献上臭名昭著的《督责书》，阿谀奉承，讨好二世。于是，二世修建长城，筑造阿房宫，严刑峻法，民不聊生。《督责书》和《谏逐客书》一正一反，成为李斯复杂性格的两个注脚。

李斯终于自食其果，沦为了阶下囚。

二世派赵高案治李斯。李斯仰天而叹曰："嗟乎！悲夫！不道之君，何可为计哉！昔者桀杀关逢龙，纣杀王子比干，吴王夫差杀伍子胥。此三臣者，岂不忠哉！然而不免于死，身死而所忠者非也。今吾智不及三子，而二世之无道过于桀、纣、夫差，吾以忠死，宜矣。且二世之治岂不乱哉！"

披枷戴锁的李斯，第四次仰天叹息。慨叹中，李斯以"关逢龙、比干、伍子胥"自况，认为自己的才智赶不上他们，二世的昏聩无道却比桀、纣、夫差有过之而无不及。认为自己因为忠诚而死，死得其所。舍职阿主、曲意逢迎，以致祸国殃民的李斯，却自诩为忠臣义士，这是多么虚伪可笑啊！所以，老子云："知人者智，自知者明。"

临刑前，李斯面对自己的次子，老泪纵横，发出最后一声浩叹："吾欲与若复牵黄犬俱出上蔡东门逐狡兔，岂可得乎！"孩子啊，我想再和你一道，牵着黄狗，到上蔡东门去打猎捉兔，难道还可以吗？这句话常常让我想起明朝的崇祯皇帝，在杀掉自己亲生女儿时曾经慨叹："汝何不幸而生于帝王家？"早知今日，何必当初啊！如果早日看破富贵功名，何至于夷灭三族啊！李斯最后的叹息中，内涵极为丰富，是慨叹二世的昏庸，是后悔自己不该听信赵高之言，自掘坟墓，是慨叹人生的无常，还是面对死亡仍在追念往日的繁华……

历史在这里留下了太多的思索，李斯的悲剧不只是个人的悲剧，也是整个秦王朝的悲剧。当李斯是站立的泰山，秦朝也就如日出东方，光芒万丈；而当李斯成为跪着的侏儒，秦王朝也就成了摇摇欲坠的落日，江河日下，苟延残喘。

李斯在这里成了一个特殊的标本，因为历史毕竟不是个人手里的泥人。但是李斯的五声叹息，依旧会拷问由贫贱而富贵的人们。

生命，怀念一种透明
——评莫泊桑的《在乡下》

世界有多复杂，莫泊桑的作品就有多复杂。为了忠实于生活原型，莫泊桑常常被指责有悖常理。他留给人印象最深的特点就是一种坚硬性——形式上的坚硬性，本质上的坚硬性。正如作家本人所说："在我看来，心理活动是应该隐藏在书本当中的，正如现实总是隐藏在存在中的事实下的。这种方式构思而成的小说会有趣味、有动作、有色彩、有生活的活跃气息。"

确实如此，《在乡下》值得我们用一生去品味。甚至每天你都能读出感悟，一些零星的火花的闪烁，然后，又不知所终，很多次，我都感觉到我快要无限接近小说的本质了，然而，在欣喜若狂之后，我依然两手空空，一无所获。

一、人这道题永远是无解的

人永远是无解的，这是莫泊桑在《在乡下》中最沉重的喟叹，你能看见作者拼尽全力，外科手术一样的精雕细凿，人物内心像浮雕一样展现在我们面前，却又躲躲藏藏，欲说还休。莫泊桑"太有才了"，可我们却仍然不能穷尽人性的博大、庄严和神秘。福楼拜曾经一再告诫自己的学生："莫让自己在作品中露面，在心理描写时以人物本身为出发点。这样，各式各样异彩纷呈的人物就活灵活现地出现在读者眼前，使读者不由自主投入故事中去，读来真实自然。"我们不妨也随着故事，深入他的作品中去。

小山脚下的那两间茅屋，某种程度上就是世外桃源，尽管贫穷，但是，却充满邻里的和谐、家的温馨和孩子们的吵吵闹闹。两家人日出而作，日落而息，他们以一种最简单的最原始的方式劳作，却也获得了最朴素的快乐。

“两个母亲在这堆孩子里勉勉强强可以认出哪些是自己的。两个父亲则完全分不出来。八个名字在他们的脑袋里跳动，不停地混杂在一起。他们需要叫某一个孩子的时候，常常要叫错三个名字以后才叫对。”

看看这两个粗心的父亲，他们甚至连自己的孩子也分不清，可是，那又有什么关系呢？他们不都是自己的孩子吗？就像那两间草屋一样，虽然是两间，但却是一个完整的整体。在那个海滨的浴场中，在倒映着辽阔蓝天的辽阔的大海边，人与人、人与自然，是那么的和谐，充满着淡淡的诗意。

“两家的主妇像养鹅的人赶鹅那样，把孩子们吆喝到一块，喂他们吃的。”

我们知道鹅常常被称作呆头鹅，懵懵懂懂，糊涂大胆，眼睛里根本没有人。小时候听大人说，上帝弄错了牛和鹅的眼睛，所以，牛尽管庞大，还有尖利的角，但却特别怕人，因为在它眼里，人更加高大。而鹅尽管纤弱，但由于“牛”的眼睛欺骗了它，人在它眼里，是特别渺小的，所以，鹅不但要“曲项向天歌”，还常常要欺负人的。两个母亲在这个吆喝声中，一定收获到了难以言说的幸福。小孩子一定挥舞着脏手，在母亲喂食物的时候，极力表示自己的抗议。

假如没有德·于比埃尔太太的横空出现，蒂瓦什夫妇和瓦兰夫妇仍然是最好的朋友。在本能的骂退德·于比埃尔太太之后，蒂瓦什夫妇又关切起自己的邻居来，当小瓦兰被抱走的时候，“蒂瓦什夫妇立在门口，望着那孩子给抱走，他们一声不响，也许心里有点懊悔不该拒绝吧”。我想这个时候，蒂瓦什夫妇的内心不仅仅是懊悔，更多的恐怕是猫抓，是对自己唾手可得的财富，转眼间变为邻居的囊中之物的仇视，尽管邻居以自己的儿子为代价，尽管这个行为在蒂瓦什大婶看来是那么卑鄙，那么无耻，那么肮脏。尽管这个选择，是蒂瓦什夫妇首先退出的选择，至少是他们口头上唾弃的选择，但，蒂瓦什夫妇却明显感觉到自己的利益受到了极大的侵害，而且这种侵害还不可宽恕。

原本的和谐不见了，两家人成了仇人。

“蒂瓦什大婶大骂瓦兰夫妇无耻，挨家挨户对人说，除非是丧失人性才会出卖自己的亲生儿子，这简直是一件骇人听闻的事，一件卑鄙龌龊的事，一件伤风败俗的事。”

“一连多少年天天都是如此。她天天都要到门外含沙射影地骂几句，让隔壁这一家人在屋里也好听见。”

这时候的蒂瓦什大婶已经完全被嫉妒和仇恨的火焰烧毁了，以致这么多年，仇恨仍然无法化解。《约翰·克利斯朵夫》里说，悲伤使人格外敏锐。那么，仇恨是不是也让人不容易疲倦呢？

有时候蒂瓦什大婶故意炫耀自己，抱着她的夏洛，好像他听得懂似的，大声对他说："我没有卖掉你，我没有卖掉你，我的孩子。我不卖我的孩子。我没有钱，但是我不卖我的孩子。"

对一个不懂事的孩子大声说，自然是说给对方听，是不是也在说给自己听呢？她实在需要发泄的手段啊！我们不妨设想一下，如果瓦兰夫妇也拒绝了德·于比埃尔太太的请求，我甚至敢断定，她们只会更加友好，因为有了共同的话题，有了战胜金钱诱惑的共同体验，虽然她们免不了会在深夜里牙痛。但为什么自己不要，却又要坚决反对别人要呢？别人的选择，丝毫没有给她带来任何实质性的损失啊？人性的背后到底隐藏着什么？

特别是没有被卖掉的夏洛，原本为此骄傲不已，自认为高人一等，这种先天的优越感伴随着他长大。可是，当小瓦兰回来的时候，夏洛的优秀感突然蒸发，多年来挂在自己嘴边的骄傲，一瞬间成为愚蠢的象征。于是，他大声责骂，父母没有卖掉自己，是做了"最大的牺牲"，父母"简直是糊涂虫"。像他们这样的父母，只会给孩子带来不幸。于是夏洛跺了一下脚，嚷了声"土包子！"就消失在黑夜里。

相信任何人读到这里，都被人性的复杂和丰富震撼了。《荷马史诗》中说："神要是和人作对，那是任何人都难以对付的。""偶然的一件小事，既可以成全一个人，也可以毁灭一个人。"（莫泊桑语）人就是这样被命运拨弄，在生命的洪流中，不能自已，随波逐流。

想想看，把儿子卖掉的，却获得了一个近乎完美的儿子，庄严、华贵、彬彬有礼；不卖儿子的却获得了儿子的诅咒，最终在年老体衰中丢失了儿子。这种悖谬的背后隐藏着什么？

由此我想到了很多。

人到底是什么生物？人为什么活着？人生的意义究竟是什么？生命的终极和彼岸何在？由此延伸开去：我是谁？我从哪里来？生命源于何处？父母为什么生下我而不是别人？我为什么是这一个，而不是那一个？人只是一架思维躯壳，还是具有所谓的灵魂？生命是不是像流星一闪而过？人究竟有没有魂灵？如果有，谁能够给出确切的证明？如果没有，那么，永死的一生还有什么意义？什么是命运？命运到底是老天注定还是可以通过人的努力而改变？如果命运可以自主改变，那有什么可以证明？如果不能自主决定，那又由谁来裁决？上帝吗？尼采早就说过“上帝已死”啊！

对人的问题的拷问，使得全人类都焦灼不安。小说家自然也不会放过这样的契机。

马克思在《关于费尔巴哈德提纲中》指出：“人的本质并不是单个人所固有的抽象物，在其现实性上，它是一切社会关系的总和。”

人是历史的人质，自然也是社会的人质。但是，仅仅从社会入手，显然还是不够全面和准确。

早在16世纪，莎士比亚就借《哈姆雷特》描述了人类共有的内心深层矛盾，以及人性的复杂与悖谬。“生存还是毁灭，这是一个问题！”那种感悟到人的渺小、人的不完美、人生的虚无，还有选择时的迷茫与困顿，如果单用社会关系来关照，恐怕是隔靴搔痒。近代，意识流作家弗吉尼亚·伍尔芙呼吁一种心理的真实：“向内心看看吧，生活似乎远非‘如此’。”

对人的解答，是我们永生的话题，我们一辈子都要和它战斗。

也许帕斯卡尔那段经典的话，能够给我们一些微薄力量：

“人只不过是一根苇草，是自然界最脆弱的东西，但他是一根能思想的苇草。用不着整个宇宙都拿起武器来才能毁灭他，一口气、一滴水就足以致他死命了。然而，纵使宇宙毁灭了他，人却仍然要比致他于死命的东西高贵得多，因为他知道自己要死亡，以及宇宙对他所具有的优势，而宇宙对此却是一无所知。因而，我们全部的尊严就在于思……”

只是，帕斯卡尔“能思想的苇草”也不过是整个人类自恋的一个缩影罢了。但如果自恋能够使我们少一些追寻的苦痛呢？

二、把人物打出正常轨道

小说的基本规律是人物的心理距离要拉开，才能产生错位，才能暴露人的心理和秘密。这是就人与人之间的关系看的。可如果小说中只有一个人，那怎么办？把他打出正常的轨道。

为什么要把人物打出正常轨道呢？因为在正常的情况下人的知觉、感情、意志、欲望是一个相当稳定的多层次结构，在多数情况下是稳定的，你只能看到它的表层。只有在动态、动荡的情况下，把人物打出正常的轨道之外，这时候，他的内心深处才一览无余。小说的艺术就在于冲击人物静态的感觉、知觉，使之发生动乱，这样，他内心的情感、深层结构就不难解放出来，心灵的秘密就在刹那间暴露。

莱辛在《汉堡剧评》中说过，没有伪装，不成性格，要了解性格和生活就要了解其伪装。

那么，怎样把人物打出正常的轨道呢？

普遍的方法是把人物推向极端。极端有两种：一种是顺境，一种是逆境。小说家的拿手好戏就是把人物放在顺境和逆境中折磨。打破人物稳定的心理结构，让情感处于不平衡的心理状态。这样一来，就把人本来隐秘的、深层的、可以意会不可言传的各个方面显示出来。

比如，法国的都德的《最后一课》，那么不爱读书，那么贪玩的小弗郎士，当知道自己所学的是“最后一课”时，知道自己从此再也不能学习法语了，突然之间发生了天壤之变，他变得认真了，往日艰难的语法也很好懂，他一下子对法语充满了深厚的感情。莫泊桑的《项链》也是如此，项链的丢失，把玛蒂尔德打出了正常的轨道，但正是这种不平衡的心理状态，使得人物的内心，甚至不被作者自己发现的内在突然之间显现，玛蒂尔德一夜之间完成了自我的超越，也许也是自我的发现吧？她变得勤劳、踏实、勇敢、诚实，她要承担起天价的债务，尽管在还债的十年中，她仍然会回忆起那个晚上自己的美丽！但这种回忆又有什么错呢？

莫泊桑的战争小说《索瓦热老婆婆》，就是通过把人物打出正常轨道，给我们带来了一部惊心动魄的伟大作品。

索瓦热老婆婆是一位勤劳善良的老太太，她爱自己的儿子胜过生命。但是战争使她的儿子抛弃她去了前线，老婆婆在对儿子的百般思念中，迎来了四个像儿子一样年轻的普鲁士士兵。他们被分在老婆婆的家里宿营，并且像她的儿子那样帮助她干一些力所能及的体力活。生活对于他们来讲还是公平的，老婆婆身边没有儿子，而普鲁士士兵身边没有母亲，他们很自然地像母子一样地相处，彼此都真诚地渴望从对方那里获得所需的爱。从上文我们的分析来看，这未尝不是一种平衡。

到这个时候，我们读到的是和谐，小说充满着暖意，甚至一度让我们忘记了战争。我们为远离儿子的老婆婆庆幸，为离开亲人的普鲁士士兵高兴。但是，战争毕竟还是战争！在愉快的氛围中，老婆婆突然接到她儿子阵亡的消息。老婆婆悲痛欲绝，她已经失去了丈夫，现在唯一的儿子也失去了。这时候，人物被打出了正常轨道，老婆婆的念头只有一个，是战争夺去了她的亲人，是普鲁士人杀死了她的儿子。作者这样描写老婆婆的转变过程："在极度绝望中，她丧失了理智。那些平时像她儿子一样可爱年轻的普鲁士士兵转瞬之间成了杀人的魔鬼，成了杀人的凶手。"她痛恨战争，痛恨普鲁士人，仇恨使她的精神崩溃。经过沉痛的思索，她最终利用小伙子们对她的信任，残忍地将他们烧死在茅草屋里。火光里，老婆婆安静而满足地坐在旁边的树桩上，心平气和地向德国人承认了自己的罪行，并镇定地接受了对她枪决的处罚。临死前，她掏出两张纸，一张是儿子的死亡通知书，另一张是那四个死亡士兵的地址，她不慌不忙请求德国士兵通知他们的父母，让他们知道凶手是她——索瓦热老婆婆。

作品的后半部惊心动魄。我们不知道该如何评价这部作品，不知道这是一名怎样的老人，是赞颂她的勇敢，还是批评她的残忍？而索瓦热老婆婆最后那一句话的含义究竟是什么？

老婆婆深爱着自己的儿子，因此她才对那些敌人——与儿子同样年轻而离开父母的普鲁士士兵表现出母性的爱护。但是，战争粉碎了老婆婆的母爱，将她的爱一下子夺走了。她要为儿子复仇，为那个鲜血淋漓躺在没有人烟的战场上的儿子复仇。

被打出正常轨道的善良老婆婆，突然之间变得残忍，我们为这样的悲剧而痛苦不已，是战争的残酷扭曲了人性。战争使老婆婆失去了亲爱的儿子，使普鲁士年轻的士兵失去了生命，使他们的父母遭受索瓦热老婆婆一样的灾难。战争才是一切罪恶的制造者，战争摧毁了人世间一切美好的感情，战争扭曲了人性中的善良和美好。最后老婆婆让德国士兵的家人知道自己是凶手，是不是让他们的仇恨有一个固定的对象，而不要像自己一样迁怒于他人？

《在乡下》中，小说家也通过各种手法，不断把人物打出正常轨道，破坏人物正常的稳定的心理结构，让人物内心袒露出来。德·于比埃尔太太在看见一大堆孩子以后，流露出对孩子的喜欢，其中还有对丈夫的淡淡的责怪。

而蒂瓦什夫妇面对德·于比埃尔太太提出的优厚条件，一开始居然没有听明白，当他们明白之后，他们已经处在正常轨道之外。蒂瓦什大婶勃然大怒，站了起来。

“你们是要我把夏洛卖给你们吗？啊！不行。这种要求根本就不应该对做母亲的提出来！啊！不行！那简直是太卑鄙了！”

当德·于比埃尔太太努力劝解：“但是，朋友们，请考虑考虑你们孩子的前途，他的幸福，他的……”这个地方不仅有诱惑，同时也在为后文的发展布局。

蒂瓦什大婶怒不可遏，打断了她的话：

“都看见了，都听见了，都考虑过了……给我出去，以后别让我再在这儿看见你们。怎么可以这样夺走人家的孩子！”

我想这个时候，蒂瓦什夫妇很显然没有做好准备，他们本能地拒绝了人生的改变，在打出正常轨道之外，选择了坚守自己的轨道。瓦兰夫妇面对非正常轨道的时候，更多的心理活动都写在脸上，此时，内心的斗争更加激烈。

“瓦兰夫妇正在吃饭，饭桌上在他们两人中间放着一碟黄油，他们用刀子挑一点，十分节省地抹在面包片上，慢慢吃着。”这个细节强调瓦兰夫妇的贫穷，贫穷凸显了金钱的重要，对他们的选择不可能不产生影响。

“德·于比埃尔先生又一次提出他的建议，不过这一次提得比较婉转，比较谨慎，比较巧妙。”这一次提得比较婉转，为后面的成交埋下了伏笔。我在想，如果颠倒过来呢？是不是蒂瓦什夫妇也会答应呢？

“两个乡下人摇头拒绝，但是知道每个月可以得到一百法郎以后，你看着我，我看着你，使着眼色互相询问，决心已经有七八分动摇了。”这个细节非常动人，特别是使着眼色互相询问，因为当着别人的面不好商量，但是，也不敢坚决地拒绝。

“他们在苦恼中长时间地保持沉默，心里犹豫不决。”这种矛盾触目惊心，他们苦恼着，因为要失去儿子，他们又舍不得即将到来的富裕的生活，这是一个悖论。最终瓦兰说了一句话：“我觉得这并不丢脸。”这句话意味深长，“不丢脸”，其实只是自我安慰，是自我的强化，是一种贫穷人的无奈。虽然残酷，但却真实。

瓦兰夫妇的选择，使得蒂瓦什夫妇痛苦不堪，并且让他们永远处在一种莫名的非正常的轨道中，有对道德坚守赢得的道德快感，但更多的是在对比中获得的物质挫败。这对夫妇永远坐在火山口上。

当小瓦兰回来的时候，夏洛也被打出了正常轨道，原先的优越感烟消云散，荡然无存，他变得粗鲁、暴躁、懊悔、愤怒，最终在不能自抑中离家出走。

高尔基说："文学是人学。"孙绍振先生说："文学是人的感情学，而小说则是人的感情动态的错位学。"正是在这个感情动态的常规之外，小说家把人物推出了正常的轨道，甚至推向极端，看出人表面难以发现的秘密。

三、幸福是一种平衡的艺术

有这样一个小故事：有一对年轻的夫妻，非常有钱，可总感觉活得累，不自在；而他们隔壁的一对年老的夫妇，贫穷得很，日子却过得有滋有味。有一天，小伙子对妻子说，难道是金钱在作怪，于是，就扔了一锭金子到对面去了。隔壁的老头子捡到了这块金子，和老太太一道，一会儿想把金子藏到这儿，一会儿想藏到那儿。内心的平衡被打破了，从此惶惶不可终日，往日的恬淡、悠闲、自在，不复存在。

同样的道理，《在乡下》中，是什么夺走了这两家人的幸福安逸的生活？有人说，是金钱的罪恶。莎士比亚在《雅典的泰门》中，曾经指责金钱的罪恶："金子！黄黄的、发光的、宝贵的金子……这东西只这么一点点，就足够颠倒黑白，丑的变成美的，错的变成对的，卑贱的变成尊贵，老人变成少年，懦夫变成勇士……"

其实，金钱本身无所谓善恶，是人性对金钱不加节制的欲望，才最终酿成了罪恶，如果使用得当，金钱不仅是得力的帮手，而且可以给自己和他人带来幸福。事实上，幸福就是一种平衡的艺术。物质和精神的，出世和入世的，理想和现实的，理智和感情的……

蒂瓦什和瓦兰家最初都很贫穷，但幸福指数却不低。"星期日，汤里熬上块牛肉，对大家来说就跟吃酒席一样丰盛。"这一天父亲会留在饭桌上，迟迟不肯离开，一遍遍地说："我不反对每天都这么吃。"因为贫穷，他们容易满足。但最重要的是，他们都是穷苦人，没有差别，没有贵贱，没有不劳而获，甚至连谁家的孩子也无须分出你我。这种幸福，就来自这种平衡的心理。

《论语·季氏》里记载了孔子的话：“丘闻有国有家者，不患寡而患不均，不患贫而患不安。盖均无贫，和无寡，安无倾。”意思说：“不必担心财富不多，而要担心财富不均；不必担心人民太少，而要担心不安定。财物平均了就无所谓贫穷，上下一心就无所谓人少，国家安定就不可能倾覆。”这里所谈的就是平衡的艺术。

但是，当瓦兰家孩子被抱走之后，突然间这种平衡被打破了。瓦兰家每月有一百法郎的入账，他们无须劳动，就可以获得巨大的享受。而蒂瓦什家仍然要辛辛苦苦地劳动才能谋生，这种巨大的反差使得他们如火焚心。

了解了这些，我们就会感觉到蒂瓦什大婶的数十年如一日的咒骂，其实不难理解。为了谋求一种新的平衡，蒂瓦什大婶用道义上的高贵、精神上的优越来平衡物质上的亏欠和孱弱，并最终达成了一种新的平衡，而这种平衡必须要通过不断的咒骂，不断地提醒瓦兰夫妇的无耻和卑劣来获得。而瓦兰夫妇也似乎矮人一截，他们只有忍气吞声，在精神的亏损中挥霍物质上的富裕。夏洛也是如此，尽管穷困，他却以自己没有被卖掉而优越。在这种平衡中，他不无享受，但是当小瓦兰回来了，很有出息地回来了，坐着马车，戴着金表。于是，平衡又被打破，物质上和精神上的双重劣势，击倒了夏洛，他无法再自欺欺人。于是，他迁怒于自己的父母，骂他们是“傻瓜”“糊涂虫”“土包子”，最后，又因承受不住巨大的反差而逃出家门。这种逃出，我以为不仅有对小瓦兰的不敢面对，还有对父母的惩罚。那么，这种惩罚，是不是使得夏洛暂时又获得些许平衡呢？

在这里，我们常常会有意无意地忽视小瓦兰，我不知道时光倒流，小瓦兰会对自己的命运作何选择？但是，我们几乎敢断定，小瓦兰最终衣锦荣归的背后，肯定有对过去失去的一种平衡。也就是说，这个时候，小瓦兰的内心一定悲欣交集，甚至有苍凉的味道。霍桑在《红字》里说，遭受苦难的人在承受痛楚时并不能觉察到其剧烈的程度，反倒是过后延绵的折磨最能使人撕心裂肺。小瓦兰被卖的悲惨命运最终通过富贵获得了一种平衡，那么，这种平衡的获得是不是等值的呢？

村庄是一只白色的船
——读海子的《村庄》

海子，只有海子，这个来自我故乡的瘦哥哥（海子曾经这样称呼凡·高），否则，还有谁能够给我精神的抚慰？

海子，用灵魂的温暖和纯洁给俗世的我以满心的向往。很多个憔悴的午后，还有忧郁满怀的夜晚，我的眼前突然出现了——风吹的方向，白色的村庄，还有麦子的成长。然而，也有好几次，在火车的尖叫声中，我把自己的心紧紧抓在手里。

海子的好朋友阿忆说：我们那片园子里出来的人，智慧而脆弱，一点点呼唤可以使他飞扬，一点点漠视便可以瓦解他的生命。但海子死了吗？我想，他应该还是去了某个地方，而那个地方，每一条河流，每一座山，应该都有一个温暖的名字。在那间孤独的小木屋里，海子面朝他一个人的大海，等候着春天花会开。

毫无疑问，那里就是海子的村庄。

三月二十六日，伟大的贝多芬和同样伟大的惠特曼，两个著名的浪漫主义先知远足的那一天，海子去了他的村庄。

在二十五岁的海子留下的二百多首诗歌里，几乎都有村庄的气息在氤漫，海子来自村庄，他当然还要回到他营造的村庄里去。

海子早年的这一首《村庄》，长久占据着我的心扉。

村庄中住着母亲和儿女
儿子静静地长大
母亲静静地注视

芦花丛中
村庄是一只白色的船
我的妹妹叫芦花
我的妹妹很美丽

村庄，人类最古老的空间生活单位；母亲和儿女，则是最简单的家庭组成单位。有了这最基本的两个单位，人类，就可以繁衍生息。在这里，父亲有意无意地缺席了。传统中父亲既是家庭的保障者，但也常常是家庭秩序的规定者和维护者，父亲的缺席，是不是一种取向，一种宁肯失去保障也要争取自由的努力？而这种努力，是不是因为失去了逻辑的起点，一开始就注定了是一种悲剧？

“母亲静静地注视，儿子静静地长大”，两个“静静地”，用得最为经典，在这里外在的静寂和内在的动荡形成了一种强大的场，纠缠起张力。儿子成长的漫长和艰难，母亲经历的苦难和辛酸，母爱的宽容、博大、无私、隐忍，都含而不露。

生命，如此简简单单，如此不动声色，却又如此轰轰烈烈。

犹如古希腊的雕塑——简单，是最成熟的美丽；单纯，是最丰富的高雅。

“芦花丛中，村庄是一只白色的船”。

“芦花丛中”，应该是村庄的背景，这个背景，如此明亮，如此远离尘嚣。而且，“芦花丛”注定是在水一方。要知道，水是生命的源头，也是逃避灾难的诺亚方舟起航的地方。

在芦花纷飞的白色氛围里，在芦花弥漫的缕缕清香中，“村庄是一只白色的船”，注意“村庄是一只白色的船”，而不是“像一只白色的船”。在充满着强暴、仇恨和嫉妒的世界中，只有村庄，落满了芦花的这只白色的“诺亚方舟”，能够承载着我们，在芦花纷飞中去寻找自己的精神家园。这个家园也许很远，也许很近，但只要我们守住了村庄，守住了这只白色的船只，守住这个最初生养我们牵连我们血脉的地方，我们的灵魂就有了栖息的据点。

“一只白色的船”，而不是“一条白色的船”。莫非是在告诉我们，村庄是小的，是精致的，是可以在梦中把玩的，是随手就可以放到水里，能够带领我们走出现实困境的，是上帝的一件礼物。但正因为它是白色的，是洁净的，是小的，是精致的，是不是也可以看成是最容易污染的，最容易倾覆的？

就像契诃夫的《樱桃园》告诉我们的一样，每天砍伐樱桃斧头的声音，既是时代前进的脚步，也是杀害我们精神家园的利器。这种对现代文明的忧虑和对农耕文明消失的阵痛，始终徘徊在海子的内心深处。

在另一首《村庄》中，海子这样表达自己的忧虑：

在五谷丰盛的村庄
我安顿下来
顺手摸到的东西越少越好
珍惜黄昏的村庄
珍惜雨水的村庄
万里无云如同我永恒的悲伤

1989年初，海子回到村庄，却突然间发现自己在家乡完全变成了个陌生人！由“大地之子”沦落为“陌生人”，回乡自然也就成为一种“受难”。

我完全能够想象，海子游走在乡村与城市的边缘的那种创伤和毁灭，乡村的改变实际上是对海子的无意驱逐，而城市又怎能容纳一个双脚甚至灵魂都沾满泥土的“乡下孩子”呢？要知道，终其一生，海子都将对村庄的依恋紧紧背负在身上，他不断地在寻找，在慌慌张张地构建，又不断地放弃和寻求。实际上，乡村，只是海子的记忆和想象！

海子最终死在远离家乡也远离村庄的北方，然而他回家的渴望难以阻挡，正如他诗中所说的那样：

我要还家
我要转回故乡
头上插满鲜花
我要在故乡的天空下
沉默寡言或大声谈吐

我要在头上插满故乡的鲜花

可是，那个面朝大海的，真正的故乡又在哪里呢？

白色的诺亚方舟终于起航了，白色的芦花像细雨一样飘落。飘落在我妹妹的睫毛之上，我的妹妹恰好也叫芦花，她的名字和她的人一样美丽。在这里，白色的芦花，白色的村庄，纯洁的芦花妹妹，交相辉映。

芦花妹妹的出现，不仅加深了村庄的美感和魅力，更让村庄的逃离有了一种希望。有一天这个叫芦花的妹妹，也会成为母亲，也会静静地看着她的儿子静静地长大。母爱有了传承，生命有了链接，村庄也就有了希望。

这让我想起了臧克家的《三代》：

孩子
在土里洗澡

爸爸
在土里流汗

爷爷
在土里葬埋

《三代》既是三代人的境况，也是一个农民的一生。现在在土里洗澡的儿子，长大后会成为在土里流汗的父亲，最后，也一定会衰老，成为在土里葬埋的爷爷。在这里土地成了农民的一种象征，在生长万物的土地上，却生长不出自己的希望。《三代》传达的是走不出土地怪圈的一种宿命，能够听到作者沉重的无奈的叹息。

在《村庄》中，芦花是年轻的母亲，母亲是年老的芦花，生命与母爱就这样在洁白的芦花中传递，生生不息，代代不止。母爱显得那么伟大，每位母亲都会接纳自己的孩子，而不论其聪明过人，还是愚笨异常，她们都会以十二万分的耐心，静静地看着孩子长大。海子的母亲操采菊，可以说是海子一生最敬爱的人，海子的性格之中打着母亲的烙印。

而在《村庄》中，海子传达给我们的是希望，尽管他自己被绝望绞杀，但却始终要把希望和祝福，送给我们这些陌生的人。雅斯贝尔斯曾经说："伟大的人，不仅仅是因为他伟大，还因为他是人。"

海子一生中除了对村庄崇拜外，还有一种妹妹情节。这可能源于海子对朴素、自然、自由、洁净、纯真、善良的膜拜，但是，海子所膜拜的这些，又恰恰是最容易丢失的，所以，海子总是活在忧伤中。海子的妹妹情节中，夹杂着女友漂洋过海给他造成的毁灭，还有，姐姐的早夭给他带来的刺痛：

姐姐，今夜我在德令哈，夜色笼罩
姐姐，我今夜只有戈壁
草原尽头我两手空空
悲痛时握不住一颗泪滴
姐姐，今夜我在德令哈
这是雨水中一座荒凉的城
……
我把石头还给石头
让胜利的胜利
今夜青稞只属于他自己
一切都在生长
今夜我只有美丽的戈壁
姐姐，今夜我不关心人类，我只想你

读了这样的诗歌之后，我不知道除了伤感，我还剩下什么。阿多诺对西方人说："在奥斯维辛之后，写诗是可耻的。"而我也认为，在白色的村庄沦陷之后，写诗是多么可悲啊！

与一粒土一样归于沉寂

——评刘亮程的《今生今世的证据》

我已经好久没有把故乡揣在怀里了，我以为我忘记它了。当我听到刘亮程，用嘶哑的喉咙，在寻找故乡的草和证据们的焦灼，黑夜里强劲的风，黑压压大鸟的叫声，呼啸着从心底里掠过，仿佛一大片月光泼到我头上，我忽地丢失了自己。

好像是在别人的故事里找到了曾经的过往，我把别一种荒凉紧紧地握在手里，直到它温暖。那一刻，月光躺在我的脸上，眼泪就在指缝间横流。

我看得见时间，可我怎么就看不见自己？

手忙脚乱地寻找证据，是不是因为风会把房子吹旧，太阳会把人晒老，记忆会自然遗忘，会有意地遗失，会无意地散落，还会被人不自觉地改写。

刘亮程说，他走的时候，还不懂得怜惜曾经拥有的事物，还不知道向那些熟悉的东西去告别。“我都觉得自己用了那么漫长的岁月，去经历那么一点点东西，怎么忍心写出来，写出一句话都觉得心疼。”而这种心疼一下子摧毁了我，铺天盖地故乡的影像一下子复活，波涛汹涌。我能感觉到刘亮程骨子里的忧伤和绝望。

草要一年一年地长下去，只是，那个草还是曾经的草吗？庭草无人随意绿，这种绿与我们有关吗？“房子，你能撑到哪年就强撑到哪一年。”可是无论怎么强撑，房子从它建起的那一天起，注定就是要倒塌的啊，这是它的宿命，就像人。“但要留下巴掌大的墙皮，留下划痕”，是的，划痕，哪怕是划痕，但皮之不存，痕将焉附？“月光把银白的月辉渗浸到事物的背面。在那时候，那些东西不转身便正面背面都领受到月光，我不回头就看见了以往。”故乡总要在月光下明亮，月晕透过了牛皮纸一样的事物，渗透到它的背面。这不过是一种心理错觉，故乡像一个袖珍积木，已经在我们手里把玩得熟稔。是时间欺骗了我们的视觉和感觉，用它魔力的手重影了我们的印象和表达，我太熟悉故乡的背面和正面，太熟悉灼灼明亮的月光，太熟悉月光下故乡的背面和正面，像一块驾轻就熟的硬币。我无须回头就看到了过往。但当月光打在地上，却再也找不到曾经的落脚，当故乡一切都沦陷于虚无，我睁大黑夜给我的黑色眼睛，我还能找到故乡吗？

当然还有那些埋藏在地下的骨骸，甚至还有能够顽强生长的根须，在地底下招摇。活着的老榆树，死去的榆木桩，还有那些朽在墙里的木……

只要有它们，就能找到回家的路，但这是一个必要条件。它们终究都会崩溃，沉寂得像一粒土。我们注定还是无家可归。

那么，故乡究竟意味着什么？意味着记忆？意味着老墙根和酸枣树，意味着曾经的汗水和劳累凝结而打下的烙印，还有从每一个物件上抚摸过的眼神和散发不去的温度和指纹？

也许，魂牵梦萦的故乡不过是一个谎言，我们思念故乡，其实是思念我们自己，思念一种和自己相关的气息，思念自己的生活生命，以及那些被眼泪捆绑的生存，和与此相关的，哪怕是自私的确证。

海子也曾回到故乡，他把野花插满头上，拼命地叫喊，你不能说我两手空空，你不能说我一无所有。可是海子丢失了故乡，故乡比陌生还要陌生。面朝大海，春暖花开的地方，根本就不存在，当一切都踏踏实实地走向虚无，生命还有什么意义？

也许谋杀一切的都是时间，它水一样的温柔，抹平了所有的痕迹和粗糙。那个紧追不舍的瘸腿男人，他的那条好腿一下一下地捣着地，撞击着我的生命，我仓皇地逃走，逃走，在逃走中丢失，也许每一个梦中复活的并不是梦魇？

谁也不能说出一棵草、一根木头的全部真实。“谁还会看见一场一场的风吹过旧墙、刮破院门，穿过一个人慢慢松开的骨缝”。这是一个个时间的叠加，是岁月淘洗之后的晾晒，人一天天老去，骨缝一天天松开，一次次的风就从骨缝里吹过，吹旧了诺言，记忆苍老了，并终于暗香散去。

看看吧，那些打夯的人们，那些创造和建造的艰辛，墙庄严地竖立起来了。故乡获得了保证，那些墙站立着，像一个誓言和卫兵，因为墙里面有他们的呐喊和激流澎湃的汗水。

但“那些坑便一直在墙边等着，一年又一年，那时我就知道一个土坑漫长等待的是什么”。它那么不慌不忙，它知道终于有一天墙会还原成倒塌，所有的痕迹都会被抹平，像平坦的地面。

人生，在我们从大红公鸡的啼哭中开始，又像窝中的一条黑狗一样老死结束，我们敌不过午后门框上的那一缕阳光，它恒久的明亮，却让我们的痕迹和情感像灰一样黯淡。

但有一个问题让我们警惕，刘亮程是在家乡寻找证据，那么，为什么他要说今生今世的证据？最后还说，我们双脚踏踏实实地走上了虚无之途。也就是说，刘亮程在寻找在家乡存在的证据，同时也在寻找在地球上存在过的证据。存在，家园，这两个东西交织在一起。物会找到，但这个物会消失，存在也会消失。万物的痕迹消失，存在仍然还会消失。这就是刘亮程骨子里的忧伤，这就是“踏踏实实走上虚无之途”的原因所在。

然而，当刘亮程窥见美与痛的时候，当他的思转化为“诗”时，这种绝望就成为永恒了。也就是说，当这篇文章诞生的时候，刘亮程苦苦寻找的今生今世的证据，已经诞生，永不磨灭。

小人鱼的忧伤和幸福

——《海的女儿》解读

房龙说，安徒生是一个被上帝触摸过的人，著名散文家张晓风则这样评价安徒生的作品：

如果有人5岁了，还没有倾听过安徒生，那么他的童年少了一段温馨；

如果有人15岁了，还没有阅读过安徒生，那么他的少年少了一道银灿；
如果有人25岁了，还没有细味过安徒生，那么他的青年少了一片辉碧；
如果有人35岁了，还没有了解过安徒生，那么他的壮年少了一种丰饶；
如果有人45岁了，还没有思索过安徒生，那么他的中年少了一点沉郁；
如果有人55岁了，还没有复习过安徒生，那么他的晚年少了一份悠远。

确实，安徒生是值得我们一生陪伴的，但我始终充满一个疑问，那样一个瘦弱的、苍白的、多病的、敏感的、终生未娶的灵魂，何以带给我们那么多智慧的充盈和灵魂的追问？有人说，安徒生的童话是写给成年人的，我深以为然。

一、小人鱼的爱与痛

那个卖火柴的小女孩，她手里握满了温暖和光明，却在寒冷和黑暗中死去，每当我想起她，泪水就会盈上眼眶，我们都是卖火柴的小女孩，可怜地擦亮自己仅有的火柴，却不一定能照亮春天！还有，我常常因为说真话而付出代价，这时我就会想起那个中国皇帝和夜莺，我决不会放弃为心灵的自由而歌唱，我也决不会做趋炎附势的小人！可是更多的时候，我举步维艰！有时候，我又把自己还原成那个口无遮拦大嘴巴的孩子，用自己清澈的眼睛，把事实的真相坦白！可是，突然间，我就成了世俗的对立面，我成了傻子，或者笨蛋。当然，最能触动我们柔软心灵、最能让我们处在情感纠纷中，挥之不去的，还是那个化为泡沫的小人鱼。

为了那个萍水相逢的心爱的王子，为了那个她生命中唯一的唯一，为了那个她始终无法对别人陈说的梦，小人鱼牺牲了自尊和胆怯，越过惊涛骇浪，越过她小小心灵所能承受的极限，越过姐姐的劝说和奶奶的警告，游向那不可知的哑着嗓子的巫婆。

巫婆利用了小人鱼爱情的急切，剥夺了她美妙的声音，从此，小人鱼失去了美妙的歌喉，失去了爱情表白的自由，她只能用自己的眼睛倾诉，可她早就顾不上这些了。在喝完巫婆调制的毒药后，小人鱼美丽的尾巴突然蜕化了，在刺骨的疼痛中，她拥有了人类一样的脚，那是她跨入一个异域最初的凭证，为了爱情，小人鱼豁出去了。

忍受着每走一步都如同踩在刀尖上的痛苦，小人鱼却终究没有得到那位由她从海难中救活的王子的回报。王子把另一个女孩误认为他自己的救命恩人，结果义无反顾地爱上了她。小人鱼看在眼里，却没办法说出来。尽管她的心像瓷器一样四分五裂，但她仍然为王子的幸福祈祷。她只能用自己的眼睛和心灵播撒灵魂的香味，和深邃得像海一样蓝的忧郁。明知在深爱的王子与别人结婚的第二天清晨，自己就将化为泡沫，面对姐妹们送来的匕首，只要杀死王子，只要让他的血流到自己的脚上，美人鱼的尾巴就能复原，当然还有那曼妙的嗓子，还有那深邃的海洋，都将在一瞬间重新回来。究竟是杀死王子，还是杀死自己？杀死王子就意味着杀死了自己的选择，杀死了自己的坚持，也杀死了自己的爱。歌德说“凡人不断努力，我们才能济度”。于是，小人鱼将巫婆的尖刀扔向大海，为了小小心里所深藏的爱，小人鱼选择了死亡。把自己杀死，让自己的爱完整地站立。

二、小人鱼的文化意义

小人鱼的故事应该说是基督教文化的产物，这里充满了关于爱情、关于灵魂、关于救赎、关于真善美的追问。然而别忘了，这个美好故事的背后却有着深深的悲哀。善良与美好总是和忧伤连在一起的，小人鱼为了爱毫无怨言地牺牲自己，而王子的婚姻却以报恩为前提，他们二者在爱情的选择上南辕北辙。事实上，当小人鱼失去了自己的嗓子时，悲剧就已经诞生了。眼睛的流露、心灵的融通，可能是爱的更高境界，但最初的爱情仍然需要表白。当王子的眼睛看不到小人鱼的善与爱，她所有的牺牲让人在深深感动之余也只能深深地悲哀。在这里，安徒生是要把这份关于灵魂的痛苦传达给我们的。

但如果仅仅做这样的阐释，仍然是浅薄的。在所有的童话里，几乎都有一个固定的模式。一个主角、一个迫害者、一个协助者、一个战利品，主角一般都是在协助者的帮助下改变了自身处境，惩罚了迫害者，并最终获得了战利品。小人鱼中的主角就是小人鱼，但是，巫婆的身份却极为特殊，她既是迫害者，因为她夺去了小人鱼的嗓子，并最终酿成了悲剧，但她同时也是协助者，没有她，小人鱼就不可能幻化成人形，当然也不可能真正地爱。但问题在于迫害者和协助者为一体，就使得巫婆这个迫害者得不到惩处，小人鱼最终也没有获得王子这个战利品。但，且慢。深海里的小人鱼，尽管能够活三百年，可一旦死去，就像海洋里的绿色植物被割断一样，再也活不过来了。游在水里的鱼，是没有眼泪的。没有眼泪，也就无所谓爱与恨。没有爱与恨的小人鱼，就不可能获得一个不灭的灵魂。而只有获得一个不灭的灵魂，才可以得到永生。那么，是否是上帝之手假借于巫婆，让小人鱼痛苦地流出眼泪，让她在自身精神的升华中，通过努力得到灵魂的不朽，并让不灭的灵魂最终替代王子，成为小人鱼的战利品？这样看来，爱情的主题就上升为宗教的永恒。

但我又常常想，小人鱼为什么要化成泡沫呢？这个意象的背后意味深长，是因为她是海的女儿呢，还是叹惋她所有的努力终究成了泡影？总之，泡沫的温弱和小人鱼爱的坚韧，成为两个极致。由于她忍受的痛苦，由于她的善良，她被超升到精灵的世界，成为天空的女儿。每读至此，我都笼罩在一份圣洁的光辉中，我的心灵会由于这光的洗礼而痛楚，同时又获得了真实与安宁。但我又常常禁不住感到怀疑，成为天空的女儿，难道就是小人鱼最真实的向往吗？在俗世的怀抱里，小人鱼是不是还是喜欢做普通人，享受普通人的欢乐呢？

天鹅是怎样炼成的

——《丑小鸭》解读

安徒生的《丑小鸭》作为两百年来最经典的童话，诞生以来，覆盖全世界。丑小鸭成了文学原创的一个经典原型，给无数作家深刻的启迪和灌溉。

一、丑小鸭类比安徒生

很多人认为那个丑小鸭就是安徒生自己，他也确实喜欢运用类似的手法。但我更愿意认为丑小鸭融入了作者的人生体验，并非仅仅等同于作者自身。

的确，安徒生家境贫寒，没有受过什么教育。他想做芭蕾舞演员，想当歌剧演员，这些愿望都没能实现。他开始创作后，在丹麦又不断遭到嘲笑和排挤。这些可以说都是安徒生不幸的遭遇，但反过来说，安徒生幸福的际遇更多。在他的自传《我生命里的故事》的一开始，他就这样说："我的一生是一部美丽的童话，童话的情节曲折动人，主人公幸福无比。"这话绝非空穴来风。

出生于欧登塞的安徒生是个独苗，被父母惯得不得了。从小安徒生就是被当作贵族抚养的，他常常和鲜花做游戏。那实在是一个幸福的家庭。他的父亲是一个年轻的鞋匠，但才华出众，富有诗的灵感；他的妈妈虽然对外面的大千世界一无所知，但是富有爱心。这些最初的品质都是安徒生后来文学萌发最重要的种子，它们埋在安徒生的生命里并最终发芽开花。

在安徒生后来的生活中，哥本哈根皇家音乐学院的院长西伯尼、独舞演员大伦等等，尤其是国家枢密院的科林，更是终生关注和爱护安徒生。在自传中，安徒生这样评价科林："没有哪个父亲比他对我更好，过去如此，现在也是如此。没有人像他那样为我后来的进步和荣誉那么由衷地欣慰，没有人像他那样，在我遇到困难的时候，给我衷心的安慰，对我像对自己孩子那样关爱，他给我帮助时，没有一句话，没有一个眼神会让我感觉负债深重。"像这样无私给予安徒生援助的人还有很多。安徒生曾经努力地写作长篇小说，但丹麦的一大物理学家告诉他：写小说可以让你成名，写童话可以让你不朽。所幸的是安徒生听从了他的劝告，否则，就没有丑小鸭。

在这个世界上，有很多人饥饿，并不是仅仅因为缺少食物，也因为缺少安慰和爱；有很多人寒冷，并不仅仅因为缺少衣服，也因为缺少人的尊严和平等。可以说，安慰和爱，尊严和平等，安徒生都曾经缺乏过，但又曾经如神话般的获得过。

丑小鸭不应该仅仅是安徒生自己整个的人生，更应该是安徒生的人生体验。这是两个概念。

比如丑小鸭中，难道没有安徒生的父亲——汉斯·安徒生的影子？这个小鞋匠，才华出众，充满文学的天赋。本该执笔的手，却只能做鞋子，这种痛苦无与伦比。他的鞋架上放着很多伟大的作品。安徒生就是他的一切，他为这个儿子而活。星期天，他给安徒生做玩具和图画，朗读拉封丹和霍尔堡的作品或者是《天方夜谭》。安徒生说，只有这个时候，才能看到他的笑容，作为一个手工艺人，汉斯·安徒生，这个可怜的父亲，他的一生从来没有真正快乐过。他梦想着读书，这是丑小鸭飞翔的翅膀。有一天，有个文法学校的学生到家里来订购一双新鞋，安徒生亲眼看见自己的父亲泪眼闪烁。包括父亲后来突然间要当兵入伍，都可以看成是这个“丑小鸭”的一种挣扎。汉斯·安徒生，是一只折断翅膀的天鹅。

难道安徒生的母亲，这个伟大的女人身上，就没有丑小鸭的影子？

这个没有文化的女人，却天然具有一颗高贵的心。她小时候曾经被外公、外婆赶出来乞讨，因为她无法放下脸面乞讨，只好在欧登塞的一座桥下哭了一整天。在《她是一个废物》里，安徒生这样描写作为原型的他的母亲，因为嫁给一个可怜的手工业者，她只能做洗衣工养家糊口。因为整天泡在冰冷的水里，只能拿酒来御寒，而别人却以为她是自暴自弃、借酒浇愁的“废物”。这样的凄惨经历，难道不可以看成走投无路的丑小鸭的生活原型之一？

要知道“只要你是一颗天鹅蛋，就是生在鸭棚里也没有关系的”，这只是安徒生的一种信念，甚至是长久以来安徒生对自己命运的一个暗示，而这个暗示，无疑具有启蒙的价值和颠覆的意义。

其实，对安徒生个人而言，丑小鸭不仅应该看成是他个人的生活经历，更应该看成他作品的经历。

从作品的情节中，我们不难看出，作者着重叙述和描写的是丑小鸭因为世俗眼里的“丑陋”，还有世俗眼里的价值功能的缺失，而受到种种排挤、嘲笑和打击，以及这种排挤、嘲笑和打击给他带来的悲哀、难过、沮丧和自卑。在巨大的不幸面前，丑小鸭无能为力，他所能做的就是沉默、忍受和逃避，“只要别的鸭儿准许他跟他们生活在一起”，他就很满意了，只要能喝一口沼泽里的脏水，他就心满意足了，根本不敢去想他本应该获得受尊重的爱的权利，甚至连结婚的权利也不敢去拥有。丑小鸭很少有“奋斗”的动机和行动，他所有的逃亡直至振翅飞翔，除了在老婆婆家受到猫和母鸡的排挤之外，他觉得他有自己的想法，有自己的更广阔的空间，此前更多的是来源于逼迫和挣扎。

如此看来，编者认为的“作者笔下的这只丑小鸭，处处受排挤，受嘲笑，受打击。但他并没有绝望，也没有沉沦，而是始终不屈地奋斗，终于变成了一只美丽、高贵的天鹅。这一切缘于他心中那一份恒久的梦想。你我都能成为一只天鹅，你会成功的，不过有很长的路要走……”就失去了文本的依据，而只能看成是道德外衣下的自我架空。

二、丑小鸭想传达什么

要弄清《丑小鸭》到底想传达什么，我们不能不看看作品写作的动机和背景。

这篇作品是安徒生在心情不大好的时候写的，那时他有一个剧本《梨树上的雀子》正在上演，像他当时写的许多其他作品一样，这篇作品受到了不公正的批评。安徒生曾在日记里写道："写这个故事多少可以使我的心情好转一点。"这就是说，安徒生是在用丑小鸭来安慰和激励自己，使自己不至于被堆积的责难打倒。可以说，那个时候安徒生的作品在欧洲获得了巨大的成功，歌德、大仲马、海涅等人，都把安徒生引为座上宾。但安徒生在丹麦国内却很少受到公正的评价。甚至安徒生最敬重的诗人海堡，曾经帮助过安徒生的人，也对安徒生表现出了厌恶，海堡的态度对安徒生更是致命的打击。安徒生所有不署名的作品，都获得了广泛的好评。但只要是安徒生的署名作品，那就一定是庸俗不堪，整个丹麦疯狂地歧视安徒生，"因为你是安徒生，所以你必须挨骂"。还有人给安徒生邮寄海外付费的信件，大量的废纸中夹杂着一张批评安徒生作品的文章。

但，倔强的安徒生仍然坚信，他的才华最终会获得世人的认可，他的作品将会为他赢得荣誉。

鲁迅曾经说，天才很难出现，首先就缺少培育天才的土壤。这些天才人物，因为意出尘外，特立独行，常常被看成是另类，"因为他不会像母鸡靠下蛋和雄猫靠咪咪叫那样去讨得主人的欢心，获得自己的地位，他渴望的是'走到广大的世界里去，在天空飞翔，在水里游泳，而这恰恰是别的动物无法了解的"。所以，他必须挨打，必须闭上嘴巴。丑小鸭的丑，只是世俗眼里和人生哲学之下的丑。

贾平凹的丑石，因为不能砌墙，不能凿石磨，甚至不能做槌衣石，实在什么用也没有了，所以，它丑得不能再丑了。柳宗元笔下的愚溪，因为不可以灌溉，大舟不可入，不能兴云雨，无以利人世，所以，它实在是愚得不能再愚了。但丑到极点，恰恰就是美到极点，不同寻常到了极点。

安徒生曾预言："当我变得伟大的时候，我一定要歌颂欧登塞；谁知道，我不会成为这个高贵城市的一件奇物。那时候，在一些地理书中，在欧登塞这个名字下，将会出现这样一行字：一个瘦高的丹麦诗人安徒生在这里诞生！"安徒生实现了自己的预言，走着走着花就开了，走着走着春天就来了，走着走着安徒生就飞起来了，并且成为一个永远不老的童话。

丑小鸭是我们整个人类的隐喻，在生命的某个时候，本质上我们每个人都是丑小鸭，但只要有一颗天鹅的心，历经艰难生长的丛林法则，历经刻苦磨炼的生命法则，经过天鹅远远的召唤，终于在临水一照中看清了自我，认识了自我，坚定了自我，就能一鸣惊人，一飞冲天。

我们在黑夜的大海上相遇（代后记）
——告别父亲

6月7号，我做了最后一次辅导，然后，在楼梯旁，看着我的学生一个个从我面前走过。我目送着他们走进考场，用目光抚摸着他们，感觉他们满操场都是，像是火红的庄稼。

回家整理行李，一切都是匆忙的，冥冥中，我有不祥的预兆。

坐的是下午12点40的车，我的心就像长了翅膀，可是车轮子还是栽在地上，轮胎和地面摩擦粗糙的声音，沉闷而厚重。

下午六点到了马鞍山，妻子和孩子都累了，我想还是第二天早晨回家吧。晚上眼睛老是扑扑地跳，辗转到后半夜才睡着了。

夜里两点，哥哥突然发来短信，说爸爸危险了。心一刹那就揪紧了，妻子说，干脆打的回家。哥又不允许，说已经叫医生去了，让医生想办法，帮助父亲。

后来哥哥说，紧急输液之后，爸爸平稳多了。我这才眯了一会儿。早晨坐第一班车，有一些稀薄的雾，看上去既不障碍，也不透彻。心里也是阴云密布，我的脸因此变黑了。

在车上的时候，朋友发短信告诉我，作文题是“怀想天空”，一个非常诗意的名字，突然间就难过起来，我的天空在哪里？我要用什么样的心境和勇气才能够去怀想？我怎样才能从我父亲旧有的习惯中走出来？

到了无为，赶紧打的。

哥哥又打来电话，车站里人多，听不清。然后，就是短信告诉我——分秒必争。我告诉司机要快，一定要快！我知道父亲一定有话要交代我，在一滴水都不能下咽之后，父亲还苦苦等了我20天，就为了见我最后一面啊！

到家的时候，只有九点多。父亲已经被弄到哥哥家了。我记得哥哥曾经和我说过，重病的老人只要换一个铺位，马上就要走！这是多年积累下来的经验，又像是诅咒。

终于来到父亲的床前，我叫了一声“大”。

父亲已经瘦得没有人形了，只有粗糙的皮包着骨头，而且父亲的脸整个小了一半。因为牙齿全掉光了，嘴巴一合拢，下颚就抿到了鼻子下。

我没有想到，我竟然没有哭，我已经忘记了流泪，我的脑袋里一片空白。在一片空旷中，只传来这样的声音，这是我的父亲，我挚爱的人！

父亲的眼睛睁得特别大，好像用尽了所有的力气。他说，开东好儿子，你回来啦？程媛也回来啦？妻子慌忙过来叫他，儿子也过来了，说，爷爷好。父亲“嗯”了一声，嘴不停地动，却已经不能说话了。听哥哥说，父亲早就不能说话了，直到我们回来后，父亲竟然奇迹般地清醒了。此前，父亲和哥哥商量，等到我们回来后，他就不要输液了，省得我们两头跑。

10点的时候，我的侄子从天津赶回来了。他在父亲面前不停地喊，可是，父亲已经不能说话了。但我知道，这个时候，他的意识应该还是清醒的，他的嘴不停地动。妈妈告诉他：“老头子，你说过，不要吓唬小辈的，快把眼睛闭上，把嘴巴抿起来。”父亲轻轻闭上眼，他在努力，可是嘴巴却始终抿不上——他已经没有力气了！

我们不断地呼喊他，告诉他，要等我姐姐。他认为最孝顺的小女儿。姐姐前几天回来看父亲，刚刚走。可能是姐姐回来，父亲高兴过度，精力不济。姐姐走的当天晚上，父亲就加重了。

姐姐要下午三点才到家。父亲后期成了一个虔诚的基督徒。他很想用基督教的仪式来办后事，但是，又为我们考虑，因为基督教聚会的时候，人特别多，单单毛巾就是一笔很大的开支。

我对父亲说，一切都按照他的意愿，只要他说过的，我们一定做到。父亲听了我的这些话，果然安慰了许多。我说服了哥哥，要用基督教仪式来安排父亲的后事。

不久，基督教来了一些人，他们先做祷告，我表姐就是开城基督教的负责人，做完后，她摸了摸我父亲的脉搏，说，已经没有脉了，应该是走了。我于是靠近父亲，紧握住他的手，枯瘦的手，在炎热的天里，却特别地凉。但是，父亲的嘴突然动了一下，原来，还没有走。但，等我们认真注意的时候，父亲就再也不动了。下午2点23分，父亲走完了自己苦难的一生。

我忍住伤痛，和哥哥去街上，为父亲办理后事，此前，我对此事一窍不通，为了避讳，又不想打听。好在街上有办丧事的一条龙服务。于是，很快就租好了水晶棺，把其他的杂物交给商家去办。商家派车送东西去我家。

还是在上午，基督教的人就帮父亲穿好了衣服，因为鞋子有一点紧，过去的迷信，都要把鞋底割断，我们也这样做了。

现在，我们给父亲穿上基督教的衣服。那是白色的暗花的绸缎，很漂亮，我怀疑那是父亲穿过的最好的衣服，我突然间就流下了眼泪。我不知道怎么想起了马加爵说的那句话——囚服是他一生中穿过最好的衣服。我摸着父亲的腿，寒冷，坚固，我知道那个最以我为荣的父亲，永远离我而去了，永远。

还戴上了帽子，上面有十字架的。父亲一辈子都喜欢戴帽子，以至我们最后在找遗像的时候，总是找不到合适的相片。然后，在鞋子上面套上了白色的鞋子，很大的，很尖的那种。还有一个红色的枕头，一个垫脚的垫子。他们把一床小棉被塞到父亲的身体下，然后，抬着棉被，把父亲放进了水晶棺，水晶棺其实就是冰柜，四面有连串的灯火。

我奇怪我总是很麻木，几乎没有流多少眼泪。就知道不停地忙碌，我还没有空闲来打理自己。傍晚的时候，我小姨妈和她女儿来了。小姨妈和妈妈长得非常相像，她一直像我的妈妈一样疼我，她是长辈中我最喜爱的人。小姨妈哭得非常伤心，还能不断地倾诉："姐夫啊，我苦命的姐夫啊，你，一辈子辛劳，没过一天好日子啊。你没有兄弟姐妹，孤苦伶仃的，没有人疼，没有人爱啊……"就在那一刻，我的感情终于找到了倾泻口，所有的眼泪喷涌而出，源源不断，源源不断，我不停地擦，不停地流，不停地流……我知道，我将永远失去父亲了，失去了一个活生生的父亲，我将在我的家乡，父亲生活了76年的地方，永远永远看不到父亲了。而当我长途回家时，永远也看不见，父亲的张望，和远在100米就能听到的父亲粗大的嗓门了。这些伤痛，使得我绝望到了极点，并且一次次痛入骨髓。

8、9、10号三天，我为父亲守灵，三个晚上，我几乎都没有睡。夜里，灯光吸引了大量的蚊子，铺天盖地，黑压压的。我和哥哥几乎都忘记了蚊子，哥哥白衬衫上堆满了鲜血，还是姐姐先看到，因为疲劳和痛苦，我们都麻木了。父亲不在了，我们也都成了木头。

看着哥哥的辛劳和憔悴，我更是无言以对。我没有哪一次，有这么样舍不得我哥哥，从此，我要更好地照顾哥哥，因为父亲临终最放心不下的就是他。他生活重，嫂子凶狠，农村艰苦，孩子又多。

10号，基督教有近百人来给父亲祷告，仪式庄重而肃穆。乐队吹奏的第一个曲子，竟然是《梦驼铃》！“攀登高峰望故乡，黄沙万里长，何处传来驼铃声，乡关在何方?”我一下子就对他们刮目相看。感谢这个宗教，它免去了母亲的很多痛苦，因为母亲坚信父亲去了天国，而那里，会有更好的生活。

11号我们就要送走父亲了，因为过去眼睛受过伤，我总是特别害怕爆炸声，但是，这次，我避免不了。我和哥哥一人一边，走过一里多路，沿路都是爆竹和50响，我就从它们旁边走过。奇怪的是走了那么远，竟然没有一个爆竹炸在我身上。按照过去的常规，只要有人为父亲磕头，我们都要还礼磕头的，很多人因此磕破了膝盖，很长时间都不能愈合的。父亲很早就为我们担心，生怕我们不能经受这个痛苦，如果，采用基督教的仪式，就能省掉这个环节，但是，又担心多花钱。可怜的父亲临去世还在两难中挣扎！

到了车队的地方，我们都上车了，我们兄弟姐妹几个在敞篷车上，护卫着父亲的灵柩，感觉风特别特别大，吹得人睁不开眼睛。闭上眼睛，只有两旁的树影，从眼前掠过。人也就像一个飞蓬，飘泊，飘泊，漫无目的，苍白而空洞。

无为东乡的风俗，都是单号火化，所以，这天的人特别多。好在我们的路途很远，赶去的时候，人已经散得差不多了。父亲是排在28号。在交费登记上，我们还给父亲填写信息。突然间想到，这将是我父亲人生中最后一次信息采集，眼泪又盈满了我的眼眶，父亲，我怎么舍得你啊！过去，我总嫌你对我不好，你身上的毛病很多，但一旦我失去你，才知道你所有的缺点一刹那间都有了光彩，都成了我永久的回忆。父亲，我苦命的辛劳一辈子的父亲啊！

也就是到了生命的后期，父亲才和母亲说了实话，他早知道自己不行了。所以，父亲把草垛搭成了长方形，好让母亲弄柴火方便。因为每周晚上都有几次到隔壁村庄聚会，原来都是父亲陪伴母亲，现在父亲早早把乡间田塍的缺口都修补好了，用木板担好，上面铺上泥土。这样父亲还是不放心，在去世的头两天，还带信让我大舅过来。谁也不知道他要说什么，他也不告诉别人，估计是怕被母亲批评。大舅来了，父亲叮嘱他："你妹妹（我母亲）晚上聚会，路上都是缺口，我已经填好了，但是只要牛一踩，就坍塌了，你要经常修补修补啊。"

还有父亲担心的就是哥哥，最后几天，老是流眼泪。哥哥再三问他，都不肯说真话，只是说："我没有什么好怕的，我的孩子都有出息，重孙子都有了，我还不能走吗？"但在最后一个晚上，他才说了他流泪的原因。他有两个担心：第一，他舍不得我妈妈，妈妈没有记性，丢三落四的，吃药天天都要父亲提醒……还有就是担心哥哥，因为嫂子很厉害，哥哥善良，一打架就要吃大亏，垂着两只手，任凭她打得头破血流……

我和哥哥把父亲送进去，前面还有四个人，有一个人特别年轻，也就这样走了。还有一个老太太，92岁。因为父亲，我亲爱的父亲，我对地下躺着的这些人，有了一种亲切感，我看见他们的手，露在外面，灰黄色的手，我一点儿也不害怕。

估计是怕我伤心过度，哥哥让我去买骨灰盒，于是，我就出去了。等我回来的时候，锅炉里是巨大的轰鸣声，大厅里空荡荡的，只有我瘦弱的灵魂在飘荡……

在回家的路上，我一直在想，我父亲究竟去了何方？

好在我还有很多亲人，很多朋友。

在家里最后的那个晚上，我收到一个温暖的短信：

"开东，明天你就会告别老家告别父亲走向自己的生活。不管过去的影像是如何的清晰或模糊，是如何的温暖或淡漠，这一次，你会经历真正的精神断乳！开东，6月18日的父亲节里你只拥有一种身份：父亲。所以，开东，你要挺立成一棵树！会有风雨要你独自承担，会有好多幼枝要你遮挽，会累，会烦。可是，父亲已经把这支接力棒放到了你的手上，你只能向前。"

但愿我亲爱的父亲，去了天堂。并且不要知道，此刻的我，眼里盈满了泪水。

一年后父亲的祭日，我在泪水的照耀下，给父亲写了一首小诗，写好后，我不敢阅读，谨以此书献给父亲，献给我已经过去并将永远继续的苦难岁月。

父亲

——写在父亲的周年奠日

父亲
去年这个时候
也是高考的时候
我拼命把手伸过山峦和河流
可还是握不住你的佝偻

父亲
你是一道闸门
我常常忙于防汛
担心一场叫眼泪的山洪
瞬间暴发

父亲
我知道你一定怨我
去了那么远的地方
超出了你视力和可怜的想象
你嘴里没有说
但我知道你还是在怨我

父亲
我知道
人老了
就像孩子
生病了
更像一个孩子
你需要我的搀扶和语调

父亲
我终于赶回来了
隔着考试和妻儿的风尘
为了这一天
你不吃不喝
坚持了20天
可怜的父亲啊
你比大地震中的幸存者还要坚强

父亲
你只为我停留了5分钟
也只和我说了一句话
一辈子最后的一句话
“儿子，回来啦！”

父亲
你走了
我默默地搬着你的骨头
像搬着冰冷的石块

父亲
我看着你
和一堆陌生的人
并排躺在一起
你不再有名字了
你的号码叫28

父亲

我看着你
在火炉里化为灰烬
直到所有的火焰
都熄灭在我的眼睛里

父亲
我把你一点点地收藏在盒子里
像农民对粮食的珍贵

父亲
隔着一年的憔悴和忧伤
我四面张望
却听不到你的呵斥和小道消息

父亲
我那么遗憾
你一辈子没有摸过我的头
也没有一次温馨的谈话
我是多么后悔啊
悲伤统领了我的一切
我还是爱你
我应该早点对你说
你所有的责骂都让我感到永远的关切